上海市高校外国留学生全英语课程建设项目——
中国当代流行文化(SSH3151102)资助

扩域词的增熵功能

——基于信息论的研究

蒋 勇 著

图书在版编目(CIP)数据

扩域词的增熵功能:基于信息论的研究/蒋勇著.—上海:上海财经大学出版社,2016.11

ISBN 978-7-5642-2611-4/F·2611

Ⅰ.①扩… Ⅱ.①蒋… Ⅲ.①信息熵-应用-语言学-研究 Ⅳ.①H0

中国版本图书馆 CIP 数据核字(2016)第 288314 号

□ 责任编辑 刘光本

□ 责编电邮 lgb55@126.com

□ 责编电话 021－65904890

□ 封面设计 杨雪婷

KUOYUCI DE ZENGSHANG GONGNENG

扩 域 词 的 增 熵 功 能

蒋 勇 著

上海财经大学出版社出版发行

(上海市中山北一路 369 号 邮编 200083)

网 址:http://www.sufep.com

电子邮箱:webmaster @ sufep.com

全国新华书店经销

上海华业装璜印刷厂印刷装订

2016 年 11 月第 1 版 2016 年 11 月第 1 次印刷

710mm×960mm 1/16 18.25 印张 272 千字

定价:49.00 元

前言

扩域词“到底”“究竟”“端的”等用于问句表示问话人很不清楚问句的答案，感到很困惑。我对扩域词在问句中的意义和功能的思考始于2013年，当时给研究生出期末考题，为了检查学生是否领会了Traugott(2004)的论文中所讲的after all(毕竟、终究)结合语境信息传递含义的原理，我从《朗文当代高级英语辞典》(双解)中挑了一句，让他们用英语翻译：“瞧那只奇怪的动物，究竟是什么呀?”(Look at that strange animal! Whatever is it?)“究竟”表达问话人的惊讶和不解的语气。这个问句和它的英译文一直缠绕着我，我想知道“究竟”和whatever、what on earth在问句中的作用是什么。我在做极性词语的研究中也发现(w)h-in the world、at all、ever等用于问句时相当于汉语“到底”和“究竟”的意义。张秀松先生(2008a、b,2011,2012a、b,2014a、b)关于“到底”和“究竟”的系列论文给了我很多启示。他认为“到底”“究竟”在问句中表示追问到底，问话人期望通过追问到底获得满意的答案。我想从Kadmon & Landman(1993)的扩域论的角度分析为何“到底”和“究竟”能诱导满意的答案和改善答案的质量，认为“到底”和“究竟”表示问话人对现有答案不满意，欲穷尽选项域，寻找最佳答案。换言之，问话人追问、深究的目的就是为了获取较佳的答案。于是扩域词就对问句答案的质量进行暗示，扩域词不表示追问到底，而表示在询问时为了获得较佳答案而追查到底。因为扩域能够增大理想答案出现的概率，问话人已经知道窄域中不存在较佳答案，故需要把追查域扩至最大，增大较佳答案出现的概率。交际者就是根据域的宽度与事件的先验概率的空间映射关系来推知会话含义的。扩域词在语境中的会话含义就是扩域以获得最理想的答案。至于到底是何种理想答案，则需要通过语境暗示而推知。问话人也邀请答话人扩大调查和思考的范围，直至底部、边界、尽头，最终揭开真相、实情等，所以扩域词能表示深究和对最佳答案的期待。问话人用“到底”和“究竟”反映了他欲探究到底以获得需要的最佳信息的愿望和决心。而“到底”“究竟”的深究义、穷究义正是《现代汉语词典》等记录的意义。但后来发现这一解释行不通，扩域词在许多语境中并不表示问话人欲深究、深追和期待获得满意的答案，而是表示问话人的困惑和怀疑，扩域词是表示问句的答案很难确定，用于加强疑问语气。于是想到用信息论中的“信息熵”这一概念来解释扩域词在问句中的功能。“信息熵”就是用来度量信息的不确定度的。扩域词是用终极义暗示疑惑义，它的其他意义都是在疑惑义的基础上衍生的语境含义，可以用来表示问话人的惊讶、愤怒等情绪。英语、汉语用扩域词来暗示问话人的疑惑度的策略是相同的。

我要感谢我的澳大利亚老师 Terry J. Welch 先生和爱尔兰老师 Jerry Rice 先生以及我们共同的朋友 Michael M. O'Connor 先生、Malachy McCloskey 先生，他们不仅指导我修习英语，而且惠赐我许多外文原版著作，深切感受他们的友谊，诚挚感谢他们的无私奉献。

感谢我的硕士导师郎天万教授，他在语言学研究的道路上引领和关心我，多次为我修改论文。感谢我的博士导师陆国强教授和我在做博士后工作期间指导过我的导师李熙宗教授。感谢亦师亦友的朱永生教授。他们在我困难时刻给予温暖的关怀和支持。

感谢曾帮助过我的同事和好友祝克懿教授、申小龙教授、龚群虎教授、卢英顺教授、陈忠敏教授、张新华教授、梁银锋教授、霍四通教授、张豫峰教授、马良教授。感谢我的许多研究生给予的支持。

感谢我的父母、妹妹、妹夫对我小家的关爱和奉献。感谢我的爱人韩艳，她在百忙中照顾我并为我付出一切！

本书得到上海市高校外国留学生全英语课程建设项目——中国当代流行文化（SSH3151102）的出版资助。感谢上海财经大学出版社的大力支持，感谢责任编辑刘光本先生的辛勤劳动！

蒋　勇

2016 年 10 月 10 日于复旦大学

目　录

第一章　绪　论

1.1　关键问题

我们将解释扩域词“到底”“究竟”“端的”“in the world”“on earth”“at all”“ever”“whatever”“any”等为何能加强疑问语气，欲解答以下四个关键问题：

1. 如何概括扩域词在问句中的各种意义和用法并对它们做出统一解释。

2. 扩域词为何能提高问句答案的效用？

3. 如何解释疑问语气的加强？

4. 在问句中使用扩域词的适切性条件是什么？

1.2　扩域词的类型

我们主要分析以下几类在英语、汉语中用于问句的扩域词：

1. 表终点意义的词语：到底，究竟，端，端的；

2. 表任选意义的词语：ever，(w)h-ever，any；

3. 表空间范围的词语：in the world，under the sun，on earth；

4. 表整个范围的词语：at all。

1.3 扩域词的语义

我们把“到底”“究竟”“端的”等词语称为扩域词，它们是以空间的广度比喻范围的广度、时间的跨度，依赖于“具体的是抽象的”的母喻，比喻抽象事物的尽头、末尾，经历了从表示空间的边缘到表示疑惑语气的演化过程。汉语的“究竟”“毕竟”“到底”“终究”皆以完结义和穷尽义表达主观评价意义，颇似英语的 after all(毕竟)的语法化过程(见 Traugott 2004)，after all 原先表示在所有事情之后，后来用于对立的论辩语境，表示在对方陈述了所有反驳的论据之后讲话人的结论仍然不变，于是 after all 获得了让步转折义，相当于“不管怎样”“毕竟”“终归”“还是”“反正”的意思。这里且以“到底”“究竟”“端”“端的”为例。

1.3.1 “到底”的义项和用法

“到底”表示从头到尾、到达底部、到尽头，凸显从近到远、从现在到将来移动的意象。马喆(2009)分析了“到底”从空间意义到时间意义再到主观评价意义的语义演化过程。张秀松(2011，2012a、b，2014a、b)、辛慧(2009)指出疑问副词“到底”在唐代已有表示进一步追究的意义。“到底”用于陈述句表传信评价(表示确认)，用于疑问句表传疑评价，传递不确定或怀疑的语气。“到底”有如下义项：

1. 表示到最后，到终点。

(1)那道人笑了一声，便道:你定要打破砂锅问到底。(《英烈传》第三十一回)

(2)到底问出来了，原来那小姑娘是抱来的。(《朱自清全集》)

(3)要重视调查研究和督查督办工作，对重要的案件要督查督办到底。(《文汇报》2000/2/15)

(4)将国企决策权关进制度的笼子，就应动真格将问责进行到底，彰显“终身追责”的威慑性，让违规者付出应有的代价。(人民网 2016/9/6)

2. 表示原因时强调归根结底的结论，强调事物的根本特点不因条件改变而变化，具有让步转折意味，相当于“毕竟”。蔡罗一（2014:64）指出“到底”具有强调原因或结论的基本语法意义，能够体现主观评判性并具有缓和语气的作用。

(5)你和你爸爸到底不一样。你是我生的嘛！（王小波《三十而立》）

(6)女人们到底有些藕断丝连。过了两天，四个青年妇女聚在水生家里来，大家商量。（孙犁《荷花淀》）

(7)祖斐，我真舍不得你，虽说交通方便，到底不如天天见面，热辣辣地把我俩拆开，太难堪了。（亦舒《异乡人》）

3. 表示认知者感到疑惑不解。

(8)在错综复杂的剧情中，宋胭两人之间的感情到底该如何定义成了不解之谜。（人民网 2016/10/16）

1.3.2　“究竟”的义项和用法

“究竟”是同义复合词。据《说文解字》，“究，穷也”；“乐曲尽为竟”，表示穷尽义的“究”与表示结束义的“竟”都表示终究、结果。王军（2009）指出“究竟”最初并不是副词，“究竟”最早出现在《史记·三王世家》：“夫贤主所作，固非浅闻者所能知，非博闻强记君子者所不能究竟其意。”这里的“究竟”是动词，表示穷尽的意思。她指出“究竟”成为一个复音副词可追溯到唐代，它处于动词之前做状语，从元代以后，它的副词用法占据了绝对优势。她认为是隐喻催化了“究竟”从动词到副词的演变，即由一种追究到底的行为虚化为表示强烈的主观语气（确认语气和疑惑语气），是从行域到认知域的映射。吕萍、戴秀干（2009）考察了“究竟”作为评注性副词的语用功能。

1. 强调最终的结论不因条件的不同而有所改变

(9)但是，谎话究竟不能掩盖事实。（人民网 2004/5/26）

(10)可是，谣言，他不信。他知道怎样谨慎，特别因为车是自己的，但是他究竟是乡下人，不像城里人那样听见风便是雨。（老舍《骆驼祥子》）

2. 表示问话人的疑惑

(11)究竟在《天籁之战》中，“天籁唱将”将会遇到哪些实力强劲的素

人对手发起的挑战?(人民网 2016/10/17)

3. 在中古时期“究竟”多为佛教用语,有名词用法,在汉译佛经中指事理的究极、最高境界、最高智慧等义。(见太田辰夫 2003[1987]:257)

4. 在现代汉语中表示结果、原委、实情、详情、真相(见张秀松 2014b)。

例(12)中的“究竟”表示原委。(13)中的“究竟”表示详情。(14)中的“究竟”表示真相。

(12)这中东错综复杂的情势,怕是得好好研究个十天半月才能知道个究竟。(人民网 2006/10/11)

(13)近日,记者走进航天员“娘家”——中国航天员科研训练中心,一探究竟。(人民网 2016/10/17)

(14)挂羊头不一定卖羊肉。那些不断被抬上切片机的肉卷里究竟藏着什么玄机?记者随即暗访了北京其他几家市场,想知道个究竟。(人民网 2005/12/1)

此外,“究竟”不能表示“最后”“结果”“终于”的意思。“到底”多用于口语,而“究竟”多用于书面语。

1.3.3 “端”的义项和用法

1. 表示端正地,正直地,正气凛然地。(《古代汉语虚词词典》)

(15)最后一夜,端坐树下,告以遗训,重明宗极,显七日而为一切,悟弹指而震大千。(《唐文拾遗》)

2. 表示正巧,恰逢。(同上)

(16)更生之望,端在今日。(《震川先生集·上总制书》)

3. 表示程度深。(同上)

(17)陈王初丧应、刘,端忧多暇。(《文选·谢庄·月赋》)(端忧:深忧)

4. 用于问句,表示疑惑。

(18)四海旱多霖雨少,此中端有卧龙无?(《王文公文集·龙泉寺石井》)

(19)容华坐消歇,端为谁辛苦?(《文选·鲍照:行药至城东桥》)

(20)余年端有几？风月且婆娑。(《剑南诗稿·幽事》)

(21)向来诸老端何似？未必千年便不如。(《诚斋集·夜坐》)

1.3.4 “端的”的义项和用法

“端的”由同义副词“端”和“的”复合而成。(《古代汉语虚词词典》)《现代汉语词典》(第6版)指出“端的”多见于早期白话。

1. 到底(是)、的确、确实、果真、果然。

(22)端的自家心下、眼中人。到处里、觉尖新。(晏殊《凤衔杯》)

(23)师问僧：“汝会佛法么？”曰：“不会。”师曰：“汝端的不会？”曰“是。”(《景德传灯录·清耸禅师》)

(24)智深正使得活泛，只见墙外一个官人看见，喝彩道：“端的使得好！”(《水浒传》第七回)

2. 始末，经过，原委，底细。

(25)太监道：“校尉，不要扯他，我等同到馆中，便知端的。”(《西游记》第六十八回)

(26)这和尚不是强盗，切莫动他衣物，待明日太爷再审，方知端的。(《西游记》第九十七回)

3. 用于问句，表示疑惑。

(27)端的是什么妖精，他敢这般短路。(《西游记》第七十四回)

(28)(梅香云)“姐姐，你天生得花容月貌，这几日可怎生清减了，可端的为何也？”(关汉卿《四春园》第一折)

(29)忽见何氏夫人双膝跪倒，口口声声：“妾身在老爷跟前请罪。”老爷连忙问道：“端的为何？”(《七侠五义》第九十回)

(30)燕青道：“汉子，我且与你拔了这箭。”放将起来问道：“刘太公女儿，端的是什么人抢了去？只是你这里剪径的，你岂不知些风声？”(《水浒传》第七十三回)

1.4 扩域词在问句中的用法

扩域词在问句的常见用法主要有以下几种：

1.4.1 表达困惑

(31)望着颇神韵的“吾老自有”,萧贤礼虽觉得它是有点不足,但不足到底在哪里却让他百思不得其解。(BCC 科技文献)①

(32)他想不通,为什么好端端的友情会因夏筱筑一个人而产生这么大的变化？他真的不知道到底是怎么了。(《深情心情痴情谁懂?》)

(33)妮可很想维护主子,可是她实在搞不清楚究竟发生了什么事?(《死神的新娘》)

(34)机上谁也不知道究竟发生了什么。(《福建日报》1992/11/13)

(35)看了一晚上的自行车网站,看得头都晕啦,鬼知道究竟买什么品牌的好。(BCC 微博)

(36)究竟是什么呢？她不解。(BCC)

以上例句表示人们怎么也想不明白和无法获得问题的答案。扩域词加强问句的语气表现在加强疑惑的语气,表示人们的困惑度极高。扩域词通过人们在透彻思考时穷尽整个领域的行为暗示由于实在不知道答案而感到困惑不解的状态,是以穷究的行为借代寻找答案的目的和疑惑的认知状态。

1.4.2 表示责备

(37)他们有穿汉服的,有穿壮族和苗族服装的,还有穿民国女装的。不仅是学生们,老师们也穿着古装,他们到底在干什么?(人民网 2015/9/26)

讲话人难以理解这些人的古怪着装,责备他们不该表现得这么反常和不合乎情理。

1.4.3 加强反问语气

反问是无疑而问,问话人扩域的目的不是为了获得满意的答案,而是

①“BBC”表示北京语言大学语料库中心。

为了加强反问的语气和反驳的力度。

(38)"二爷,我到底哪点比不上她?她能下斗吗?她有我漂亮吗?她有我床上伺候得好吗?我一心一意跟你,你就不能正眼看我一眼,看我啊?"(人民网 2016/7/5)

即便听话人从最广的范围中也找不到问话人不如她的地方,既然问话人都比她强,为何听话人偏偏喜欢她却不喜欢问话人。扩域词暗示问话人对听话人不理睬她的行为感到十分不解。

1.4.4　追问期待的答案

追问期待的答案包括真相[如(39)]、真正原因[如(40)]、真实数量[如(41)]和准确信息[如(42)]等。

(39)最离奇的失踪——MH370 上究竟发生了什么?(凤凰资讯 2014/3/15)(追问真相)

(40)周瑞家的道:"正是呢,姑娘到底有什么病根儿,也该趁早儿请个大夫来,好生开个方子,认真吃几剂药,一势儿除了根才好。小小年纪倒作下个病根也不是玩的。"(《红楼梦》第七回)

(41)你究竟有几个好妹妹?我的哥哥你心里头爱的是谁?猜不透摸不着,我也只是妹妹。(歌曲《你到底有几个好妹妹》)

(42)到底是几时动身的呢?(《二十年目睹之怪现状》(上))

1.4.5　追问最终决定和结局

问话人期望对方告诉他的应该是最终的、不再修正的答案,或想知道事件的最终结果。

(43)你到底说不说?

(44)2015 年,俄罗斯以闪电行动进军叙利亚,强行军事介入叙利亚危机。立刻,全世界的目光都聚焦美国,想看看美国到底如何反应。(微博公众号——浪子读史 2016/7/31)

人们很容易把以上例句中的"到底"理解为最后,其实,"最后"的意思是语境引导的，不用“到底”也能表达大致相同的意思，“到底”辅助问句强化疑问语气。在(43)中，问话人催促答话人权衡利弊之后做出更加明智的选择，给出终极的、识时务的回答。(44)表示追问最后的反应。

1.4.6 表示答案很难得

(45)如果醒悟了这一过程的必然性，那么我们在教育的过程中，就明白了到底谁才是教育过程中真正的主人，我们的教育也才会据此取得真正的实效。(BCC 科技文献)

(46)天天说房价，只有老百姓才知道究竟会不会降，因为只有他们才知道买得起还是买不起。(BCC 微博)

(47)她脸上露出了心知肚明的微笑，一定知道究竟发生了什么事情吧！(有泽真水《犬神》)

扩域词在以上的间接问句中表示人们知道了难得的答案。(45)预设人们以前一直没有弄清问题的真正答案。(46)暗示除了老百姓，其他人很难对房价的走势做出正确的预测。(47)表示她知道了局外人很难了解的内情。

1.5 基本观点

本书尝试用信息熵(entropy)来解答 1.1 节提出的四个问题。我们的观点是：

1. 扩域词在问句中的各种意义和用法都含有疑惑义，暗示问句答案的不确定度极高。扩域词的其他用法都是疑惑义和语境信息相结合而产生的含义。

2. 当问句答案的不确定度较高时，问句答案的效用较大，能解除较大的不确定性成分，因此扩域词标记问句答案的信息量较大。

3. 疑问句主要是表达问话人的疑惑的，扩域词能加强问句表达的疑惑语气，增大问句的信息熵。

4. 使用扩域词的适切性条件是扩域能增加问句的信息熵，使带有扩域词的问句的信息熵大于不带扩域词的问句的信息熵。

我们将说明1.1节中的四个问题有一个共同的解决方案：扩域词表达问话人感到十分不解和怀疑的语气。人们把扩域词加强疑问语气的功能理解为追究问题的答案，提出了深究/追究说、追问到底说、追问真相说，忽视了扩域词主要是用来表达问话人的疑惑语气。扩域词并非在所有的语境中都表示追问或深究问题的答案，但它们在所有的语境中都表示人们的疑惑度、困惑度极高。我们认为疑惑度可以用信息论中的信息熵来度量和解释。问句的疑问语气的加强就是信息熵的增加，信息熵的增加意味着问句答案的信息效用增加。我们认为扩域词在问句中有两个主要用途：

①表达认知者的疑惑度极高，即认知者感到深深困惑或疑云重重，具体表现为怀疑、惊讶、不解或犹豫不决等心理状态。

②表达问话人期待答案能够解除他的疑惑。

这两个用途都是通过扩域词表达的深追（深究和彻查）意义暗示的。我们用信息熵的基本原理来解释为何扩域词能加强疑惑度和提高答案的信息量。信息熵是对信源的平均不确定性的度量。熵的增加意味着不确定性的增加。问句的答案传递的信息量可以用负熵来计量。负熵（negentropy）指选定的特殊符号所产生的信息的数值量度，是负平均信息量。扩域词以自身的穷尽义表示扩大追查的范围或推究的深度，用域的宽度借代详查和细究问题答案的意图。由于问句的答案的信息熵较高，即问句的答案不明显、不易得知、不可靠等，故需要把追查域扩至最大。域的宽度与获得有效答案的先验概率构成单调递增的函数关系，故问话人期待扩域能增加有效答案出现的概率。答话人也是根据单调递增函数关系推知问话人对答案质量的期待和强调语气的。许秋娟（2013:57）指出，“究竟”能强调疑问语气，表示对实际情况的追究、探究，去掉它之后句子的疑问语气仍在，但其程度会大大降低。对比不带扩域词和带有扩域词的问句的差异：

(48)甲：你喜欢哪个？

乙：我喜欢小张、小李和小王。

甲：你到底喜欢哪一个？

(49)甲：你拿人家的东西没有？

乙:没有。

甲:你老实讲,你到底拿人家的东西没有?

在(48)中,甲在第一轮会话中期待从乙处获得答案,问句不显示他的疑惑度的高低,由于乙提供了几个答案,不肯透露真情,使甲很难判断乙的真实想法,所以在第二轮会话中,甲用“到底”暗示他困惑不解的程度,要求乙根据真心,给出明确答复。在(49)中,虽然乙提供了答案,但甲怀疑答案的真实性,“到底”暗示问话人的怀疑,把已有答案的问句变成答案不确定的问句。

(50)*Wherever* can he go to?(《牛津高阶英汉双解词典》第8版)

他究竟会到哪儿去了呢?(同上)

(51)*Whatever* do you mean?(同上)

你究竟是什么意思?(同上)

《牛津高阶英汉双解词典》对 wherever 的解释是:用于问句,相当于where,表示惊讶。实际上(50)是表示问话人的困惑,问话人怎么也猜不到他到底去了哪儿。它把(51)解释为表达困惑,这是符合语感的。带有扩域词的问句暗示问话人的疑惑度较高,很难确定问句的答案,扩域词能加强疑问语气和提高问句答案的质量。

扩域词反映了问话人的增熵策略,它是一种优选的语用策略。导致问话人的疑惑度升高的因素包括:问题很陌生,事件扑朔迷离、出人意料,观点多有争议,令人无所适从、犹豫不决等。基于这些因素,问话人需要扩域彻查和深究问句的答案。因为问话人感到很疑惑,想在最广的域中搜寻问题的答案,所以扩域词能通过搜寻答案的广度暗示问话人的困惑程度。加强疑问语气体现为疑惑度的加深。“到底”“究竟”“毕竟”“端”“端的”等用于问句有加强疑问语气的作用。问话人用这些扩域词暗示他期待获得较高质量的答案,如真相、实情、真实意图、可行方案、诀窍等。

我们将用信息论中“信息熵”这一概念来解释为何扩域词在求信问句中具有最大的求信效用。问话人是一个发送信号的系统,应答者是一个接收信号的系统。当问句的答案最不确定时,答案提供的信息最有用,能够解除最大的不确定性,提供最大的信息量,使问话人从答案中吸收最大的负熵。

第二章　理论综述

2.1　扩域词的意义研究

2.1.1　深究/追究说

《现代汉语词典》(第6版)对“到底”的解释是:“用在问句里,表示深究。”《现代汉语八百词》给出的解释是:“表示进一步追究。”

(1)你跟他们到底有什么关系?(《现代汉语词典》)

(2)他到底是谁?(《现代汉语八百词》)

(3)火星上到底有没有生命?(《现代汉语词典》)

更准确地讲,“到底”是借助深究义表达问话人的疑(即怀疑)与惑(即困惑不解)。例(1)表示问话人怀疑对方跟他们有更加隐秘的关系,并且不清楚对方跟他们有什么关系。在例(2)中,问话人很不清楚他的真实身份。问话人使用“到底”时未必在深究或打算深究,也可能是出于一时的好奇而发问。在例(3)中,火星上有没有生命至今无法证实,只能猜想,没有确定的答案,问话人因为难以获得答案而感到很困惑,问话人未必要进行深究。

《现代汉语词典》对“究竟”的解释是:用在问句里,表示追究。《现代汉语八百词》给出的解释是:用于问句,表示进一步追究。

(4)究竟是怎么回事?(《现代汉语词典》)

(5)你究竟答不答应?(同上)

(6)问题究竟出在哪里呢?(《现代汉语八百词》)

(7)这台机器究竟好用不好用?(同上)

根据《现代汉语词典》,“追究”的意思是追问(根由),追查(原因、责任等)。诚然(4)表示追查原因,(5)表示追问对方最终的决定,(6)表示追问问题的根源,(7)表示追问机器的实际效能,但这些都是语境含义。在以上例句中,不用“究竟”也能表达同样的意思。使用“究竟”和不使用“究竟”的差异不在于是否能够表示追究,而是在于疑惑度的差异。“究竟”在例(4)—(7)中都表示问话人困惑不解的程度极高。(4)表示问话人怎么也不明白事件的缘由。(5)表示问话人实在无法洞悉对方的最终决定,急切要求对方予以答复,(6)表示问话人怎么也找不出问题的症结所在。(7)可以表示问话人很难判断这台机器的真实效能。在例句(8)—(11)中,“到底”“究竟”并不表示深究或追究,只表示问话人的疑惑度极高,问话人感到十分困惑。扩域词的疑惑义可以和深究/追究义分离。

(8)看到有人上门要债,小萍明白了到底是怎么回事。等那名女子走了之后,小萍问丈夫为什么会输这么多钱?(人民网 2010/3/8)

(9)这次又是看电视又是听解答,还有教我们怎么预防,知道了究竟是怎么回事,这心里面也终于踏实多了。(人民网 2013/5/13)

(10)我一直不知道那天晚上孙碧霞如何大显身手,究竟吃了些什么稀世的美味。(《陆文夫选集》)

(11)他跟着她,最后竟然将车子停了下来,徒步跟着她。在这一刻,实际上他根本不知道自己到底想干什么。(蔡骏《山村尸咒》)

例(8)—(11)都没有显示人们欲对问题进行深究或追究,只是表示人们在获得更多的消息之前无从知道问题的答案。(8)暗示若无人上门要债,小萍根本不会明白是怎么回事。(9)暗示在参加这些活动之前他们很难知道是怎么回事。(10)表示讲话人压根不知道孙碧霞吃了些什么稀世的美味。(11)表示主人公感到恍惚和茫然,不知道自己想干什么。看来,深究/追究说仅解释了讲话人使用深究的手段,未能解释讲话人使用这一手段的目的,讲话人就是借用深究和追究的手段暗示人们的疑惑度极高。

我们可以看到扩域词的语义的循环运动：先以穷尽、深究、追究的意义借代疑惑的意义，后用于深究和追究的语境，表示问话人追问答案。由于深究和追究预设人们的未知和疑惑状态，很容易让人误以为扩域词本身就表示深究和追究的意义，忽视它表示人们感到非常不解和困惑的意义。

2.1.2 追究真相说

《现代汉语虚词例释》指出“到底”和“究竟”用于追究事物、事情的真相。蒋欣(2013:9)和陈秀明(2006:12)认为“究竟”在问句中表示追问真相。张秀松(2014a)指出疑问副词“到底”在唐代已有表示进一步追究的意义，追究事物的真相，表示问到底。这种解释认为“到底”表示“真的”意义源于假象在表层、真相在底层的隐喻映射。只有追问到底，穷追不舍才能使隐藏得很深的真相、真实意图和真实身份显露出来。当人们穷尽了整个范围、一查到底后，最有可能获得真实的信息。

(12)哎，你就向所有不明真相的围观者说，你老婆到底有没有剽窃。这不就结了。(BCC微博)

(13)有网友如此留言：“疑点重重、扑朔迷离，真相究竟是什么?”(《人民日报》2016/5/10)

对于(12)中的问题众说纷纭，各种猜测均未能得到证实，使人莫衷一是，讲话人欲深入挖掘，进一步追究真相。(13)中的“究竟”也表示追究真相。同样，人们有时出于某种动机要把真实意图和真实身份掩藏起来，掩藏得越深、越隐秘，如隐藏在最底层时最难发现，在例(14)(15)中，“到底”分别用于追问和追究对方深藏不露的真实意图和真实身份。

(14)好好的，为什么要取消婚约？我又没有做过对不起你的事，而且，你把钱交还给我，到底是什么意思？(岑凯伦《合家欢》)

(15)那是一个陌生人给我的私信。我一直在想到底是谁。(BCC微博)

扩域词表示问话人欲寻根究底，直到获得实情、真相、真理为止。扩域是手段，求真是目的，因此“到底”“究竟”可以表示“真正”的意义。可以用“真正”“真的”替换例(14)(15)中的“到底”。Huang *et al*(2009:240, note 2)把“到底”翻译成英语的actually(实际上)、truly(真实地)。Law

(2008:297)也认为"到底"的意思相当于英语的 really(真的)。英语也有类似的比喻性说法。Get to the bottom 的字面义是深入问题的底部,彻底查明某事,发现真正的原因,挖出祸根。通过比喻映射,如果某个东西在神秘事件的底部,它就是事件实际、真正的原因。

虽然用表象在上部、真相在底部的隐喻可以解释问话人用"到底"求取真相时的用法,但此说无法概括其他用法。

(16)"你为什么这么偏袒雅治,那个丑男到底哪里好?"从君柔受伤地抗议。(左晴雯《被爱好讨厌》)

(17)只是到底会不会受处分,他就捉摸不定了。(丁玲《太阳照在桑乾河上》第二十六章)

(18)本人很瘦,最近看电视总是广告某种打虫药,心想可以拿来试试,今天去药店买了一盒,可是看说明书的时候,哥犹豫了很久,到底是吃还是不吃呢?(BCC 微博)

(16)中的"到底"暗示问话人百思不得其解的认知状态。(17)中的"到底"暗示主人公难以预料处理结果。(18)中的"到底"暗示讲话人犹豫不决的心理状态。这些例句中的"到底"都跟真相在底部的隐喻无关,只跟人们的困惑度相关。事实上,在(12)(13)中,问话人追问真相是话语信息提供的,并不是来自于"到底"和"究竟"的语义。问话人的追问目的是语境提示的。语境是不可穷尽的,问话人的追问目的也具有不可穷尽性,追问真相只是其中的一种用法。可见,追究真相说的概括力非常有限。

2.1.3 追究结果说

孙菊芬(2002)指出"毕竟"表示穷尽性地追究某事的最终结果,此用法见于《三遂平妖传》《水浒传》《三国演义》,"毕竟"出现在章节结尾的问句中,用以引起下回,带出追究结果的意思。

(19)毕竟这亲事成得成不得,且听下回分解。(《三遂平妖传》第四回)

(20)毕竟宋江等如何厮杀,且听下回分解。(《水浒传》第一百〇八回)

(21)毕竟孙坚怎得脱身,且听下文分解。(《三国演义》第六回)

"毕竟"用终点比喻事件的最终结局,在问句中表示追问最终的结局。

似乎也可以用同样的方法来解释“到底”的意义。例(22)—(25)可以用空间的尽头比喻时间的终点，表示从时间意义上追究：追问最终结果、最终决定和终极目标。

(22)“狼爸”萧百佑要求子女必须读完博士，必须生养至少三个孩子等，做到这些才算回报了父母。我很想等等看10年后、20年后关于他们家的新故事。到底有没有激烈的冲突发生。(BCC微博)(追究最终结果)

(23)“到底干不干啊？我再问你一遍。”(朱文《我爱美元》)(追问最终决定)

(24)你说痛快点，到底开不开？(金河《重逢》)(追问最终决定)

(25)“人活着到底是为了什么？在市场经济条件下，一个人绝不能只为物质利益而活。”省委宣传部部长刘学斌说。(1996年人民日报/7月份)(追问终极目标)

我们认为把以上例句中的“到底”解释为“最终”的意义是一种望文生义的错误理解，“到底”只是表示问话人因为不知道答案而感到困惑，“最终”的意义是语境提示的。此外，追究最终结果说也无法解释下例中追问的诀窍、合理观念、真实的计划跟最终结果有何联系。问话人追问的答案的内容是语境提供的。

(26)我还记得他们的绕口令。舌头老是捋不直的啊！你到底是怎么rap的啊？(BCC微博)(追问诀窍)

(27)高校到底培养什么样的传承人？(博特乐图2015)(追问合理的教育理念)

(28)我问你，你明天到底会不会上飞机？(吴淡如《懒没什么不可以》)(追问真实的打算)

2.2　扩域词的功能研究

2.2.1　加强语气说

《现代汉语八百词》指出“究竟”用于问句，表示进一步追究，有加强语气的作用。但它没有指明加强了何种语气,是加强了疑问语气、怀疑语气、惊讶语气还是愤怒语气?为何"究竟"能够加强语气?张秀松(2014:75)指出"到底"作为追问(即追究问题答案的)标记,其典型话语功能是增强对问题答案的追究语气,表示问话人在催问和催答。蒋欣(2013)指出"到底"和"究竟"可以表传疑评价,即表达说话人的怀疑态度,加强怀疑语气。如例(29)表示讲话人怀疑娱乐圈的闺蜜情并非是真情,(30)表示讲话人对争夺名利的必要性提出质疑。

(29)为了做出节目效果,两个女艺人可以说无所不用其极地表演如何深爱对方,不禁让人深深怀疑起娱乐圈的闺蜜情到底有几分真假。(人民网 2015/9/9)

(30)所以说当明星们扎堆争名夺利的时候,会不会想想这些生不带来死不带去的东西究竟有多少值得去玩攻心计的必要?(人民网 2012/9/3)

"到底"和"究竟"不光可以表达传疑评价,还可以表示问话人感到疑惑不解、愤怒和惊讶的语气。

(31)究竟室内温度有多高?(《现代汉语八百词》)

(32)罗亦鑫忍不住大吼,"你这个女人到底有没有一点常识?"他总有一天会被她吓死。(丁千柔《网络女精灵》)

(33)他语调平常却处处针砭时弊,很多事例引人深思,现场 300 多名观众听得鸦雀无声。袁教授到底讲了些什么?(读我 2016/5/13)

(31)表示问话人对室内温度缺乏了解,"究竟"加强问话人表达的困惑语气。(32)中的"到底"加强愤怒语气。在(33)中,袁教授的演讲如此吸引听众,讲话人不知道他讲的是什么,"到底"表达讲话人的惊讶和不解。在英语中,wh-ever 词族(如 whoever, whatever, wherever, whenever, how ever, why ever)用于问句相当于"究竟""到底"的意思,《牛津高阶英汉双解词典》《新牛津英汉双解大词典》《朗文当代高级英语辞典》(双解)和 *Collins Co-buid English Dictionary* 等词典都指出它们用于强调,加强惊讶、困惑或愤怒的语气。

(34)Whatever do you mean?(《牛津高阶英汉双解词典》)

你究竟是什么意思?(同上)

(35)Look at that strange animal! Whatever is it?(《朗文当代高级英

语辞典》(双解))

瞧那只奇怪的动物,究竟是什么呀?(同上)

(36)Why ever did you do it?(《新牛津英汉双解大词典》)

你究竟为什么要那么做?(同上)

(34)中的 whatever 表达困惑的语气,暗示对方的意图很难猜测。(35)表示讲话人见到那只奇怪的动物感到很吃惊,不知道它是什么动物,whatever 表达惊讶和困惑的语气。(36)中的讲话人愤怒地责问对方。然而,研究者和词典都未解释为何扩域词能够传达这些语气?它们跟扩域词的本义有何关联?这些语气是扩域词的本义还是含义?

2.2.2 追问到底说

《现代汉语八百词》指出"到底"和"究竟"用于问句,表示进一步追究,但没有解释问话人为何需要进一步追究。张秀松(2014)认为问话人使用"到底"是为了提高问句答案的质量,如在例(26)—(28)中,"到底"用于暗示问话人欲获得较高质量的答案,这些答案除了诀窍、合理的观念、真实的打算,还包括真实意图、真相、真实身份、准确答案、明智的决策等。他认为"到底"在问句中表示"问到底"。他用语法化理论的重新分析法重构"到底"与"问到底"的关联。他认为追问到底的语气是听者通过重新分析读出的。他的解释是:"我问你,到底 Q"中,"问"和"到底"发生语义组合,表示"(把 Q 这个问题)问到底"。他认为这是疑问句中"到底"能表示追究语气的认知动因,如:"你考虑好了没有?"表示"问'你考虑好了没有?'",再与"到底"组合,表示把"问'你考虑好了没有'"这种询问行为进行到底,所以"到底"在问句中就表示追问到底,问到最后,问到位,问清楚,问个水落石出才罢休。这一会话含义最终被固定下来,成为捷径含义。(张秀松 2014a:82)

张秀松(2012a:64)又用演绎推理解释从"问到底"到"说到位"的含义推导过程,旨在解释问话人对答案质量的期待。

大前提:①如果言者要追究这个问题的答案,则会把"问 Q"这个行为进行到底。

②如果言者要追究 Q 这个问题的答案，则会催促听者把 Q 的答案说到位。

小前提：现在言者要把问 Q 这个行为进行到底，或者要听者将 Q 的答案说到位。

推论：言者要追究 Q 这个问题的答案。

于是，“问到底”就意味着问话人期待答话人将 Q 的答案说到位。例如：

(37)阿川为了缠住他，继续不依不饶地问：“那你说，他们抓我们来，到底想干什么呢？我们这些人对他们有什么用？”(葛红兵《未来军团三部曲》)

(38)刘星死心爱上凝蓝，就怕外人夺去，一听解英冈不答应离开，杀气腾腾道：“你到底走不走？”(曹若冰《金菊四绝》)

(39)“你……你们到底是谁……”她连声音都抖得厉害。“我们？去地狱问你爷爷吧！”(芃羽《盲女奇缘》)

问话人追问到底就暗示答话人应该交底和回答到位。(37)表示问话人期待获知对方的真正意图。(38)表示问话人期待获知对方最终的决定。(39)表示问话人想获知对方的真实身份。但这一解释存在下列问题：

1.“追问到底”表示一个问题接着一个问题往下追问，或者把一个问题剖成数个问题进行求解。而使用扩域词的语境并不总是显现问话人有连续发问、步步紧逼的言语行为。问话人有时只问了一次，且追问的只是一个问题。诚然，在有的语境中，问话人有时怀疑或不满足于首次得到的答案，需要连续追问，直到获得满意的答案为止，但这种追问行为是具体语境提示的，不代表所有使用扩域词的问句都表示追问到底。用“追问到底”来解释“到底”在问句中的用法有点以偏概全。

2. 催问或逼问的言语行为是语境含义，不是扩域词本身的功能，扩域词本身的功能是表示人们的疑惑度极高。

(40)爸爸严厉的眼睛逼视着我，点燃一支香烟，使劲吸一大口，问道：“我问你，你到底在搞什么名堂？”(施亮《无影人》)

张秀松(2014a:81)认为(40)显示了“到底”的逼问功能。但是，“逼问”是由“爸爸严厉的眼睛逼视着我”暗示的，其中的“到底”并不表示追问到底，仅能表示问话人因为不知道问题的答案而感到很纳闷。我们需要区分扩域词本身的语义、功能和它引导的语境含义。

3. 有时讲话人不是问别人，而是在深思和推测，这时不存在追问到底的言语行为，扩域词凸显认知者因找不到答案或无法确定答案而感到很茫然或犹豫不决。

(41)萧家骤与胡雪岩对望着、沉默着；交换的眼色中，提出了同样的疑问：阿巧姐投身在这白衣庵中，到底是为了什么？(高阳《红顶商人胡雪岩》)

(42)天啊！她到底在说什么，儿子才五岁，根本听不懂。(白暮霖《恶女夺爱》)

(43)张燮林算不清自己带队到底拿了几次世界冠军，“都是旧账了，到底几十次真是记不得了”。(《文化报》2005/5/1)

(44)纠结啊纠结，到底要不要去面试？(BCC 微博)

(41)表示与阿巧姐的偶遇使他们感到十分诧异和不解，不知道她出家的真正目的。(42)表示她儿子听不懂她说的话，感到很茫然。(43)表示主人公记忆模糊，无法确定准确的次数。(44)中的“到底”凸显主人犹豫不决的心态。这些例句中的“到底”都表示人们的困惑度很高。

4. 有时扩域词用于反驳和责问，答案是显而易见的，不表示问话人要求别人说到位、说清楚。

(45)“这钱哪去了?”“花了。”“干什么花了?”“干什么我还要告诉你吗？咱俩到底谁是家长?”(王庆辉《钥匙》)(反驳)

(46)女人推开了耿亚尘大声地骂着：“撞了就撞了，这么多人在看，你还想赖吗？你到底是不是男人啊?!”(孟梵《猎夫》)(责问)

(45)中的讲话人假装提出一个值得商榷的问题，实际上是提醒对方好好想一想这个问题，拎拎清楚，暗示他才是家长，对方没有资格质问他。(46)责问对方，暗示他做事的方式使人怀疑他不是真男人。这两例都可以用提升疑惑度来解释“到底”的作用。

5. 无法解释“到底”在间接问句中有时并不表示追问到底的意思，而是表示不知道像谜一样的问题的答案或获得了难以解答的问题的答案。

下列问句中的“到底”和“究竟”用于未获知答案的间接问句，它们不表示追问，而表示答案的未知性、不确定性、模糊性，表示认知者感到困惑不解、犹豫不决或十分怀疑。

(47)上初中了，听说班里那个男生和那个女生谈恋爱，我还是不知道到底什么是爱情，因此那个时候爱情只是一个绯闻。(BCC 微博)

(48)我也不知道你说了究竟有多少。(BCC 微博)

(49)我不知道我到底做错了什么？我不知道你到底有没有爱过我？(BCC 微博)

(50)又来了，我不知你到底为啥烦？真为我，可不值当！(穆宪林《桑拿之谜》)

(51)我真的很想过年再去三亚！我想知道到底什么吸引着我，让我那么念念不忘，去几次都不会腻！(BCC 微博)

(52)她想知道究竟是谁的错？(唐瑄《一二三，木头人》)

(53)但很多人对身边究竟有多少值得他们自豪的遗产还不是很清楚。(人民网 2010/11/30)

(54)他们纷纷推出"动态高清"和"全高清"等概念电视，使得市场上林林总总的各种电视让消费者目不暇接，不是让您挑花了眼，就是让您不知所措，确定不了到底买哪种产品好。(《福建日报》2006/6/8)

(55)虽然无人解释到底发生了什么事，但没有出现恐慌，人们都很镇静。(《文汇报》2003/7/24)

(56)我在翻昨晚抢签的楼层，看我到底中了多少。(BCC 微博)

(57)"古善行呢？""谁知道？他出了名的薄幸郎，他爱谁都不长久，我们曾怀疑他到底有没有爱过！"(岑凯伦《爱情帖》)

例(47)－(57)的问句都不含逼问、催促的语气，不要求别人说到位或说清楚，主句中的动词暗示问句的答案的不确定度较高或值得怀疑。"到底"和"究竟"表示讲话人的困惑或怀疑程度极高。

例(58)－(64)中的扩域词用于已获知答案的语境。

(58)白发那么多，自己才知道到底原因在哪：太累了。(BCC 微博)

(59)它不是单纯地告诉个体智力的高低，而是告诉个体究竟有什么发展潜质。(BCC 科技文献)

(60)就是这个照片让我知道了到底是何方神圣，原来是你啊——亲

爱的姐姐。(BCC 微博)

(61)我总算是看明白了到底什么才是真正值得真心对待的，对于放弃了你的东西，你更应该早早地把它狠狠甩在屁股后面并且不给一丝回旋的机会。(BCC 微博)

(62)倘若醒悟了这一过程的必然性，那么我们在教育的过程中，就明白了到底谁才是教育过程中真正的主人，我们的教育也才会据此取得真正的实效。(BCC 科技文献)

(63)他还要我跟你解释到底发生什么事情了。(安小乐《女巫日记》)

(64)本文针对近几年在我国出现的“传销”——这种传播与销售相结合的市场营销方式以及由此引起的一些是非争议，阐述了究竟什么是传销，传销导入我国的诱因，并对传销业在我国的发展和存在的问题以及如何加强这方面的管理做了一些理性的探讨。(BCC 科技文献)

以上例句主句中的动词暗示问句已经有了答案，间接问句指代实际的、完整的答案，扩域词预设在获得答案前问句答案的不确定度或解答难度较高，这时扩域词的意义就跟追问到底毫无关系。

2.2.3　除阻说

张秀松(2014a：74)认为“到底”的常见用法是初次询问受阻、没有获得满意答案后，需要进一步追问，一追到底。如果对方给出的答案是不准确的、推三阻四的、含糊的，就可用“到底”来排出阻碍，提高问句答案的质量。他还指出，即使“到底”用于始发问，在言者的心理也要有一定的预谋，即自己或他人已问过或考虑过某个相似问题，但尚未获得满意答案。我们认为问话人对初始答案不满意是因为它尚未解除问句答案的不确定性，也属于问句答案的不确定性较高的案例。此外，扩域词还可用于以下语境，它们都表达问话人的茫然、困惑或怀疑：

1. 人们想获得突然出现的某个问题的答案，这个问题尚未被问过、考虑过。

(65)在步行街逛着逛着，突然看到了一个既帅气又熟悉的人。想过去看看到底是谁。原来是一面镜子。(BCC 微博)

2. 问句的答案很难猜。

(66)“于同志，那天我去那户人家里探了探，在那跳得快发疯的人堆里，我认出一个人来。”“谁?”“你想都想不到。”“到底是谁?”(尤凤伟《红丹丹》)

3. 人们忘记了答案，无法确定真正的答案。

(67)他说，他曾亲眼看见没有获救的两千多名同伴被人宰杀，血流成河，可惜他又记不起到底是谁要杀这么多的小孩。(马荣成《魔渡众生》)

4. 人们在决策时感到很犹豫，无所适从，没有自信。

(68)“齐晖，你到底行不行?”这不仅是来自外界的审视，也是她对自己的诘问。其实，齐晖从很小的时候就知道自己并非“天生丽质”，难免有些自卑。(《人民日报》2003)

5. 问话人怀疑现有答案。

(69)刚在保安室，保安先生就问我还有没有在读书，我说我都出来工作两年了，然后他又问我到底有没有二十岁？我说难道我不像过二十的？(BCC 微博)

6. 问话人质疑现有答案，暗示对立的答案。

(70)“你，不知廉耻。”两个女人知道被戏耍，拂袖而去。“到底是谁不知廉耻?”清绫对着她们的背影嘲笑。(花颜《侠客留情》)

7. 讲话人不赞成、不理解某种做法，暗示对方应改变态度。

(71)逢志年轻有为，又有胆识，他到底哪点不好，让你这么无法接受他？(乔安《爱人！请认真点》)

2.3 小结

深究/追究说、追究真相说、追究结果说、加强语气说、追问到底说、除阻说都忽视了扩域词用于表达人们的疑惑的意义，它们都认为问话人为了获得有效答案，把核查的范围扩大到底部，即追查、追问到底。域的宽度与有效答案出现的先验概率构成单调递增函数关系：彻查和深究的范围越广，就越能增大找到有效答案的先验概率。正是因为两者之间稳定的映射联系，扩域词能够暗示问话人彻查和深究的目的是为了获取有效答案。因此，扩域词在问句中被允准的前提是扩域还必须满足提高问句答案质量的要求，即宽域问句答案的质量高于窄域问句答案的质量，扩域使答案更加可靠和有效，使人们改变或修正先前的看法。我们认为使答案变得对问话人更加有利是扩域词在语境中产生的附带效用，这些效用依赖于扩域词表达的疑惑意义。问话人用扩域词暗示他的困惑或怀疑。扩域词在问句中看似表示深究或追究，实则表示问句答案的不确定度较高。我们提出的疑惑说可以对以上案例做出统一的解释：深究、追究真相和结果以及表达怀疑都是语境对问话人的意图的提示，当扩域词用于追究真相时，表示人们对事件的真相不知情而产生的疑惑，当扩域词用于追究结果时，表示人们对难以预料的结果产生的疑惑，问话人再次询问或不断追问是因为先前的答案尚未满足问话人解惑释疑的要求，扩域词表达问话人对同一问题感到疑惑。扩域词加强问句的语气体现为加强疑惑语气，其他语气都是疑惑语气结合语境信息而传递的含义。

第三章 扩域词的增熵功能

3.1 扩域词在问句中的疑惑义与含义

"端""端的""到底""究竟"等从语义上看本身就具有"最终""完结"的意义。

1. 端、端的

"端"字意为事物的一头或一方面，如"发端""首端""末端""顶端""两端"，又进一步引申为"开端""事端""争端"。《说文》："耑，物初生之题也。上象生形，下象其根也。"段玉裁注："（端）用为发耑、耑绪字者，假借也。""端"不过是"耑"的通假字而已。根据《古代汉语虚词词典》，"端"在六朝产生了"究竟""到底"的意义，用于问句，表达疑惑语气。

(1)容华坐消歇，端为谁辛苦？（《文选·鲍照·行药至城东桥》）

(2)四海旱多霖雨少，此中端有卧龙无？（《王文公文集·龙泉寺石井》）

(3)余年端有几？风月且婆娑。（《剑南诗稿·幽事》）

(4)向来诸老端何似？未必千年便不如？（《诚斋集·夜坐》）

"的"意为射箭的目标。"端的"是由同义副词"端"和"的"复合而成（《古代汉语虚词词典》），在问句中表示"究竟"的意思，表示疑惑的意义。

(5)端的为谁成病也？（《全宋词·成德·浪淘沙》）

(6)你下去许多时才出来,端的是甚妖邪?(《西游记》第四十三回》)

(7)再烦刘兄休辞生受,连夜去北京路上,探听起程的日期,端的从那条路上来?(《水浒传》第十五回))

(8)后面带着这个好汉,端的是谁,正是:相扑丛中人尽伏,拽拳飞脚如刀毒。劣性发时似山倒,焦挺从来没面目。(《水浒传》第六十六回)

(9)西门庆道:"端的是谁拿了,由他慢慢儿寻罢。"(《金瓶梅》第四十三回)

(10)月娘道:"刚才他每告我说,他房里不见了金镯子,端的不知是那里的?"(《金瓶梅》第四十三回)

2. 到底

"到底"是动宾式,字面的意义是"到底部",有"最终"的意思。"到底"表示洞穴的底部,路径的终点,空间的最边缘。这是穴居的残留,表示人在洞穴的深处。《现代汉语八百词》对"到底"的解释是"表示追究"。我们认为把"到底"解释为追问到底是望文生义的解释。与其把"到底"等词语解释为追问到底还不如把它们解释为追查到底,即细查、详查、彻查或者深究,因为许多语境不显现追问的行为。扩域义是"到底"的基本语义。"到底"在问句中表示彻底、全面、仔细的追查、了解、思考和回忆等行为和心理。它含有隐喻和借代映射。扩域词依赖于"具体的是抽象的"母喻,不是指代具体事物的尽头、末尾,而是利用了旅程的意象,以涉入深度和旅程的距离比喻抽象范围的广度、时间的跨度、探索和思考的深度。同时,又以空间的边缘借代疑惑语气,以搜索答案的范围的广度借代产生搜索行为的原因,以进行到底的行为借代对答案的不解,所以"到底"以空间的广度和距离的长度暗示人们的困惑度。讲话人用扩大追查范围和思考深度表达认知者很难明白问题的答案。

3. 究竟

《说文》"究,穷也。"《诗・小雅・常棣》毛传曰:"究、深也。"《说文》:"竟,乐曲尽为竟。"段玉裁注:"曲之所止也。引申之凡事之所止、土地之所止皆曰竟"。因此"究竟"本身有"最终"的意思。"究竟"在西汉做动词表示穷尽意义,在宋代从穷尽意义引申出"推求,追究"意义。"究竟"也和"到底"一样,经历了隐喻映射,使用了旅程意象:方法是路径,工作进程是距离，彻底完工是到达目的地。再通过借代，以穷尽义、深究义借代困惑义。以上词语在问句中的本义是表示人们不知道问句的答案，感到很困惑。

(11)(语境：电视剧《青云志》中碧瑶和小凡来到一座神秘的地宫。)

碧瑶：这到底是什么地方？

(12)大面积使用农药，不知究竟起于何时？

(13)版本之一是说这个丽斯就是美国好莱坞著名影星奥黛丽·赫本。版本二，丽斯是李春平杜撰出来的一个人。但无论如何，丽斯到底是谁，只有李春平自己知道。(小洁，微信公众号——影亨力 2016/8/28，奥黛丽·赫本死后，巨额遗产，居然全给了一个中国人？)

在(11)中，碧瑶和小凡都不知道这是什么地方，碧瑶也不期待小凡能够回答，也没有非要获得答案才罢休的意图。碧瑶只是表示她的疑惑。(12)表示讲话人不知道答案，不一定表示他在求取信息。(13)不要求任何回答和深究，暗示丽斯的身份很神秘，除了当事人外，外人根本无法猜出丽斯的真实身份。

如何解释疑问语气的加强？对于肯定和否定陈述句的语气的加强和减弱有大量的研究(Israel 2011；Fauconnier 1975a，b；Bolinger 1972)，但对于疑问语气的加强的研究文献不多，仅见 van Rooy(2003)，Krifka (1995)，Fauconnier(1980)。我们需要回到疑问句最基本的功能上来解答这个问题。问话人感到茫然不知时用问句求取答案以解除心中的疑惑，因此问句的首要功能是表达问话人的疑惑。加强疑问语气就是增加疑惑度，表示问话人不知道问题的答案时的迷茫、困惑、犹豫和怀疑程度。用追问和深究、追究来解释扩域词的功能只能解释个别案例。在令问话人感到怀疑的语境中使用扩域词仍然表示问话人的疑惑度极高，如果已获得的答案仍不能解除问话人心中的疑惑，则暗示问话人怀疑答案的可靠性和真实性，通过扩域词表达心中的疑惑和需要获得新的答案的愿望。疑惑度可以用来概括这类追问语境。以前的研究(如张秀松 2014a、b)过分专注于解决为何追问到底就能提高问句答案的质量的问题，忽视了扩域词增加问句的疑惑语气的功能。用极高的疑惑度可以概括含有扩域词的直接问句和间接问句的共同特点，它们都预设问句的答案的不确定性较大。

为何扩域词能够加强疑惑语气？这需要从含义推导的角度来解释。扩域很有可能发现需要的答案，域的宽度对应获得理想答案的概率。因为认知者对问题感到疑惑，扩域以寻找合适的、理想的答案，因此使用扩域词就能暗示疑惑度。根据关联论，含义的推导是通过话语信息和最佳相关的语境信息的关联而获得的。从深究、深追义到疑惑义是一种含义推导，通过与语境假设的关联得出特定含义。其演绎推理的路径是：

大前提：当问话人需要深究才能获得答案时，说明问话人感到很困惑。（最佳的相关语境假设）

小前提：问话人欲深究问题的答案。（话语信息）

结论：问话人感到很困惑。

答案越不确定或越难得，问话人越感到困惑，越需要深追和深究，因此究查的深度就可以借代和暗示疑惑的程度，这一以行为暗示原因的含义的规约化就变成了扩域词的规约义项，即使在不需要彻查和深究的语境仍然可以使用扩域词，因为扩域词表达的疑惑语气已被规约化，变成了捷径含义，可以脱离具体的语境，能够独立于语境发挥作用。例如，在不含追问、追查和追究意义的间接问句中扩域词只表示疑惑度极高的意义，这显示了扩域词的含义的规约化。即使在语境中出现追问到底的行为，扩域词也仍然表示人们的疑惑度极高。下列语境不表示追问到底或追问最佳答案，只表示问句的答案很不确定，认知者因不知道答案而感到很困惑：

(14)怕只怕，这个被冷落太久的行业终于热起来了，人们都恨不得一夜做成很多事，却忘了<u>到底</u>该做什么。（人民网 2016/3/18）

(15)看到有人上门要债，小萍明白了<u>到底</u>是怎么回事。（人民网 2010/3/8）

(16)现存的北大营遗址更像是一个符号，它回答了<u>到底</u>什么才是“军人的天职”。（人民网 2015/9/1）

(17)下面小编就为大家介绍一下喝牛奶<u>到底</u>会不会上火。（人民网 2016/5/11）

(14)中的人们忘记了问题的答案。(15)中的小萍获得了答案。

(16)(17)给出了答案。“到底”在以上问句中既不表示追究或深究，也不表示追问，只是表示问句的答案很不确定，这表现为：人们记不起答案，故不知道问句的答案[如(14)]；人们知道了不容易明了的事情的答案[如(15)]；事物提供了不容易定义的问题的答案[如(16)]；讲话人给出了不容易回答的问题的答案[如(17)]。追究说、深究说、追问到底说都无法解释以上现象。扩域词在问句中的本义不表示穷追到底，而是借助彻查、深究义暗示疑惑义。

那么，扩域词表示彻查、深究和追问的意义又是如何产生的？我们认为深究义、追究义、穷追到底的意义需要获得语境的支撑，是一种语境含义。在这些语境中，扩域词仍然表示疑惑义。

当扩域词用于问句，表示人们欲追查真相、实情时，扩域词就辅助表达彻查的含义。

(18)也许再花些时间，就可以查出当年到底是谁潜入朱府偷走那如意菩萨。(于晴《金锁姻缘》)

(19)高波相信了他并给他一个星期去查出这事到底是谁干的。(人民网 2016/5/11)

(20)没办法，得查查这胃到底咋回事。脑海中可怕的胃镜，我躲不开你了。(BCC 微博)

(21)她一时着急，立刻冲进卫英的房间，拉开他衣服就要看他到底伤在哪了。(人民网 2016/2/18)

(22)到底明星们会为哪些东西争呢？本报记者为此采访了几位业内人士，得到的答案是：什么都争。(人民网 2016/5/11)

例(18)—(22)中的带点部分的信息表达了人们欲彻查、追查、探查信息，而“到底”仍然表示答案的不确定性较高，人们不容易获知答案。在这种情况下，人们需要进一步追查答案。

当扩域词用于问句、表示人们欲寻根究底即进行深究(体现为掂量、琢磨、推究、深思熟虑)时，扩域词就辅助传递深究的含义。

(23)他沉声道：“奥丽卡公主——认识她的人都这样叫她，也没有人深究她究竟是不是真的公主！”(倪匡《黑暗天使》)

(24)癌症到底为什么难治？关于癌症的最强深度科普，让人脑洞大

开。(德国优才计划 2016/5/3)

(23)(24)表示的深究义是带点部分的信息表达的,扩域词只是表示问题很难回答。

当问话人怀疑先前的答案或尚未获得满意的答案,欲追问需要的答案时,扩域词就辅助传递追问的含义。

(25)"那么我们便离婚吧!"成德取起外套想立刻离开自己的家。"我只想问你最后一件事。"成德站在大门前。"你到底有没有爱过我?"突然淑贤又觉不舍,想退缩。(《李敏作品集》)

(26)爸爸严厉的眼睛逼视着我,点燃一支香烟,使劲吸一大口,问道:"我问你,你到底在搞什么名堂?"(施亮《无影人》)

(27)你到底说不说? 不说我就开枪了。

张秀松(2014a)认为追问、追究的语气是听者通过重新分析读出的,"到底"是由:问+[到底]→[问到底]或[说到底]的简省,表示要把询问的言语行为进行到底,直到问到位、问清楚,特别是在表示催问和怀疑的语境中,扩域词是追问标记,常带有最后通牒的意思。(25)中带点的部分显示问话人一直在追问,直到最后一个问题,其中的"到底"表示问话人对答案感到很不确定,所以需要追问。(26)中的催问和逼问是语境携带的信息,不是"到底"本身表达的意义,"到底"只是表示爸爸很不明白他在干什么。(27)表示最后的追问也是语境赋予的信息,问话人已经追问多次,对方都拒绝答复,问话人最后一次催问和发出警告,其中的"到底"不表示问最后一遍,而是表示问话人不知道对方在受到威胁的情况下是否愿意说。我们需要区别扩域词在问句中表达的疑惑本义和它们在语境中辅助传递的含义。

3.2　疑惑者

问话人可以问自己,反反复复地思考和追问,比如"这个人我到底在哪儿见过?""这到底是怎么回事?""到底"可以表示问话人怎么也想不明白,故发问求取信息,也可以表示问话人提请答话人多多思考然后做答。总之,需要深追和彻查的原因是因为交际者的疑惑度较高,因此扩域词能够以彻查和深究的行为借代彻查和深究的原因。进行深究和彻查的人可以是问话人、故事主人公等。我们把疑惑者在语境中的类型分为以下几类:

3.2.1 问话人

扩域词表示问话人的不解、疑惑,他在诘问时欲详查、深追、深挖问题的答案,问话人预设答话人知道问题的答案,要求对方提供他需要的信息。

(28)(语境:夫妻双方因为接二连三的事件产生矛盾,正在争吵。)

甲:你到底爱不爱我?

乙:当然爱你。

(29)恩起和马陆的出现令在熙惊惶不敢置信,安律师问她究竟是为恩起还是为马陆生气。(人民网 2016/5/8)

(30)"少扯开话题!你到底怎么进来的。"她冷冷地瞪他,眼眸中跳着火焰。(林晨心《陷阱中的天使》)

(31)只听得父亲问我:"佐子,姚晶到底同你是什么关系?"(亦舒《他比烟花寂寞》)

(32)"雪梅,不瞒你说,为了得到你,我已经用尽所有的法子了,到底我要怎么做,你才会接受我?"(慕云曦《狂傲二少》)

(33)"什么番人?赵嬷嬷,到底发生了什么事?"她抓着赵嬷嬷问。(辛紫眉《真假千金浪荡子》)

(34)别再口口声声对我说你爱我,为什么还要受折磨?到底是谁的错?到底是爱得不够深,还是爱得不够多?(歌曲《无言的温柔》)

(35)邱洁如在后面喊:"你站住,你给我站住,你到底是什么意思?"(《突出重围》第十章)

(36)他把课堂设在果园,亲自动手,一会儿用锯,一会儿用剪子,把一棵果树的枝条,剪掉了1/3。农民心疼得不行,还有村民找到我家里,急切地说:"你找来的这个教授到底行不行?这不是糟蹋年景吗?看他穿戴也不像教授。"(人民网 2016/6/13)

3.2.2 问话人和听话人

问话人和听话人都不知道问题的答案，问话人用扩域词强调自己对问题的重视程度，他认为听话人也同样感到疑惑。此外，说话人提问前已假定他们能够得到明确答案的希望很小，只是提出问题引起双方的共同思考和探讨。

(37)最离奇的失踪——MH370 上究竟发生了些什么？(凤凰资讯 2014/3/15)

(38)陈娅安、李承铉、董洁之间的感情纠葛究竟如何发展，相信只有等剧集播出时才能揭晓。(人民网 2016/6/3)

(39)中国的传国玉玺究竟流落何处？(腾讯新闻 2016/6/7)

3.2.3 认知者

在非问答的语境中，认知者自己在苦思和找寻问题的真正答案或解决方案，扩域词表示他们内心的困惑。

(40)我得去看看中医：到底为啥手脚冰凉还出冷汗，脸上还都是痘痘？(BCC)(病人的疑惑)

(41)面对令人眼花缭乱的各种各样的美，如果我们凝思发问：美到底是什么？想必是极其自然也是极其合理的。(文汇报 2000/12/30)(所有人的疑惑)

(42)当他在沙发上坐下来时，脑海里却在飞速地旋转：问题到底出在哪儿？他们到底抓到什么把柄了?!(李佩甫《羊的门》)(故事主人公的疑惑)

(43)聂风不禁眉头一皱：这个姥姥到底患的是何怪病？为何需要这么多的药锅给她煎药？(马荣成《倾城之恋》)(聂风的疑惑)

(44)不过，虽然网上报名已经结束，但还有不少考生在纠结：究竟该考研还是就业？(BCC 微博)(考生的疑惑)

(45)这就引发了很多人想知道安迪为何会被父亲抛弃，究竟是什么

原因造成的呢？（人民网 2016/5/7）（许多观众的疑惑）

（46）在国外生活多年，这次回国也是为了寻找自己的亲生弟弟，不免有观众会好奇，安迪的真实身世究竟是什么？（人民网 2016/5/7）（观众的疑惑）

（47）果然，这老头原路折回捡回斧头和柴木，张启山等人便顺势跟踪老头，看他到底是何方神圣。（人民网 2016/7/20）（张启山等人的疑惑）

（48）"事情很急，我回徐州办理或者邮寄，都要耽误较长的时间，到底怎么办呢？"面对着急的王先生，户籍民警彭艳想到了天天在用的微信。（人民网 2016/4/5）（王先生的疑惑）

（49）据称，FDA 将调查 Theranos 赖以生存的专利技术到底是否真实存在。（人民网 2016/6/14）（FDA 的疑惑）

（50）老材料，不让用；新材料，买不着。到底怎么办？（人民网 2016/3/29）（故宫维修工的疑惑）

3.2.4 听话人或读者

在新闻报道中，叙述者使用扩域词提出问题，激发听话人或读者的好奇心，暗示将深追某一话题，揭示鲜为人知的秘密。叙述者的疑惑度不一定很高，他可能已经知道问题的答案。叙述者欲引导听话人或读者在下文获取问题的答案。叙述者预设听话人或读者对信息的了解不多，一定不知道内幕或详情，估计他们一定对问题感到很好奇、惊讶或疑惑，欲了解更多的详情，扩域词暗示报道内容的未知度和新闻价值，引起听话人或读者的期待。读者在好奇心的驱使下期待从下文的阅读中获得信息，解除疑惑。扩域词提示读者这是一个不易获得答案的问题。叙述者承诺听话人即将获得的答案是很有价值的，是经过缜密思考和深入挖掘而获得的，是来之不易的。

（51）林依轮家里到底多有钱？其北京 500 多平方米的豪宅里又有哪些珍宝收藏？今天《藏宝图》（微信 ID：cangbao88）收藏人物就带你走进林依轮低调的艺术收藏生活。（腾讯理财 2016/9/11）

（52）量子通信到底是什么？笔者在此为读者打开通向通信世界的神

奇之门。(瞭望智库 2016/8/17)

(53)17 年弹指一挥,今天的塞尔维亚空军实力究竟如何呢?本期新浪军情室将为您探究塞尔维亚空军的今昔与未来。(新浪视频 2016/6/20)

(54)吴亦凡这么帅让女人爱得不要不要的,到底怎么保养的啊?今天就跟大家来分享一下。(人民网 2016/4/5)

(55)一起与小编看看究竟如何才能养成易瘦体质呢?(人民网 2016/6/2)

(56)有了政策,到底愿不愿意生二孩?调查显示,近六成家庭无二孩生育意愿,农村家庭二孩生育意愿较高。(人民网 2016/5/9)

(57)到底是什么人、因为什么发动了此次针对警察的袭击呢?(《腾讯天天快报》2016/7/9)

(58)防癌饮食到底怎么吃?一起来瞧瞧!(人民网 2016/5/6)

3.3　问句的研究

3.3.1　问句的句法学研究

句法学对问句的研究主要集中在问句的类型和特点的研究上(Huang, *et al* 2009)。张伯江(1997)认为可以依据疑问域的大小来划分疑问句的类型。当疑问域为一个点(某项事实)时是特殊问句,当疑问域是一个局部(析取集合)时是选择疑问句,当疑问域为一个整体(整个命题)时为是非疑问句。

1. 特殊问句:制造一个开语句[①],留下未确定的描述部分

①论元部分的信息未确定

(59)她喝了什么?

(60)谁喝了酒?

---

① "一个谓词若与一个或几个变量项相结合就不是一个完整的命题,而是一个开语句(open sentence),又叫命题函项(propositional function)。"(蒋严、潘海华,2005)

②副词部分的信息未确定

(61)她什么时候喝的酒?

(62)她在哪里喝的酒?

③相关的命题部分未确定

(63)她为何喝酒?

特殊问句可包含多重问句。

(64)谁喝了什么?

(65)谁在哪里喝了什么?

超命题的成分不能被质疑。例如,言语行为和修饰全句的副词不能被质疑。

(66)显然,她不喜欢喝酒。(修饰全句的副词)

(67)很遗憾,我们没有时间喝酒。(表达遗憾的动词)

英语特殊问句的疑问词需要位移,将一个 wh-短语移至句首。汉语特殊疑问词不需要位移,是疑问词处于原位的语言。

(68)What did she drink?

(69)她喝了什么?

但英语的回声问句允许疑问词语保留在原位。

(70)Peter drank WHAT?

在位移时,疑问词在原位留下一个语迹(用“t_1”表示),遵守孤岛限制[①],括号表示孤岛。孤岛内的成分不能移动到括号外。

(71)a. $What_1$ did [Peter drink t_1]?

b. Who_1[t_1 drank this wine]?

c. Who_1[t_1 drank what]?

d. [Which wine]$_1$ did [Peter drink t_1]?

e. [About what topic]$_1$ did [Peter recommend a book t_1]?

英语的内嵌问句不用助动词。

(72)a. Peter knows [$what_1$(* did) [Marry read t_1]]

b. Peter wonders [what (%did) [Marry read t_1]]

---

① “孤岛”(island)即禁止,原为转换语法术语,指一个结构的组构成分不能用任何移位规则从中移出,如超越其界限,两个成分之间的某些关系就不再保持。Wh-岛是以 wh-短语起头的结构,不能用转换规则将其中的任一成分移出。[关于“island”见 Crystal(2008:255)]

2. 一般问句

(73)她喝酒吗？

(74)她很爱他，对不对？

(75)她很爱他？

表示期待肯定回答时，一般问句的答案具有偏向性。例(73)中问话人估计和怀疑她会喝酒，问句是对估计和怀疑的求证。例(74)、(75)也是估计她很爱他。

反复问句“A 不 A”和正反问句也可以纳入一般问句。

(76)她爱不爱他？（反复问句）

(77)她吃了没有？（正反问句）

(78)她吃了没？（正反问句的简略式）

是非问句变为内嵌问句时用“是不是”“是否”“A 不 A”。

(79)她想知道他<u>是不是</u>/<u>是否</u>爱她。

(80)她想知道他<u>爱不爱</u>他。

3. 选择问句

选择问句语义上像特殊问句，句法上却像一般问句。

(81)是小张还是小王在读书？（谁在读书，是小张还是小王？）

(82)小张在读小说还是报纸？（小张在读什么，是小说还是报纸？）

选择问句和是非问句相似的地方是它也有焦点。选择问句也可以被内嵌。

(83)她想知道他读的是小说还是报纸。

3.3.2　问句的语义学研究

语义学派认为问句用于获取答案以改变求信者的认知状态，因此问句的价值就是其答案的价值。（Groenendijk & Stokhof 1984，Dekker *et al* 2016，Dayal 2016，Cross & Roelofsen 2014，Hagstrom 2003）

(84)谁谋杀了总统？

例(84)中的问话人获得答案就知道了谋杀者是谁。实情谓词预设内嵌的间接问句的答案已经被知晓，如例(85)。

(85)小明知道谁爱小丽。

例(85)中的间接问句表示答案。这里的间接问句说明问句的意义可被转化为答案的意义。

(86)a. 小明知道小王是否喜欢小丽。

b. 小王不喜欢小丽。

假定(86b)是(86a)内嵌问句的答案,把(86b)带入(86a)中的内嵌问句=小明知道小王不喜欢小丽,于是(86a)的信息蕴含(86b)的信息。直接问句的答案指代一套潜在选项命题。

(87)小明喜欢小丽吗?

问句指代所有可能的相关答案的集合:{喜欢,不喜欢}。

对问句的语义解释分为四派:函数表征派(functional representation),命题集表征派(propositional set representation),分隔表征派(partition representation),探问语义派(inquisitive semantics)。(Krifka 2011:1752)

3.3.2.1 函数表征派

函数表征派是其他三派的基础,该派认为问句不是完整的命题,而是一个开语句,疑问成分标记信息缺失的位置和缺失的具体信息的类型,问话人要求听话人补充缺失的信息,故可把问句视为从参数到函项的函数映射,用函数公式中的变量来表达疑问成分。(Cohen 1929, Jespersen 1940, Hull 1975, Belnap & Stell 1976, Tichy 1978, Hausser & Zafferer 1979, Hausser 1983)我们先来看如何用函数表征命题。

(88)小李批评了他。

$= \lambda i[i < 过去 \wedge 批评_i(他_i)(小李_i)]$

λ抽象是用以表示从对象(它可以是由算子所约束的变项的值)到命题的函项,表示函数的一种属性,相当于函数公式 $y = F(a)$中的$F(a)$的功能,它与个体词项一起形成一个语句。"i"代表参数,如世界、时间或情景等。"λi"表示是这样一个情景,"$批评_i$"表示"批评"在情景参数 i 中的词汇意义。(88)中的语义表达式的意义是:是这样的一个情景,情景中的事件发生在过去,批评事件的参与变项是他和小李。特殊问句的函数表征方法如下:

(89)谁批评了他?

$=\lambda i[x$ 在 i 中批评了他$]$

该语义表达式的意义是:是这样一个情景,某个变量 x 在情景 i 中批评了他。也可以这样来表达:

(90)a. λx:人 $\lambda i[x$ 在 i 中批评了他$]$

b. $\lambda i[\lambda x$:人$_i[x$ 在 i 中批评了他$]]$

(90a)的意思是:是这样一个变量 x,x 是人,在 i 这样一个情景中,x 批评了他。(90b)的意思是:是这样一个情景 i,存在这样一个变量 x,x 是情景中的人,在情景 i 中,x 批评了他。又如:

(91)他读过什么小说?

$=\{\lambda i[$读$_i(x)($他$)]|\ x\in$ 小说$\}$

(91)表示存在一个这样的情景 i,它含有一个阅读的事件,事件参与项是他和变项 x,x 属于小说。

答案的意义就是填充逻辑式中不确定的变项,把开语句转换为完整命题。

(92)A:"谁批评了他?"

B:"小李。"

—$\lambda i[\lambda x$:人$_i[x$ 在 i 中批评了他$]]$

—$\lambda i[$小李$_i$ 在 i 中批评了他$_i]$

一般问句的语义函数表征如下:

(93)他批评过小李吗?

$=\lambda i\ \lambda f\in\{\lambda t[t],\ \lambda t[\neg t]\}[f([$他在 i 中批评过小李$])]$

选择问句的语义函数表征如下:

(94)他批评了小李还是小王?

$=\lambda i\lambda x\in\{$小李$_i$, 小王$_i\}\ [$他在 i 中批评了 $x]$

3.3.2.2　命题集表征派

命题集表征派用处理焦点的选项语义学(alternative semantics)的方法(Rooth 1992),假定表达式有两个语义表征部分:标准的意义和一套焦点引入的选项。

(95)她读了《水浒传》。

《水浒传》是信息焦点，它能激活其他对比或对立的选项，即其他读物。

命题集表征派与函数表征派的区别是命题集表征派以完整命题的答案为基本描述，而不是用简短的变量来解释问句的意义。他们认为问句能激活一套可以回答问句的选项命题，因此 Hamblin(1976)、Karttunen(1977)、Rooth (1992)认为一个问句的意义就是一套可能为真的答案的集合。Hamblin(1973:254)指出:"从语用上讲，一个问句构建一个在一套命题中进行选择的情景，即可以回答问句的答案，于是每个问句可由一套答案来定义，构成问句—答案的集合。"每一问句的语义可以用一套选项命题(即答案的集合)来定义，每一选项为问句的一个答案。Hamblin(1958:162)的名言是:"知道什么可以算作问句的合适答案就等于懂得了问句。"Ginzburg(1996:394)也指出一个问句的外延与它所有的答案相连，答话人需要在非空集合中进行选择。

(96)他跑到哪里去了?

问句的焦点语义值是个体域中的一套地点。回答者的任务就是从下列选项中找出一个真实的命题:

他跑到 x_1 去了。

他跑到 x_2 去了。

他跑到 x_3 去了。

……

他跑到 x_n 去了。

特殊疑问词的分解语义是指代一套选项的意义。

(97)谁批评了小梁?

假定语境涉及四个人:小王，小李，小张，小陈。把所有潜在答案代入命题得到四个选项命题。

{小王批评了小梁;小李批评了小梁;小张批评了小梁;小陈批评了小梁}

对比函数表征派和命题集表征派所用语义表达方法:

函数表征:{λi[x 在 i 中批评了小梁] | x:人}(注:人是句子的独立变量)

命题集表征:{λi[小张在 i 中批评了小梁],λi[小李在 i 中批评了小梁]……}

是非问句可表达为两个命题(即肯定和否定命题)的组合。

(98)他见过小李吗？

问句的潜在答案有两个，等同于两个相互矛盾的命题：

{λi[他在 i 中见过小李]，λi[他在 i 中没见过小李]}

选择问句是由各个选项构成的命题组合。

(99)他见过小李还是小王？

＝{λi[他在 i 中见过小李]，λi[他在 i 中见过小王]}

此外，Karttunen(1977)在 Hamblin 的基础上做了补充，指出有些谓词后面必须带由疑问词引导的宾语从句，即间接问句，间接问句也指代命题的集合，它的意义也等于情景中的一套命题，它们联合构成一套完整的答案。例如，“他问小李是否散步”等于小李散步和小李不散步的命题组合。至于到底哪一命题为真，则取决于语境。

命题集表征派可以解释不合适的回答。

(100)A：曹雪芹写了什么小说？

B：《水浒传》。

命题集表征派要求答案必须是所有潜在答案的选项集中的子集，(100A)的问句的语义内容对答案进行限定，(100B)的答案不在问句的潜在答案的选项集中，不是问句的答案中的一个子集，故答案不合适。命题集表征派还可以解释并列问句：真实答案的合集。

(101)她知道小王读了什么，也知道他睡没有。

例(101)表示她知道每个问题的真实答案。

但该论也存在以下几个问题：

1. 无法解释有些间接问句(内嵌问句)中的答案仅表示真实的答案而非所有的潜在答案。Karttunen(1977)认为问句的语义等同于问句的真实性答案，而不是所有可能为真的答案，即使是非实情谓词的宾语从句，它的内容也可以被理解为实情。

(102)小王告诉小李谁拿到了驾照。

“告诉”是非实情谓词，但“谁拿到了驾照”却被视为实情。假如小王告诉小李是小张和小何拿到了驾照，表示他告诉了真相，于是“谁拿到了驾照”指代真实的答案，不包含其他潜在、不真实的答案。被“告诉”和“暗示”等内嵌的间接问句虽然不预设宾语部分的命题为真，问句却指代真实答案。同样，被“对…… 感兴趣”“调查”“知道”等内嵌的间接问句也表示真实的完整答案。

(103)小张知道小王读过老舍的什么书。

(104)他知道下雨没有。

例(103)中的间接问句指代小王实际读过的老舍的书，而不是指代小王有可能读过的所有的老舍的书。例(104)的间接问句指代一个真实的答案。基于此，Karttunen 建议把间接问句处理为表示确定的、真实的、完整的答案，而不表示所有可能的答案。实情谓词(如“知道”“发现”“猜”“预言”)和某些非实情谓词(如“告诉”)都预设间接问句已经有了答案。Ginzburg(1996:388)把这些谓词称为确定义谓词(resolutive predicates)。

(105)谁当选取决于谁参加竞选。

例(105)表示主语位上的真实答案取决于宾语位上的真实答案。

然而，Higginbotham(1996:380)指出不是所有的谓词都暗示其后的间接问句已有了确定答案，有些间接问句仍然指代所有可能为真的潜在答案。

(106)小王想知道在下雨没有。

(107)小王想知道谁跟小李约会。

(108)他想知道谁来了。

(109)小王不知道谁跟小李约会。

(106)中的宾语从句“在下雨没有”指代两个可能的答案：下雨和没下雨，答案是不确定的。(107)－(109)中的间接问句也是如此。可见，间接问句指代的是真实答案还是可能为真的答案需要视语境而定，不能一概而论。引导间接问句的谓词(如发现、知道、告诉、报告、宣告、陈述、揭示、记得、显示、忘记、猜到、预言、决定等)意味着间接问句中的问题已经被解决了，答案已经知晓，不存在一个问题，问句不是一个开语句，相当于用问句的一个答案代入开语句后生成的一个完整的断言，故内嵌问句的答案是指代实际为真的答案而非可能为真的答案的集合。(Ginzburg 1996:389)而“不知道”“想知道”等谓词表示答案尚未知晓，故内嵌问句的答案指代一套可能为真的答案的集合而非实际的答案。

2. 无法解释某些特殊问句。

(110)他到哪里去了？伦敦、莫斯科还是巴黎？

虽然问话人列出了三个潜在的答案，但答案可以超过问话人设定的范围，三个答案中可能没有一个是真实的答案。

3.3.2.3　分隔表征派

Groenendijk & Stokhof(1984,1997),Higginbotham & May(1981)认为一个问句不是对一套集合进行限定，而是对一套集合进行分割，每一个问句都有一个主题，按照该主题把世界进行分组，即从某一个角度对选项进行分组，每组都含一套选项。一个问句的答案把可能的选项分割成相互排斥的命题，它们的并集构成可能世界的逻辑空间的单元格。一组完整的答案就是分割的单元的命题。

(111)哪个城市是中国的首都？

(111)中的问句把城市的外延按照可能是中国首都的主题进行分割，真正的答案为一个陈述命题，是其中的一个子集，能排除可能世界的不确定性。

(112)北京是不是中国的首都？

(112)中的可能世界包含的一组选项是肯定的回答和否定的回答。

(113)小王喜不喜欢小丽？

(113)中的两个答案(喜欢，不喜欢)分割空间。

(114)小李散步吗？

(114)中的可能世界 W 的划分：{小李散步，小李不散步}

分隔表征派与命题集表征派不同的是：命题集表征派认为问句的答案不是穷尽性的，命题集表征派把“完全答案”视为一种特例，而分隔表征派认为问句的答案是穷尽性的，把部分回答视为一种特例。

(115)小王读过什么书？

假定(115)的答案的选项是《水浒传》和《红楼梦》。对比两种分析方法：

命题集表征派的分析是：只有可能读过的书才能成为集合中的选项。命题集表征派认为问句只包含两个答案的选项：(1)只读过《水浒传》，(2)只读过《红楼梦》。

分隔表征派能包含相互不重叠的命题，覆盖全部参数，对问句的答案做出穷尽性的解释，包括空集（“没有读过书”这一答案）和合集，共有四个选项：(1)两本都读过(合集)；(2)两本都没读过(空集)；(3)只读过《水浒传》；(4)只读过《红楼梦》。对比两种解释：

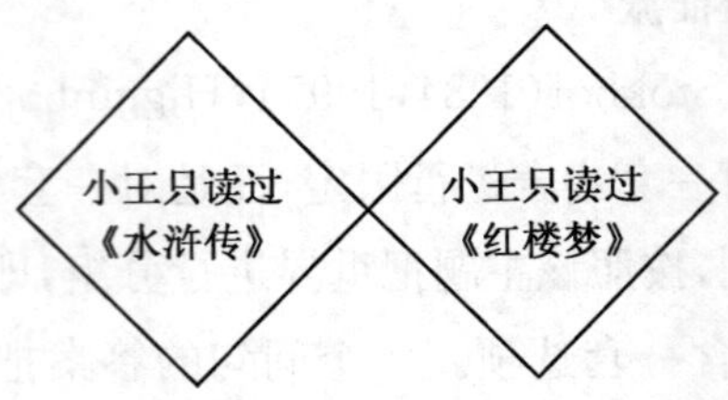

图1 命题集表征

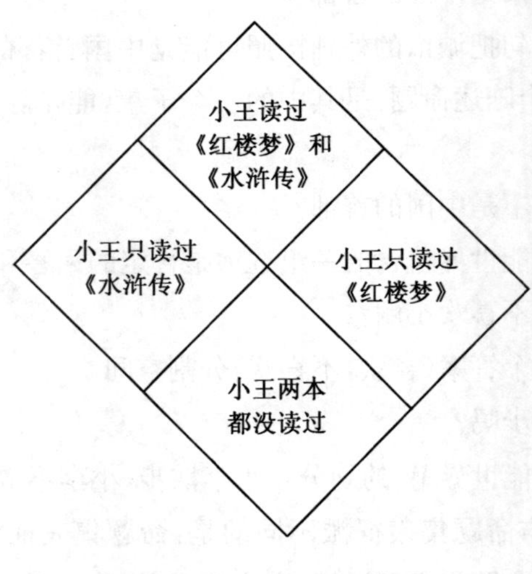

图2 分隔表征

(116)你见过哪个学生?

假定(116)的答案的选项是a和b，根据分隔表征派，答案应有五种可能性：(1)我只见过a；(2)我只见过b；(3)我两个学生都见过；(4)两个学生都没见过；(5)我见过a或b，但记不得到底是哪个。

一个问句的答案可被视为一个概率空间，各个答案是相互排斥的，它们联合穷尽概率空间。人们获得答案就是知道概率空间中哪些元素为真。获得信息就是排除不确定性。答案可以是部分信息，也可以是完整信息。(Higginbotham 1996:371)如果问句的答案能够把空间中的答案削减到只剩下一个元素,求信人将非常满意,但求信人也可以对部分信息感到满足。如果答案连一个可能性都没有排除,则没有传递信息。

(117)A:哪里能买到报纸?

B_1:车站。

B_2:车站、邮局、公园旁边的小摊、杂货店。

B_1 把 A 的问题做非穷尽性理解,提供了部分信息。B_2 把 A 的问题做穷尽性理解,提供了完全信息。是否应把问句做穷尽性或非穷尽性理解取决于语境暗示和需要。

(118)举例说明在哪里能买到《文汇报》?

(119)在下列哪些地方能买到《文汇报》?

(118)应做非穷尽性理解,(119)应做穷尽性理解。

3.3.2.4 探问语义派

探问语义派(inquisitive semantics)源于分隔表征派(Groenendijk & Roelofsen 2009),它把问句的意义视作所有潜在答案的意义。它肇始于20世纪90年代晚期,至今仍然是一个研究项目而非完美的理论,人们仍在提出新的理论,并最终导致它与命题集表征派紧密相连。

探问语义派的基本观点是:句子的意义包含两个部分:信息内容(informative content)和需要探问的内容(inquisitive content)。大体而言,如果提供的信息足以解决问题,则是断言;如果提供的信息不足以解决提出的问题,则是存有疑惑和需要探问的。

(120)小王喜欢小丽。

对于小王是否喜欢小丽这个问题,(120)提供了信息,是断言。

(121)小王或小李喜欢小丽。

对于小王或小李他们谁喜欢小丽这个问题,(121)提供的信息不足以解答问题,因此它提供的信息存在不确定性,类似于问句,等待进一步的信息填充。未知状态对应无法排除某些可能世界。问句的属性被等同于无信息状态(noninformativeness)。根据探问语义派(Ciardelli, Groenendijk and Roelofsen 2015),意义等于信息内容,提供信息等于排除不确定的可能世界;命题是提议,一个提议包含一个或多个可能性。命题表达的是一套可能性。每个可能性就是一个可能世界。可能世界是从命题到真值的函数。Groenendijk & Stokhof(1984)认为理解问句就是理解在哪种情况下使用何种回答是合适的,当其中至少有一个主要的可能为真的答案时,一个问句是合适的。传信句表达的是一种可能性世界。问句表达的是含有两个或多个可能性世界。当一个提议包含多个可能性时,就是疑问句。

(122)在下雨没有?

问话人知道有两个相关答案适合问句。答复"正在下雨"就把开初的未知状态缩减为一个状态。传递和更新信息状态就是降低未知状态中的多个未知参数。在一个餐厅中,客人A、B、C各自点了牛排、鱼和豆腐。从厨房端出三个盘子的不是从前的那位侍者。新侍者问"谁点了牛排",得到A的回答后摆好盘子,接着问"谁点了鱼",得到B的回答后摆好了两个盘子。侍者用两个问句就确定了三位客人各自点的菜。侍者初始的信息状态有六种可能性(不确定性的数量)。答案"A点的牛排"把6种不确定性削减为两种,即剩下两种不确定性:B点的鱼,C点的豆腐,或B点的豆腐,C点的鱼。当听到B点的鱼时,只剩下一种情况,已经得到了正确放盘子的完全信息,就不用再问了。如果问句的答案是确定的,就无须用问句解除疑惑。

3.3.3 问句的语用学研究

几十年来,对问句的研究集中在问句的结构、语义表征和答案。自从20世纪80年代后期起,研究焦点主要集中在解释问句在求信、推理、问题处理和对话等中的作用,可以从传信解除不确定性来做出统一解释。

1. 求问是一种言语行为

Hintikka(1976)认为求问是一种言语行为(interrogative act),问话人要求听话人回答问题,提供信息。Vanderveken(1990),Krifka(2011)认为疑问是会话模型中的一种言语行为。疑问作为一种询问行为,是言语行为,含有言外之力和命题内容。问句的言外之力就是问话人对答话人的要求,答话人被要求执行一个将来的言语行为:提供信息,即解决问题的答案。(Vanderveken 1990)问话人要求听话人/答话人给出的答复就是命题内容。

(123)A:小李喝了什么?(言外之力=让我知道小李喝了什么)

B:小李喝了白酒。(命题内容)

(124)A:小李喝白酒没有?(言外之力=让我知道小李是否喝了白酒)

B:小李喝了白酒。(命题内容)

(125)A:小王喜欢小丽吗?(言外之力=我要求你证实或者否认小王喜欢小丽)

B:小王不喜欢小丽。(命题内容)

2. 问句之间的关系

问句之间的关系是指问句之间的蕴含、依赖或等同关系。

(126)谁喜欢小丽?

(127)有人喜欢小丽吗?

(128)小王喜欢小丽吗?

(126)(128)依赖(127),以(127)的肯定回答为预设。如果(127)的答案是否定的,就不需要再用(126)或(128)来问,因为问句(126)和(128)的问题已经被解答(答案是否定的),问句无不确定性。对(128)的肯定回答蕴含对(127)的肯定回答,对(128)的否定回答帮助(126)排除了一个不确定性元素。

3. 答案的信息量的合适性

van Rooy(2003)指出人们提问的目的是为了获得信息,获得信息是为了解除不确定性,解除不确定性是为了做出更好的决策。因此,信息的价值就在于它能帮助决策和解决问题。获得的旧信息就是不相关的信息,对信宿没有效用。Belnap and Steel(1976)指出,疑问句提供一套选项以及某些选择的暗示。回答时提供的信息应不多也不少。问话人根据合作原则中的足量准则重构答话人选择某种形式的意图。

(129)A:他参加了多少场比赛?

B:他参加了某些比赛。

等级含义:他没有参加所有的比赛。

答话人选择较弱的信息表达式能传递等级含义。假设他参加了所有的比赛，同时遵守足量准则，则最强的信息表达式被选中的概率较大，答话人应选择信息度最强的表达式，于是，“参加了所有的比赛”会被优选。如果答话人选择了信息度较低的表达式，说明使用信息度较强的表达式的前提条件没有得到满足。因此，答话人使用弱式就传递等级含义。然而，根据关联理论，答话人选择弱式还可能有别的原因，即使答话人掌握了足够的信息，也不一定会使用信息度最强的表达式，言语者提供的信息度是与他的能力和意愿相一致的(Sperber & Wilson 1986/1995)，他可以提供不完全的答案，不满足问话人的需要。当不遵守足量准则能带给他更大的收益时，他可以违背足量准则。因此根据足量准则来选择提供的信息量只是其中的一项指标。答话人并不总是需要遵守足量准则。答话人提供全部信息还是部分信息要看他的需要和意愿。

(130)A：谁喜欢小丽？

B_1：有人喜欢小丽。(B_1 提供了很模糊的信息，不能或者不愿意提供更具体的信息，需要更多的信息才能排除更多的可能世界。)

B_2：要么小明喜欢小丽，要么小李喜欢小丽。(B_2 提供了不完全的、模棱两可的部分信息，但削减了其他不确定的选项。B_2 无法或不愿意做出更具体的回答。需要更多的信息才能把可能世界削减为一个世界。)

B_3：小明喜欢小丽。(B_3 提供了确定的信息，排除了其他可能世界。)

B_4：小王或小李都不喜欢小丽。(B_4 排除了两个选项的不确定性。)

B_5：没人喜欢她。(B_5 排除了所有选项的不确定性。)

B_6：小王，可能还有小李。(B_6 先提供了确定信息，后又提供了不确定信息。)

4. 问句的传疑功能

断言传信，疑问句传疑。问句本身就能表达问话人的疑惑。牛保义(2003)指出，一般来讲，陈述句表达讲话人对所述事件或命题持相信态度，疑问句表达发问人对所述事件或命题持疑惑态度。在断言时讲话人的认知状态主要为相信，在提问时发问人的认知状态主要为怀疑和不确定。

(131)后来别班有个同学告诉辅导员，他看见小米慌慌张张从口袋里掏出一条红领巾往脖子上一系，进门后又赶紧扯下来藏在口袋里。辅导员问小米，是不是这样的？(《文汇报》2003/10/26)

例(131)中的辅导员想核实情况,要求小米确认他是否冒充少先队员混进少年宫,表示辅导员不确定同学的小报告是否真实,将信将疑,需要获得答案来消除疑惑(即怀疑和不确定)。询问是否属实的行为就把确定性事件变成了真值不确定的事件,在问句中事件的真值是开放的,答案是不确定的,问话人允许对方予以确认,也允许对方予以否认。

语言使用的首要用途就是交换信息。Stalnaker(1978)认为命题的意义就在于它能改变会话双方共有背景的潜能。合作的信息交流就是扩大共有背景信息。共有背景是指双方共同享有的信息。信息交流可被视为提出问题和解答问题的合作过程。为了解决问题就需要获取信息和改变信息状态。问话人用问句提出问题,邀请听话人选择答案的选项,减少不确定的可能世界的数量,解除疑惑,改变共有背景信息。如果一个问句提出两种或多种更新共有背景的方案,它就是用于求信的,它邀请其他参与者提供答案来确定至少一个更新背景信息的方案。Ginzburg(1995)指出问句就是一个开命题(open proposition),它的信息是不完备的,需要补足的。信息是用来解除不确定性的,可用解除不确定性的多少来计算信息量。问句的信息效用(信息量)体现为它的答案的效用,问句的答案提供信息,减少不确定性,故也可以用它削减不确定性成分的数量来衡量。van Rooy(2003)和 Krifka(2003,2011)认为可以用信息熵计算问句答案的不确定度。

3.4 疑问语气的强化

语气的调节分为加强和减弱。加强和减弱语气是意义的语用方面的两个修辞变量,表达讲话人对命题所叙事件的态度。力度或强度可以理解成为真的概率(Karttunen and Peters 1979)、显著程度(Herburger 2000)、关联度(van Rooy 2003)、说服力(Ducrot 1973, 1980)、蕴含力度(Kay 1990, 1997, Israel 2011)(见 Israel 2011:9)。蕴含力度是根据单向蕴含关系比较话语命题与背景命题的相对信息力度,不增加命题的信息内容,只是表达讲话人的态度。

当“真的”“实在”“简直”“全然”“那么”“多么”等用于陈述句时,凸显事物的极端程度,表示讲话人很兴奋和激动,语气很强。

(132)高山、大海都看过了,辗转来到内蒙古,来到响沙湾看沙漠,还欣赏到了高水平的沙滩排球赛,真的是不虚此行。(人民网 2016/7/17)

(133)他实在不愿让他们插手管他的事。(萧心华《情缘未了》)

(134)台湾民航技术公会理事长甘国秀:这简直是在玩命。一个飞机明明不能飞了,硬把它飞回来,而且还在漏油。(中央电视台/海峡两岸 2010/7/12)

(135)见惯了那些浓丽艳色的妃嫔,她显得是那么不同凡尘。(林如是《傲龙戏凤》)

(136)张大宽全然一副什么也明白、什么也不在乎的样子。(张平《十面埋伏》)

(137)噢,那是多么神奇的、让人心跳的一种淡红色呐。(张承志《春天》)

当"什么""怎么""那么"用于否定句且处于否定的辖域时,表示减弱语气、降低事物的程度,暗示讲话人不在乎或不那么激动。

(138)没什么大不了,男人吃些苦没什么,谢谢你们伤害了我,而造就了今天这个勇敢的我嘿。(BCC 微博)

(139)看了又看,事情好像不那么严重。(潘宁东《回首碧雪情》)

(140)而且十几天没见的娇妻,除了不怎么"配合"外,世上任何一个女人也比不上!(穆宪林《桑拿之谜》)

(141)那两个中年人怎么看都不怎么"强"。(艽羽《雌雄狂恋》)

(142)那个时间相当于美国的凌晨,让一个人三四点、四五点唱歌不现实,所以当然表演得不怎么样。(人民网 2016/7/7)

(143)杜玉兰也是浑浑噩噩,比他强不到哪里去。(人民网 2016/5/6)

(138)中的"没什么大不了"表示不是很了不得,"没什么"表示没关系。(139)中的"不那么严重"表示不很严重。(140)中的"不怎么'配合'"表示不太配合。(141)中的"不怎么强"表示不很强。(142)中的"不怎么样"表示不很好。(143)中的"强不到哪里去"表示比他强不了很多,降低了差距的程度。

在陈述句中,可以用程度的增高来解释加强语气。但如何解释疑问语气的加强？我们无法再用程度的增高来解释。《现代汉语八百词》在解释"到底"时指出"用于疑问句，表示进一步追究"，在解释"究竟"时指出它"用于问句，表示进一步追究，有加强语气的作用"。可见，它把加强语气解释为进一步追究。但在某些语境中，"到底"和"究竟"不用于表示进一步追究，只表示人们的困惑不解。*Longman Dictionary of Contemporary English* 对 wherever 和 whatever 的解释是给问句添力（for giving force to a question），即加强疑问的力度，它们在问句中代替 where、what，表示惊讶。它对 on earth 的解释是：用以加强疑问词 what，who 等的语气。《新牛津英汉双解大词典》对 whenever 的解释是：究竟什么时候（用"when"提问时的强调形式，尤用于表示惊讶或困惑）。*Oxford Advanced Learner's Dictionary* 对 whatever 的解释是：用于问句，表达惊讶或困惑。除了《现代汉语词典》，以上辞典对扩域词的共同定义是加强疑问语气或力度。但关键是如何解释加强疑问语气？我们认为加强疑问语气就是加强疑惑的语气，"到底""究竟""端的"和 wh-ever、on earth 等用于疑问句暗示问话人的疑惑度极高，表示认知者自己怎么也找不到问题的答案，感到很困惑，有时凸显认知者欲解除疑惑的迫切和不耐烦的心绪及对不了解的事物感到惊讶、愤怒等情绪，但这些心绪和情绪都是语境附加的，不是扩域词在问句中的本义。

3.5 强化疑问语气的词语

3.5.1 表真词

"真的""当真"在陈述句中能够加强惊讶的语气，强调程度高，显示讲话人的激动情绪，如例(132)和例(144)—(147)。

(144)是的，我当真那么欢喜北平，我欢喜那种明朗粗豪风光。（沈从文《如蕤》）

(145)从当年差点沦落到要饭的处境，到如今小品界的老大，赵本山真的是堪称奇迹的存在！（人民网 2016/7/18）

(146)还有这样一款长发，发色真的好养眼呢，发色不规则的深浅变化个性时髦，搭配微卷发真的好看。(人民网 2016/7/18)

(147)虽然这看上去真的好残忍，但这项野蛮的捕食习惯在日本依然存在，不过大多数日本人是不吃海豚的。(人民网 2016/7/18)

“真的”还能加强疑问语气，传递问话人怀疑、犹豫不决和不确定的语气。

1. 提出质疑

(148)你真的行不行？(质疑可靠性)

(149)这药是否真的管用？(质疑有效性)

(150)房地产是否真的有泡沫？(质疑真实性)

2. 要求确认

“真的”还可用于回声问句，表示对预设的事情或某种说法产生怀疑，表示问话人不知道某事或某说法是否属实。因此，“真的”在问句中能辅助和增强问句表达问话人疑惑的语气。如果不用“真的”就失去预设和回声问句的效果。以下例句都表示问话人不确定某种决定、传说、现象、做法或意图是否真实：

(151)雷婷吩咐赵棋荣第二天一早去收发室看着容金珍，稳住他，赵棋荣于心不忍，他问雷婷真的不让容金珍送安能最后一程吗？(人民网 2016/7/18)

(152)但是南派三叔为什么在一度封笔之后，再次“打脸”执笔《老九门》，难道真的只是像某些网友说的，为了填坑？(人民网 2017/7/17)

(153)都说银行密码要成为历史了，但生物识别真的靠谱吗？(腾讯科技－微博－云开 2016/6/25)

(154)习惯说“我这是为你好”的人，得把着自己的脉诊断一下，你，到底真的帮了什么忙？是不是反而因为关爱使别人压力很大？(吴淡如《别在应酬时才娱乐》)

(155)听说京东商城不卖假货……到底真的假的啊～～？(BCC 微博)

(156)有时间想“这样做到底真的有用吗”，不如去真的做做，就知道有用否。(BCC 微博)

3. 表达困惑

(157)但是最近有传言称“啤酒会导致痛风是假的”，甚至有版本说“啤酒可以治疗痛风”。到底哪个是真的呢？（人民网 2016/5/5）（很难判断）

(158)我在想，这外面的雾到底真的是雾，还是今天放鞭炮放出来的烟，那叫一个浓。（BCC 微博）（很难判断）

(159)十年来到底谁在书里谁在书外亦幻亦真的状态，两个吴邪到底哪个是真的，就是这么一个命题而已。（人民网 2016/8/11）（很难选择）

(160)明天迷你岛见，鬼城是不是真的有鬼呀？（BCC 微博）（很难验证）

(161)华语乐坛真的要垮了吗？（很难预测）

(162)你能告诉我你真的有多大吗？（很难猜测）

3.5.2　诅咒语

(163)《偶像来了 2》林允和林允儿直接 PK 谁更胜一筹？但这款出席时装周的发型，就让人不知道是什么鬼了！既不是当下最流行的半丸子头，也不是简约的盘发。（人民网 2016/6 月 14 日）

(164)当红炸子鸡的保鲜度到底能有多久？明明上半年爆红的还是李易峰不是吗？现在已经有导演公开喊话，以后再也请不起井柏然了！这是什么鬼？（人民网 2016/3/17）

讲话人因无法理解某个怪异的现象而感到困惑和愤怒，用诅咒语宣泄心中的不满。于是，诅咒语用于问句时能暗示讲话人的疑惑度。

3.5.3　极量词

(165)I wonder if it rained (even) *a drop*.

我不知道是否下过一滴雨。

(166)I wonder if Albert drank even *a drop*.(Fauconnier 1980:61)

我不知道艾伯特甚至饮过一滴酒没有。

(167)I wonder if Max can solve *the simplest* problem.(Fauconnier 1978:297)

我不知道是否马克斯能解答最简单的问题。

Fauconnier(1980)用否定含义来解释以上问句中的极量词语和形容词最高级的作用。他认为间接问句也可以激发梯级衍推。在以上例句中,wonder表示怀疑、不知道、想知道,如果问话人对微量都感到怀疑则也对所有的量值感到怀疑,所以(165)表示讲话人怀疑是否下过一滴雨,传递的梯级含义是对下过任何数量的雨都表示怀疑;(166)表示讲话人不相信艾伯特饮过一滴酒,传递的梯级含义是他也不相信艾伯特饮过任何容量的酒;(167)表示讲话人不相信马克斯能解决最简单的问题,传递的梯级含义是:他也不相信他能解决任何问题。这里间接问句中的极量词语不是为了求信,而是表示讲话人的否定含义,使用微量词语和量化最高级能够增加讲话人的怀疑语气。在肯定形式的直接问句中,极量词语表示反问。

(168)Did John drink *a drop* of liquor?(Krifka 2003)

约翰饮过一滴酒吗?

(169)Did Alfrid drink even *a drop*?(Fauconnier 1980:66)

阿尔弗里德饮过一滴酒吗?

(170)Who drank *a drop of* your cognac?

谁饮过一滴科尼亚克白兰地?

(171)Did you *lift a finger* when I needed it.(同上)

当我需要帮助时,你出过一点力吗?

(172)Does she *bat an eye* when you threaten him?

当你威胁他时,他眨了一下眼吗?

(173)Does Horold *do a damn* thing around the house?

哈罗德在房前屋后干过一件事情吗?

(174)What metropolitan newspaper is *worth beans*?

哪样大都市报值得一文钱?

(175)Who has seen Harriet *in years*?

多年来谁见过哈里特?

以上例句都传递否定含义,相当于否定命题表达的意义。Krifka

(2003)指出，微量词语和焦点信息一样，能激活其他量值的选项问句，如在(168)中，a drop 代表微量，在问句中激活其他选项问句，如：

Did John drink a glass of liquor?

Did John drink 2 grams of liquor?

Krifka 指出，问话人引入选项是暗示他知道能够问疑惑度更高或更低的问句，他不用其他选项的原因是其他选项问句的答案是已经知晓的，且都是否定的。因为含有极量值的问句的肯定答案出现的先验概率[①]极高，所以问话人问了一个非常冒险的问题，问话人尽量让答话人可以用肯定来作答，但问话人十分确信问句的答案是否定的。这体现了问话人以极大风险获取极大收益的策略。极大的收益体现为问句引出的否定答案具有极大的信息蕴含力度和说服力。同样，汉语的极量词语在问句中也传递否定含义。

(176)宝玉道："林姑娘从来说过这些混账话不曾？若他也说过这些混账话，我早和他生分了。"(《红楼梦》第三十二回)

(177)妇女完全处于服从的地位，在家从父，出嫁从夫，夫死从子。哪有丝毫独立自主的余地！"嫁鸡随鸡，嫁狗随狗"这句无可奈何的俗话，便由此而来。(人民网 2014/4/21)

极量词语传递否定含义依赖于事件的先验概率，问先验概率极大的问句暗示否定含义。这是通过预设传递否定含义的，同时以风险暗示问话人的纵予策略，即使在最有利对方的点上决战，问话人仍有把握答案是否定的。在(176)中，时间越长，例外事件(如说混账话)发生的先验概率越大，"从来"虽然增加了例外事件出现的概率，但通过预设的否定回答能增加博弈支付。如果对方在最广的时间域中都找不到一个反例，则只能得出否定回答。否定回答是问话人期待的回答，能够支持他的观点：林姑娘从来都知书达理，从来没说过这些混账话。(177)表示妇女没有丝毫的独立自主的余地，根据梯级逻辑，否定微量则也否定全量，语句表示完全否定的意思。

---

① 先验概率是指根据以往经验和分析得到的概率。假定有一个随机试验 X，它有几种可能的试验结果，分别为 $X_1,\cdots,X_n$。在观察这一试验之前，观察者已经先验地知道这些状态出现的概率分别是 $P_1,\cdots,P_n$。这些概率称为先验概率。(钟信义、周延泉、李蕾 2004：36)

然而，Fauconnier(1980)的理论只能解释极量词语用于表示怀疑和反问的情况，无法解释极量词语也可用于求信问句的情况。以下例句不表示怀疑或反问，可以用否定或肯定作答。它们大致相当于“难道”的意思。问话人把量化域扩大到微量或宏量的范围是为了增大问句的答案的不确定性，改善问句答案的概率的平衡性，使肯定回答成为可能。

(178)Isn't John going to *lift a finger* to help?

(179)Doesn't Louise drink *a drop* of liquor?

(180)Weren't you concerned *in the least* about where your son was? (*Macmillan Dictionary*)

(181)Have you met my husband *yet*?

(182)Have you met my husband *already*?

(183)“水薰!”齐丹毅激动地呐喊，“你对我难道没有丝毫特殊情感吗？(唐瑄《叛逆佳偶》)

(184)你从来不看小说、漫画的吗？(沈亚《梦幻末世纪》)

(185)你二十五岁了，难道从来没有想过要结婚吗？(岑凯伦《豪门奇谭》)

Borkin(1971)，Krifka(1995，2003)，van Rooy(2003)认为在求信问句中极量负极词用于减少答案的概率偏向，能把已有答案的问句转化为答案未定的问句。Borkin(1971)指出人们通常会问较大量值而不问较小量值，听话人顺应这一预设，从问话人没有使用其他选项来问的行为推知其他选项的答案是已经知晓，且都是否定的，而含有微量或宏量负极词的问句的答案是尚不确定的。(178)预设问话人已知道约翰不会给予太大的帮助，但不排除他会给予极小的帮助(即举手之劳)。问话人把帮助的范围扩大到微量词语指代的范围，不质疑较大量，默认关于较大量的问句的答案是否定的，但质疑微量，对含有微量的否定命题持怀疑态度，扩大量域就是为了增加不确定度，提升疑惑度。(179)问是否滴酒不沾，预设没有喝很多酒，但对于是否饮过一滴酒是不确定的，答案是开放的。(180)的问话人认为作为父亲应该关心儿子，不相信对方一点都不在乎他的儿子在哪里。(181)中的 yet 表示“迄今”，用于疑问句和否定句以加强疑问和否定的语气。Horn(1970：321)和 van der Auwera(1993：632)都曾指出，含有 yet 的问句是中性问句，而含有 already 的问句［如(182)］是偏向肯定答案的，它们都预设事件将在某个时候发生，都在问完成没有，already 预设完成的事件比期待的参照时间早，故是偏向性问句，而 yet 问是否与期待或计划的时间一致，不预设提前完成，是一个中性问句。(181)预设对方在此之前的某些时候尚未见过她的丈夫，或者遇见她的丈夫的先验概率极低，于是问到现在为止的情况。对于先验概率极大的事件不能这样问，因为扩大时间域会增大事件出现的概率，增大肯定回答的概率，人们凭借概率的常识就能判断问句的答案是肯定的，只有问先验概率较低的事件，yet 才具有改善问句答案的偏向性的作用。在(183)中，由于对方是否对他有许多特殊情感这一问题的答案是否定的，确定无疑的，于是问话人把情感的量值范围扩大，追问水薰对他是否连一点特殊情感也没有，问话人允许和期待肯定回答。(184)预设和已知对方有时不看小说、漫画，但不知道是否从来都不看小说、漫画，扩大时间域增加问句答案的不确定性。(185)预设已经知道他很少想过要结婚，但不知道是否从来都没想过要结婚这个问题。可见，极量词语可以增加问句答案的不确定性和暗示问话人疑问语气的加强。

3.5.4　任选词

疑问不定代词＋“都”和“任何”表达任选意义，具有扩大选项域的功能，能把任何例外的事例纳入集合中。在求信问句中，任选词语能增加答案的不确定性。已知窄域问句的答案是肯定或否定的，但不知道宽域问句的答案，扩域增加了问句答案的不确定性。任选词语用于增加疑惑度。根据扩域论的分析，任选词语能把答案的偏向性极大的问句变成答案的偏向性较小的问句(Krifka 1990，1992，1995；Kadmon and Landman1993；van Rooy 2003)。van Rooy 也注意到，在同等情况下，较概括的问法(覆盖选项范围较广的问句)比较具体的问法更优。任选词语具有扩域功能，在肯定陈述句中表示对所有例外的有限包容，在否定陈述句中表示排除所有的例外，在问句中表示查问宽域中的情况，把问句的不确定性选项的范围扩大。当已经知道窄域中的选项的答案后，扩大选项域，把更多的未知成员纳入，能够增大问句答案的不确定性，增加问句的疑惑度。扩域能增大肯定回答的概率，提高问句的答案的不确定度。问话人为何要问边界成员的情况？问话人有所疑虑，无法自己推断，需要对方提供信息，以使自己更加心安，更加确定。如果获得了关于宽域问句的答案，也就知道了窄域问句的答案。分两种情况：

1. 问话人已知窄域问句的答案是肯定的，想知道宽域问句的答案。

(186)一市民问：是不是谁都能请你们调查？可不可以调查男朋友？

答：在杭州，我们只接受提起离婚诉讼的调查，其他监视性的、猎奇性的调查都不接受。(《都市快报》2003/12/24)

例(186)的问话人当然知道私人侦探能帮助侦察某些事情，他们本来就是帮人打探的，对于可否调查常规范围内的事情问话人没有疑惑，问句的答案是肯定的。任选词语把侦查外遇以及把监视性的、猎奇性的调查等例外都纳入，问对方是不是也可以接受这些顾客提出的特殊要求。对于宽域中的事情，答案是不确定的，问话人不知道这些问题的答案，扩域增加了问句答案的不确定性。又如：

(187)双眼皮手术任何时候都能做吗？

(188)任何时候去签证都行吗？

(189)有节育环，任何时候都可以取环吗？

(190)机动车任何时候都可以超车吗？

(187)中的问话人已经知道了双眼皮手术可以在某些时候做，但不知道是否在任何时候都适合做。问句(188)－(190)的答案也存在肯定和否定两种情况，存在不确定性。

2. 问话人已知窄域问句的答案是否定的，想知道宽域问句的答案。

(191)“他是孤儿。”“没有任何亲人吗？”翩然点点头。(古灵《地下情夫》)

(192)这种保单真的没有任何问题吗？(人民网 2007/5/17)

(193)“有没有任何人受到伤害？”凛冽的狂风扬起漫天的沙烟，刮起韩伟格的衣裾。(凌淑芬《偷心契约》)

(194)“您还好吧，有没有任何不舒服的地方？”关以升蹙起眉头看着一跛一跛的杨老太太，担心她扭伤了。(湍梓《相逢不恨晚》)

在以上例句中，关于常规的、核心的窄域内的成员的问题已有否定答案，问话人欲问边界成员的情况。在(191)中，“任何亲人”把远亲也纳入，知道孤儿没有父母，但不知道是否有远亲。在(192)中，问话人不确定这种保单是否真的一点问题都没有。在(193)中，问话人知道有些人没有受到伤害，他扩大询问范围，表示关心的范围很广。在(194)中，问话人知道杨老太太不是所有的地方都感到不舒服，把关心的范围扩大。

任选词表示把查寻和关注的范围扩大，能够暗示缜密和细致。

(195)“他们没对你怎样吧！”她仍关心地盯着范舒荷，仿佛想找出她身上有无任何的不妥。(唐瑄《摩登女侠》)

(196)孙逸伦惊慌地赶紧跑上前去，查看王执信身上有没有任何伤口……(楷隶儿《千千万万别乱射》)

(197)靳天仰拿着无线电话走来走去，边说边密切注意着浴室那头有无任何状况。(陈美琳《特种情妇》)

任选词能够增大肯定回答的机会。当问话人期待肯定回答时，就可以使用任选词。例如，某歌星暂别歌坛几个月，人们问她：“再出发有无任何惊喜带给粉丝？”问话人使用扩域词“任何”，把所有的惊喜包括在内，增大了肯定回答的概率，暗示问话人期待歌手有惊喜带给粉丝。又如，某人的未婚妻期待他有结婚的安排，问他：“关于结婚，你有任何计划吗？”未婚妻想让他尽快安排结婚的事情，用“任何”扩大计划的范围，增加肯定回答的机会，暗示她多么想知道未婚夫的计划。

任选词还可表示问话人的纵予和挑衅的意图。

(198)“怎么，你们有任何意见吗？”杜念秋叉腰冷眼看着这群小毛头。“没有。”小楼和兰儿忙摇头，只有石头突然大笑起来。(张敏《风骚女老板》)

在问话人和答话人的对立中，问话人在挑衅时放纵对方，不管对方有什么意见，都不怕他提出。

“任何”在反问句中能增加反问的语气，暗示否定和质疑对方的观点。当蕴含的答案是肯定的时候，表示例外是存在的。

(199)但是，这个案件堪称“完美”的结局，就意味着案件中没有任何问题吗？恐怕不是。(人民网 2007/2/2)

(200)这个男人难道没有任何弱点吗？(典心《黑市淑女》)

(201)在关键的网络服务上完全依赖外国公司难道不会带来任何问题吗?(人民网 2010/7/29)

(202)"我不明白为何一定要杀这么一个铁铮铮的汉子,难道为了财真的可以什么都不加理会了吗?"小铃铛忍不住反问。(苏凡《乌龙女杀手》)

(199)中的问话人承认没有太大的问题的说法或观点,但不知道是否完全没有问题。问话人不质疑窄域中的事件(肯定没有许多问题),只对宽域中的事件提出质疑,即对"任何问题都没有"这一观点提出质疑。通过否定含义暗示有某些问题。紧接的下文也证实了他的观点。(200)对完全否定表示怀疑,暗示总会有一些弱点。(201)暗示会有一些问题。(202)表示反对不容许例外。听话人启动的语境假设是:不可以为了贪财而昧良心,什么都不顾,应该有所顾忌,不可以杀这么一个铁铮铮的汉子。

当蕴含的答案是肯定的时候,任选词通过否定含义质疑不存在例外的观点,问话人承认窄域问句的答案是肯定的,但不认为宽域问句的答案也是肯定的。

(203)谁都想拥有一条阳光大道,可是谁都这么交好运吗?(BCC 科技文献)

(203)启动的语境假设是不是谁都能这么交好运,肯定在宽域中存在例外,暗示并非谁都这么交好运。在例(199)—(203)中,问话人只是表示质疑、怀疑,带有一定的不确定语气,否定的力度不很强烈,而在以下问句中,任选词语是通过否定含义传递完全否定的意义。

(204)如果中国人实现了衣食无忧,开着优质轿车,享受舒适住房,但每天都被迫呼吸有毒空气,这样的小康社会还有任何意义吗?(人民网 2013/3/27)

(205)我穿衣服,品味好坏,是名牌还是杂牌和你有任何关系吗?用的是你的钱吗?无非不就想说你自己品味好是潮男吗?(BCC 微博)

(206)你看过发哥拒绝过任何人吗?想找他签名的人太多了,如果不帮他挡着点,发哥真的没有办法工作了。(人民网 2010/1/19)

例(204)—(206)也显示了"任何"能加强反问语气和驳斥力度。问话人预见到即使扩域,最大限度地增大肯定回答的概率,肯定回答代表的事件仍然不可能发生。我们可以从扩域与博弈支付的角度来解释"任何"在反问句中的用法。扩域能扩大肯定回答的概率，最大程度地放纵对手获取肯定回答的机会，允许对手找到一个例外来应答。听话人仅需找到一个反例就可以推翻和驳倒问话人暗示的观点。随着域的扩大，例外事件出现的先验累积概率越大。但是，与求信问句所不同的是反问句中的肯定答案的实际概率为0，这是问话人事先已经知晓的和预先设定的，问话人预设了问句的否定答案，并不在乎应答者提供的信息。扩域增大了事件的先验概率，增大了肯定回答的风险，域和例外事件出现的先验概率之间的单调递加函数暗示风险的增加，传递问话人的纵予意图。所获得的否定回答能加强信息度，解除所有元素的不确定性，传递最大的信息量和提供具有最大说服力的证据。动物所表现出的自我暴露行为和人们的礼貌行为（损己利人）、自损行为、炫耀性消费行为都显示了对支出和收益之间的衡量，当收益大于支出时，选择不利于自己的支出是有用的，这就是激励选择不利条件的原理（The handicap principle）（Zahawi & Zahawi 1997）。例如，瞪羚出场时本该隐藏自己，而它总是跳跃，暴露自己虽然容易成为狼追逐的目标，但它通过跳得很高的动作显示它的奔跑速度很快，追逐它是徒劳的。扩域与让步、支付具有关联。就如高手下棋时为了显示己方的高超水平，让对手先走两步，但仍能战胜对手。问话人用"任何"放纵听话人任意选择，让他在更广的范围内搜寻反例，谅他无法找到一个想要的反例。根据常识，范围越广，反例出现的先验累积概率越大。例如，范围越广，遇到对手的概率越大；购买彩票的号码的范围越广，中奖的概率越高；偷窃的次数越多，被警察逮住的可能性越大。问话人放纵对手在最广的范围内寻找反例来驳斥他，结果他仍然能够获胜，扩域显示问话人的自信和强调语气。如果问话人获胜，则问话人不但在窄域中能战胜对手，而且在宽域中也能战胜对手。在反问句中，扩域并不是为了增加信息量，而是为了增强语气、说服力和显示自信。

3.5.5　范围词

"到底"和"究竟"通过范围极广的意义暗示问话人感到十分不解，对答案的疑惑度较高，很难依靠问话人自身的力量找到问句的答案。

(207)胡铁花怔住了,瞪着他,似乎想看看这人究竟是不是真的瞎子。(古龙《蝙蝠侠》)

(208)没有人知道江汉刚的胃病到底是从什么时候开始发作的。(中央电视台/焦点访谈 2010/12/1)

(207)表示胡铁花无法确定他是否是真的瞎子。(208)表示没有人知道答案。

英语中表示范围极广的词语包括:on earth, in the world, under the sun, in heaven, under heaven, in nations, in hell, any, wh-ever, at all 等,它们用于问句加强疑问语气,有的可以用"到底"和"究竟"来翻译。跨语言的事例证明范围词在问句中能加强疑问语气。

(209)What *on earth* are you doing?(《有道词典》)

你到底在干什么?(同上)

(210)What *under heaven* have you told her?(同上)

你究竟告诉了她什么?(同上)

(211)What *in the world* does that mean?(同上)

这究竟意味着什么?(同上)

(212)Why *ever* did you do it?(《新牛津英汉双解大词典》)

你究竟为什么要那么做?(同上)

(213)Are you interested in playing golf *at all*?(《有道词典》)

你到底对打高尔夫球有没有兴趣?(同上)

问话人把所涉及的选项域扩大,有利于获得正确的答案,并暗示强烈的疑惑、惊讶或不满的语气等。凡是扩域词的疑问用法都暗示让对方或自己进行穷尽性的追究(思考或彻查)以获得真实、准确的答案,同时以追究的深度暗示疑惑的程度,表示答案的未知性和不确定性极高。

3.6 增熵功能

3.6.1 扩域词与疑惑度的关联

为何扩域词能够加强疑问语气?我们认为可从扩域与事件的先验概

率之间存在的单调递增函数关系来解释。求信问句和反问句都可以表示疑惑和惊讶,反问句在表示疑惑、惊讶的同时还暗含否定答案。疑问句典型的功能是表达问话人的未知、疑惑和对信息的需求的认知心理状态。问句的答案是用于解答疑惑的,能够消除问话人的疑惑和事件的不确定状态。可从两个方面来解释疑问语气的加强:

1. 扩域能提高获取有效答案的先验概率

域的宽度与有效答案出现的先验概率构成单调递增函数关系:扩大查询和深究的范围就能增大找到有效答案的先验概率。正是因为两者之间稳定的映射联系,扩域词能够暗示问话人彻查和深究的目的是为了获取有效答案。使用扩域词的预设是窄域无法满足求信的需要,需要扩域增大问句答案的信息效用。窄域限制了有效答案的获取,扩域增加了获取有效答案的机会。扩域词暗示问话人在窄域内无法获得准确、一致的答案,期待在宽域中获得理想的答案。问话人因为难以找到答案,所以需要答话人提供新信息,并暗示在窄域内无法发现新信息。为了获得有效的答案,必须扩大搜索的范围,范围越广,获得的信息越准确可靠。因此,宽域问句答案的质量高于窄域问句答案的质量。

2. 扩域词增加问句的疑惑度

扩域词加强问句的疑惑语气和暗示答案的不确定程度。不确定程度对应疑惑度、未知度。因为问句答案的不确定度很高,决策难度较大,所以需要彻查和深究问句的答案。问话人使用扩域词向对方暗示这是一个答案很难确定的问句,扩域词成为问句的答案不确定度的标记。扩域词的使用必须满足增加问句答案的不确定性的条件。使用扩域词就暗示问句答案的偏向性被降低。

优化问句答案的质量和信息效用是相伴产生的,扩域在增大发现有效答案的先验概率的同时,也增加了问句答案的不确定度。不确定度较高的问句比不确定度较低的问句的求信效用高,答案更有效。我们用信息熵(entropy)来度量问句答案的不确定度。

3.6.2　信息与不确定性的关系

信息是人与外界进行交换的内容。信息的基本作用就是消除人们对事物了解的不确定性。Shannon 的信息论称为经典信息论，它所研究的信息是概率信息，主要研究信息的度量、信道容量以及信源和信道编码等问题。信息论是在概率论、随机过程和通信技术相结合的基础上发展起来的学科。信息的基本特征是（见 Shannon 1948；Cover & Thomas 1991；Blahut 1990；McEliece 1977，2002；陈运 2007；沈世镒、吴忠华 2004；曹雪虹 2009；钟义信、周延泉、李蕾 2005；傅祖芸 2010）：

1. 信息是信宿（收信者）事先不知道的东西，所以信息是新知识、新内容。（曹雪虹 2009：4）

2. 信息是可以度量的，度量信息的量称为信息量。Shannon 的信息论的信息是对消息统计特征的一种定量描述。（同上）

3. 信息是能使认识主体对某一事物的未知性或不确定性减少的有用知识。（同上）信息的作用在于为人们的决策提供参考，改变或消除不确定性因素，因此，信息的获取是与不确定度的减少相联系。（McEliece 2002：19）Shannon（1948）把信息定义为关于事物运动状态或变化方式的不确定性的表征，在计算信息量的时候把信息量定义为随机不确定性减少的程度。随机不确定性是指由于随机因素所造成的不肯定性。一条消息的信息量大小和它的不确定性有直接的关系。信息量的大小可以用被消除的不确定性的多少来表示。消除不确定性的程度与所需的信息量正相关。人们要搞清楚一件非常不确定的或一无所知的事情，就需要了解大量的信息。相反，如果我们对某件事已经有了较多的了解，不需要太多的信息就能把它搞清楚。因此，信息量就等于不确定性的多少。发出一个信息后能使信宿从一种信息状态转变到另一种信息状态。信宿存在着不知、不确定或疑问时，通过消息的传输，信宿知道了消息的具体内容，原先所不知的、不确定的或有疑问的被消除或部分被消除了。对于信宿而言，获取信息的过程是一个从不知到知的过程，或是从知之不多到知之甚多的过程，或是从不确定到部分确定或全部确定的过程。（傅祖芸 2010：5）

4. Shannon 将信源限制为具有某一先验概率的随机过程。信源中的事件的出现往往具有一定的概率。因此，信源又可以看作具有一定概率分布的事件的集合。概率反映了事件发生不确定性的大小，在定量地描述"信息量"之前必须对事件的不确定性给出确切的量度。若信源的输出

是随机事件 X，其出现概率为 $P(X)$，则它们所构成的集合，称为信源的概率空间，简称为信源空间。

3.6.3 自信息

一条消息的信息量大小和它的不确定性有直接的关系。信息量的大小可以用被消除的不确定性的多少来表示。信宿收到某一消息后所得到的信息量可以等效为接收者在通信前后“不确定”因素的减少或消除。信息量的直观定义是：收到某消息获得的信息量＝不确定性减少的量＝收到此消息前关于某事件发生的不确定性－收到此消息后关于某事件发生的不确定性。在无噪声时，通过信道的传输，可以完全不失真地收到所发的消息，收到此消息后关于某事件发生的不确定性完全消除，此项为零，因此，收到某消息获得的信息量＝收到此消息前关于某事件发生的不确定性＝信源输出的某消息中所含有的信息量。于是，信息量表示当事件 X 发生以前事件 X 发生的不确定性。

一个随机事件发生某一结果后所带来的信息量称为“自信息”(self-information)。定义为其发生概率对数的负值。若信源输出的随机事件是 X，其出现概率为 $P(X)$，$P(X)$取值于$[0,1]$，那么它的自信息量被定义为：$I(X)=-\log P(X)$。(陈运 2009：9)$I(X)$度量事件 X 发生所提供的信息量，称为事件 X 的自信息，$P(X)$为事件 X 发生的概率。自信息的单位取决于对数所选取的底，如果以 2 为底，则所得的自信息的单位为比特(bit，binary unit 的缩写)；如果是以 e 为底的自然对数，则所得的自信息的单位为奈特(nat，natural unit 的缩写)；如果采用以 10 为底，则所得的自信息的单位为哈特(Hart，Hartly unit 的缩写)。1 奈特≈1.44 比特，1 哈特≈3.32 比特。底的改变仅仅是改变了计量的尺度。如果不特别说明，一般采用以 2 为底的对数，且为了书写简洁，把底数 2 略去不写。在通信及目前的绝大多数信息传输系统中，都是以二进制为基础的，因此信息量单位以比特最为常用，一般采用以 2 为底的对数。在通信系统中，收信者在未收到消息以前，对信源发出什么消息是不确定的。在无噪信道中，事件 X 发生后，能正确无误地传输到收信者，所以 $I(X)$可代表接收

到消息 X 后所获得的信息量。这是因为消除了 $I(X)$ 大小的不确定性，才获得这么多的信息量。图 3 中的横轴代表概率，纵轴代表自信息。

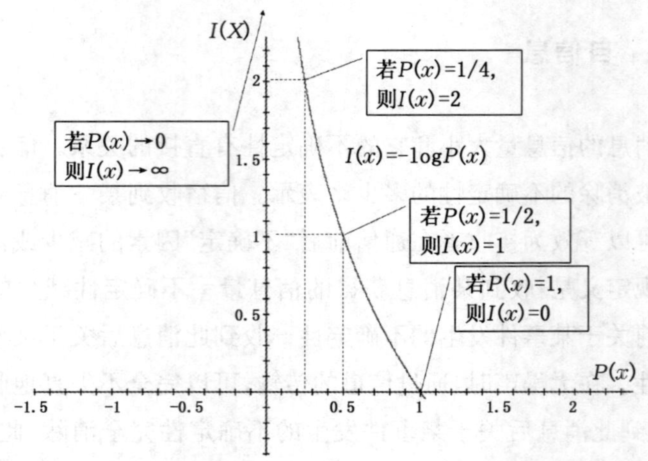

图 3　概率与自信息构成的函数图像

从图 3 可以看出，自信息的对数公式和函数图像具有如下性质（陈运 2009：9—10）：

1. 自信息 $I(X)$ 是非负的。

$P(X)$ 在闭区间[0，1]上取值。根据对数的性质，$\log P(X)$ 为负值，故 $-\log P(X)$ 恒为非负值。这一性质从对数的几何图形上也很容易理解。信息量非负说明随机事件发生后总能提供一些信息量，最差的情况是零，即什么信息也没提供，但不会因为事件发生使不确定性变得更大。

2. $I(X)$ 是 $P(X)$ 的单调递减函数：概率愈大，自信息愈小。图 3 显示：当 $P=0$ 时，$I=\infty$（比特）；当 $P=1/4$ 时，$I=2$（比特）；当 $P=1/2$ 时，$I=1$（比特）；当 $P=1$ 时，$I=0$（比特）。当 $P=1$ 时，说明这是一个必然性、确定性事件，它发生后不能解除任何事件的不确定性，不过是传递了人们仅凭概率的常识就可以推知的冗余信息，故其自信息为零。例如，“明天的太阳照常从东方升起”“人总有一天会死”是必然性事件，对于具有常识的人而言，它们传递的自信息是 0。出现概率较大的随机事件所包含的不确定性较小，人们较容易做出推断，其自信息较小。而较小概率事件包含的不确定性较大，人们不容易做出推断，其自信息较大。先验概率为 0 的事件是不可能事件，它一旦发生，带来的信息量无穷大。例(214)表达了概率极低的事件，能传递极大的信息量。

(214)打死都不能告诉别人校验码哦！

在(214)中，承受的压力越大，越痛苦，越可能顺从别人的要求，因此当被打得要死时最有可能说出密码，命题否定了概率极大的事件，命题为真的概率极低，它传递的梯级蕴含义是：无论如何也不能告诉别人校验码。我们也可以这样来理解以上自信息的概念：事件发生的先验概率较小，它发生后能解除较多的同类事件的不确定性，它蕴含的自信息量也就较大。例如，身体较差的人跑完马拉松的先验概率小于身体较强壮的人，如果知道前者都跑完了马拉松，则可推知后者也有可能跑完了马拉松，因此前者的自信息高于和蕴含后者的自信息。从理论上讲，假如样本空间包含无穷多个不确定性事件，则可从先验概率为零的事件都发生了这一情况推知所有其他概率的同类事件或相关事件都有可能发生，于是就解除了无穷多个事件的不确定性，所以当 $P=0$ 时，$I=\infty$。假定太阳西升东落，则会导致万事万物发生连锁反应，于是不可能事件发生了会传递无穷大的信息量。以下语句表达了概率极低的事件，能传递极大的信息量。用概率极低的、出人意料的、令人惊讶的事件博取人们的关注是网页设计者惯用的手法。

(215)龙不再是传说，修路工人挖出千年真龙。(腾讯新闻 2016/9/11)

(216)一组绝对清晰照片显示冥王星上有外星人存在。(穿帮网 2016/9/11)

(217)四川水怪真身：早已灭绝千年的克柔龙。(穿帮网 2016/9/11)

Fauconnier(1975a, b)提出了语用梯级、语用蕴含、梯级颠倒、梯级逻辑和弱极向原则的概念。

(218)后来主办者希望众明星为灾区人民捐些款表示心意，可是他们"一毛不拔"。(《福建日报》1994/1/8)

(219)米卢现在视他的中国足球队队员为"金不换"。(《文汇报》2001/10/24)

在(218)中，把表示不同数量的词语代入命题函数"x 毛不拔"(x 指代数量)中的变量 x 就生成一组梯级命题，"一毛不拔"所在的命题被称为话语命题(text proposition,简记为 tp),其他命题如“两毛不拔”“三毛不拔”等被称为语境命题(contextual proposition,简记为 cp)。(见 Kay 1990) Fauconnier 把由这些梯级命题构成的梯级称为语用梯级,把梯级命题之间的信息蕴含关系称为语用蕴含(pragmatic entailment),以别于 Horn (1989)所提出的基于词语的语义量值的语义蕴含。与其他语境命题所含的信息量相比,含有极量词语的话语命题传递的信息量最大,它蕴含其他语境命题的信息量,记为 tp>cp,所以人们能从 tp 衍推 cp,但逆向推理不成立。语用梯级是根据梯级命题之间信息的相对力度来排列的,信息蕴含力度最大的梯级命题位于语用梯级的底端,如图 4 所示。

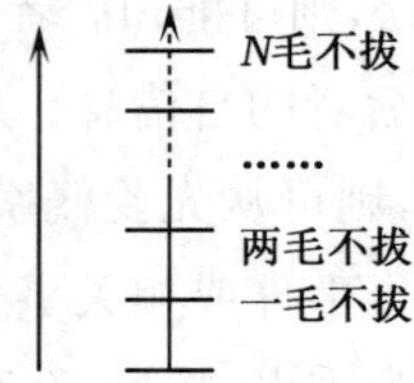

图 4 由“X 毛不拔”生成的语用梯级

图 4 中带有刻度的标尺代表语用梯级,左边向上的箭头表示梯级推理是由下而上的衍推。“一毛不拔”形容为人吝啬自私。虽然微量值被宏量值所蕴含,但否定成分具有颠倒蕴含关系的功能,Fauconnier 把这称为梯级颠倒(scalar reversal)。“一毛”本位于数量梯级的底端,被梯级中更高的量值所蕴含,但在否定命题中,蕴含关系发生颠倒,“一毛不拔”蕴含其上所有语境命题的信息,传递“任何数量的毛都不愿意拔”的梯级含义。同样,表示宏量语义的词语也能引导梯级含义,在(219)中,金子是典型的极其贵重的交换物,如果用金子都无法换取中国足球队队员,则任何价值较低的东西也无法换取中国足球队队员。梯级含义的衍推方向如图 5 所示。

在(219)中,假定按照贵重等级来排列金属的梯级:金－银－铜－铁等。当然也可以按照金子和其他物品的对比来排列梯级。“金不换”的信息蕴含力度极大,它包含梯级中各个选项命题的信息,梯级含义的衍推方向是自下而上。

在图 4 中含微量值的命题被置于语用梯级的底端,而在图 5 中含宏

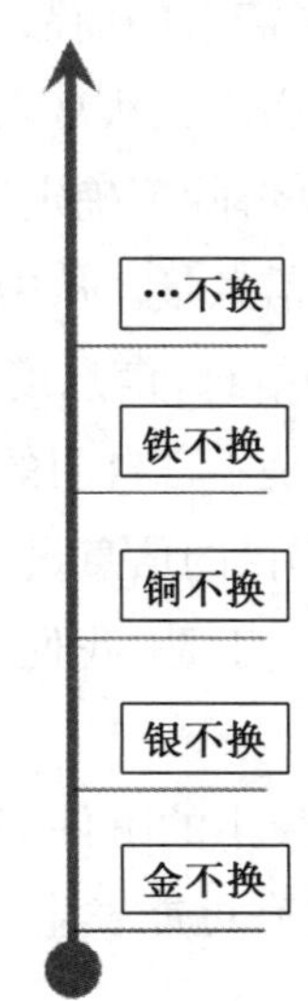

图 5　由命题"x 不换"生成的语用梯级

量值的命题被置于梯级的底端，图 5 颠倒了图 4 的梯级。Fauconnier (1975a,b)总是把概率较低的命题排列在语用梯级的较低位置。因此，梯级推理在空间上的表征始终是自下而上，从语用梯级中概率较低的命题衍推概率较高的命题。遗憾的是，Fauconnier 没有明确地把这个道理表示出来。Fauconnier 指出，推导梯级含义的梯级原则是：如果 x_1 在语用梯级中的位点比 x_2 低，则 $R(x_1)$蕴含 $R(x_2)$，即由概率较低的梯级命题衍推同一语用梯级中概率较高的梯级命题。如果梯级中位置最低的命题为真，则梯级中所有位置较高的命题皆为真，例(218)(219)的梯级推理都服从这一总的推理规则。这符合信息论的基本原理。先验概率较小的事件传递较大的信息量，先验概率较大的事件传递较小的信息量。然而，由于 Fauconnier 未明确指出命题所包含的量值与概率之间的函数映射关系，没有说明他是按照概率而不是按照量值来排列梯级命题的，所以读者不明白为何在图 4 中微量值被放在底端，而在图 5 中宏量值也被放在底端。通常先验概率较小的事件发生后能解除先验概率较大的同类事件的不确定性。例如，人们通常根据需求购买商品，当消费者不需要某商品时，该商品销路畅通的概率较小。如果某人具有把梳子卖给和尚的营销能力，则可推知他也能把有市场需求的商品卖出去。又如，穷人、中产者、富人买得起房的先验概率依次递增。从富人都买不起房可以知道所有的人都有可能买不起房的信息，从解除不确定性事件的数量这个角度来讲，概率最低的事件能提供最大的信息量。从中产者买不起房这一事实仅能推知穷人也有可能买不起房的信息，信息度低于富人都买不起房所传递的信息。而最富的人买得起房是不言自明的定识，是概率极大的事件，概率极大的事件为必然事件，它提供的信息量为零，不能起到更新既有知识系统的作用，话语不具关联性。于是，我们提出基于概率的梯级逻辑规则：

(A)如果先验概率较小或最小的事件都发生了，则在同等条件下，所有先验概率较大的同类事件也有可能发生。(用于引导肯定命题的梯级含义的推导)

(B)如果先验概率较大或最大的事件都没发生，则在同等条件下，所有先验概率较小的同类事件也有可能不发生。(用于引导否定命题的梯级含义的推导)

Shannon的信息论是用先验概率来计算信息，没有考虑信息的语义内容。Carnap & Bar-Hillel(1952)、van Rooy(2003)、Krifka(2003)认为可以用自信息的公式来计算命题的语义信息。但Kay(1990:82ff)(见Israel 2001:320，note 7)反对用先验概率来计算命题的信息量，其理由是人们无法给命题所述事件或状态分配准确的概率。我们认为空间映射论(Fauconnier 1985/1994，1997)就能解决这一问题。空间映射是指用一个心理空间的概念去激活或间接指代另一个心理空间的概念，它用于描述人们的联想和语用推理过程。Fauconnier(1997)把空间映射分为投射映射(projection mappings)、语用函数映射(pragmatic function mappings)和图式映射(schema mappings)。我们在他的分类的基础上增添单调函数映射(monotonic function mappings)这一类，并用它来描述人们是如何给命题所述之事分配概率和进行梯级推理的。根据函数映射的定义，设X、Y为两个非空集合，如果存在一个对应法则f，使得对X中每个元素x，按法则f，在Y中有唯一确定的元素y与之对应，则称f为从X到Y的映射，记作$f:X\to Y$。其中，y称为元素x(在映射f下)的像，并记作

$f(x)$,即$y=f(x)$,而元素 x 称为元素 y(在映射 f 下)的一个原像;集合 X 称为映射 f 的定义域,记作 Df,即 $Df=X$;X 中所有元素的像所组成的集合称为映射 f 的值域,记作 Rf 或 $f(X)$,即 $Rf=f(X)=\{f(x)\mid x\in X\}$。我们可用量值和事件的先验概率之间的单调函数关系来解释某些言语现象和语用推理过程。我们把两种信息形式(即概率信息和语义信息)结合起来研究,通过空间映射的方式使 Shannon 的信息数量和命题的语义信息的质量产生关联,并解决 Kay 提出的先验概率的分配问题。

既然有时要用否定宏量而有时要用否定微量的方法才能达到否定全量的效果,那么讲话人根据什么标准来选择这两种否定方法?

当量值与先验概率构成单调递减函数关系时,就可以使用否定微量的方法去传递全量否定的意义。设函数 $f(x)$的定义域为 D,区间 $I\subset D$。如果对于区间 I 上的任意两点 x_1 和 x_2,当 $x_1<x_2$ 时,恒有 $f(x_1)>f(x_2)$,则称函数 $f(x)$在区间 I 上是单调递减的,如图 6 所示。

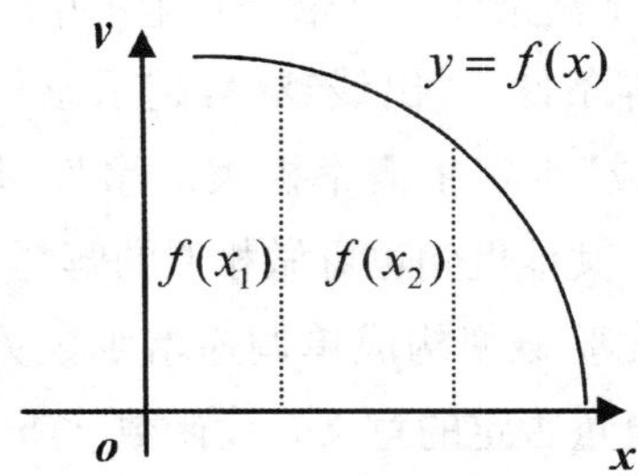

图 6　单调递减函数

也可以用空间映射的方法更直观地表达,如图 7 所示。

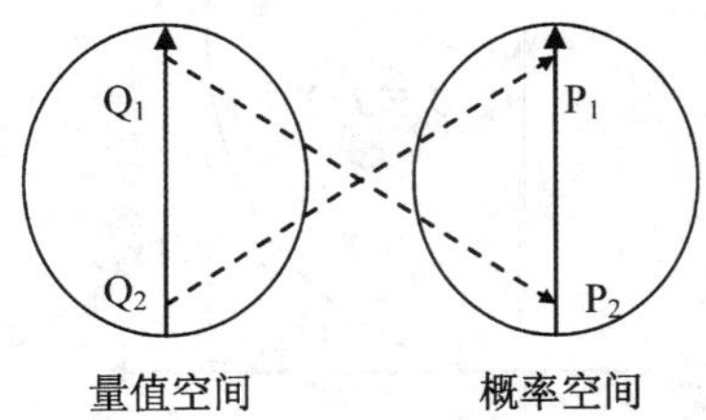

图 7　单调递减函数中极量值与概率之间的关联映射

在图 7 中,左边空间中的上向箭头代表量值梯级,右边空间中的上向箭头代表概率梯级，横向箭头代表关联映射。含有微量值的事件发生的先验概率较大，含有宏量值的事件发生的先验概率较小。于是根据基于概率的梯级逻辑，先验概率极大的事件都没有发生，则其余概率的同类事件也有可能不发生。

否定微量→否定任意量→否定全量

(220)一毛不拔→什么也不给→全都不给

(221)一个子儿也不舍→什么也不舍→全都不舍

(222)分文不值→无任何价值→完全没有价值

(223)不费吹灰之力→不费任何功夫→全不费功夫

(224)不敢动X一根手指头→不敢对X做出任何伤害→全然不敢动X

(225)不敢越雷池一步→不敢超越任何界限→所有规矩都不敢破坏

(226)不堪一击→不能承受任何打击→所有打击都无法承受

(227)滴酒不沾→任何数量的酒都不喝→完全戒酒

(228)一尘不染→不沾染任何凡俗→六尘不染

在(220)中，在同等条件下，出钱越少，越乐意付出，出点小钱是最有可能办到的，“一毛不拔”否定了概率极大的事件，传递的梯级蕴含义是“什么都不愿意支付”。其他例句也可做相似的解释。

当量值与事件的先验概率构成单调递增函数关系时，就可以使用否定宏量的方法去传递全量否定的意义。设函数 $f(x)$ 的定义域为 D，区间 $I \subset D$。如果对于区间 I 上任意点 x_1 和 x_2，当 $x_1 < x_2$ 时，恒有 $f(x_1) < f(x_2)$，则称函数 $f(x)$ 在区间 I 上是单调递增的。设 x 代表量值，y 代表事件的先验概率，如图 8 所示。

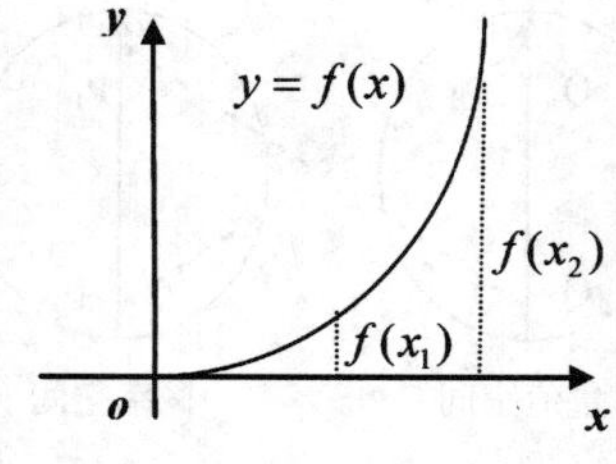

图 8 单调递增函数

也可以用空间映射的方法更直观地表达，如图 9 所示。

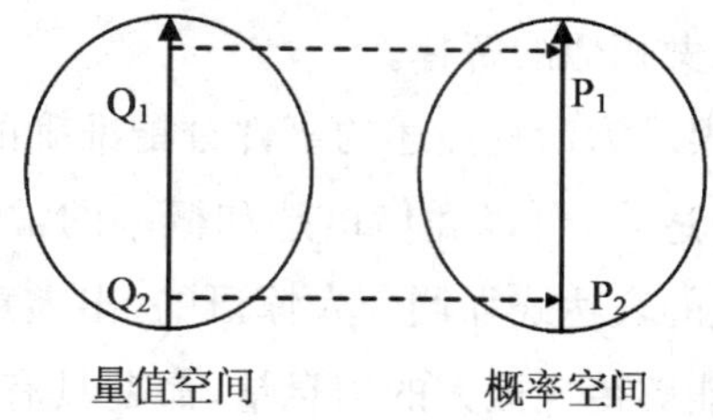

图 9　单调递增函数中极量值与概率之间的关联映射

在图 9 中，左边空间中的上向箭头代表量值梯级，右边空间中的上向箭头代表概率梯级，横向箭头代表关联映射。Q_1 与 P_1 之间具有关联映射联系，于是根据基于概率的梯级逻辑，概率极大的事件都没有发生，则其余的同类事件也有可能不发生。

否定宏量→否定任意量→否定全量

(229)千金不换→拿什么来都不换→全都不换

(230)万劫不复→无论过多久都无法恢复→永远无法恢复

(231)八辈子不沾边→什么时候都不沾边→永不沾边

(232)八竿子打不着→什么关系也没有→全然不相关

(233)九牛拉不转→什么也拉不转→所有的东西都拉不转

(234)雷打不动→在任何情况下都不会变动→绝不动摇

(235)跳进黄河也洗不清①→怎么也洗不清→完全没有办法避免嫌疑

(236)做梦也想不到→怎么也想不到→完全想不到

(237)百思不得其解→怎么也想不明白→完全想不明白

金子是商品交易中典型的贵重物品，商品的价值越高，人们越愿意交换，因此，商品的价值和人们愿意交换的先验概率构成单调递增的函数关系。这一函数关系成为人们进行梯级推理的基础。例(229)否定了概率极大的事件，命题为真的概率极低，通过否定宏量也否定全量的梯级推理

---

①无论是最初因为黄河的水量丰富还是因为黄河的泥沙多而导致了“跳进黄河洗不清”这一说法，只要它带上梯级算符“也”或“都”，就具有强制的梯级含义，就只能抽取“黄河”有充足水量的语义特征。

规则，命题传递了全量否定的意义，即蕴含同一概率梯级中所有其他选项(如含有银、铜、铁等)命题的信息，于是通过加和运算推导出全都不换的含义。其他例句也可做相似的解释。

诚然，有时确实很难为命题描述的事件分配准确的先验概率，但对于含有极端值的强调表达式，可以凭借语感和概率的常识为命题分配大致的概率。含有极端值的表达式强调令人惊讶的、出人意料的事件，它们发生的先验概率极低，能够传递极大的信息量，命题具有极大的信息蕴含力度。

例(214)、例(218)－(237)都表达了例外的、令人惊讶的、概率极低的事件。信息就蕴藏在事件的概率里。表示概率极低事件的命题的信息蕴含力度极大，如果概率梯级中包含无穷多个事件，则话语命题的信息就解除了无穷多个事件的不确定性，命题的自信息就趋近于无穷大。极量词语能满足讲话人欲传递最大信息量的需要。

如果改变命题的极向，把否定句变成肯定句，或者把肯定句变成否定句，则颠倒了事件发生的先验概率，表达了概率极大的事件，降低了命题的信息度，使命题表达了为共有背景所蕴含的常识，话语没有语用效果，白白耗费了讲话人和听话人的时间和精力。

(238)？他从来发过脾气。

(239)？最富的人买得起房。

(240)？关门不费九牛二虎之力。

(241)？我没等你几百年。

(242)？John drank *a drop* of liquor.

约翰饮了一滴酒。

在(238)中，时间越长，事件越有可能发生，从过去到现在他最有可能发过脾气，扩大时间域增加了事件发生的先验概率，降低了命题的信息度，与“从来”的强调功能相冲突。(239)和(240)表示的都是常识，毋庸赘述。在(241)中，等了某人几百年是夸张表达，表达了概率极低的事件，而没等某人几百年则是最可能的事件，不值得惊讶，是夸张的误用。Krifka(1995)用合作原则中的足量准则来解释为何讲话人不能使用(242)中的说法。他认为讲话人应该使用自己知道的最强的信息表达形式。(242)

违反了足量准则，因为凡是饮酒都会包含饮过一滴酒，一滴酒在命题中传递最弱的信息，它暗示的等级含义是他只饮过一滴酒，没有饮过更多的酒，这听起来显得很怪诞，故语句不合适。我们认为还可以从先验概率的角度来解释(242)中的怪诞意味。对于饮酒的人而言，沾过一滴酒是最有可能发生的事件，命题描述了概率极大的事件，为人们的常识所蕴含，话语无信息量。以下例句也因叙述了概率极大的事件而显得不合适。

(243)？他费了吹灰之力，得到了这份工作。

(244)？他是我八竿子打得着的亲戚。

(245)？他敢动她一根汗毛。

(246)？他不过是个杀人要眨眼的胆小鬼罢了。

(247)？这一修订版可和先前的版本同日而语。

例(243)－(247)中的肯定命题显得怪异，没有信息度，为常识所蕴含，描述了概率极大的事件，且违反了足量准则，语句不合适。用“自信息”这一概念能够解释梯级修辞和不合法语句的病因。

自然语言中除了用极量词语和夸张激活常识中的事件的先验概率的信息外，还可用典型人物[①]、表让步的词语(如“即使”“纵使”)、表强调的焦点小品词(如“连”“甚至”“都”“也”)、表出乎意料的词语(如“竟然”“居然”)等来启动事件的先验概率。

3.6.4　信息熵

“熵”(entropy)是德国物理学家 Clausius(1864)创造的一个术语，用来表示任何一种能量在空间中分布的均匀程度。熵对应于系统的平衡态，能量分布越均匀，熵就越大，反之亦然；系统能量完全均匀分布，系统的熵最大。在统计物理学中，热熵是用来表达分子状态杂乱程度(无序性)的一个物理量。在信息论中，熵是对系统无知度(或信息欠缺程度)的

---

①瑜执干手曰：“大丈夫处世，遇知己之主，外托君臣之义，内结骨肉之恩，言必行，计必从，祸福共之。假使苏秦、张仪、陆贾、郦生复出，口似悬河，舌如利刃，安能动我心哉！”(《三国演义》第四十五回)

讲话人以历史上有名的说客作对比参照点，他们说动周瑜的概率大于蒋干说动周瑜的概率，如果连他们都无法说动周瑜，则口才远逊于他们的蒋干更无法说动周瑜。

度量，是随机变量的不确定性和事件的概率分布均匀性的一种度量，事件的概率分布越均匀，熵就越大，反之亦然。事件的概率分布越均匀，事件的结果就越难猜测，事件结果的不确定性就越大，因此熵在信息论中是信源的不确定性的度量，被定义为信源各个离散消息的自信息量的数学期望(概率加权的统计平均值)，即信源的平均信息量，一般称为信源的信息熵，记为 $H(X)$。(陈运 2009:15)

$$H(X)=E[I(x_i)]=-\sum_{i=1}^{N}P(x_i)\log P(x_i)$$

熵的计算公式是对信源的平均自信息的计算，就如计算一个班学生的平均成绩所用的方法一样，熵函数的自变量是大写的 X，表示信源整体。信息熵的含义体现在如下几个方面(陈运 2009:16，傅祖芸 2010:30—37)：

1. 在信源输出前，表示信源的平均不确定性。

2. 在信源输出后，表示每个信源符号所提供的平均信息量。

3. 表示信源随机性大小。熵越大，随机性越大。

4. 信源输出后，不确定性就解除，熵可视为解除信源不确定性所需的信息量。

5. 极值性。在离散信源情况下，对于具有 q 个符号的离散信源，只有在 q 个信源符号等可能出现的情况下，信源熵才能达到最大值。换言之，等概率分布信源的平均不确定性最大，具有最大熵。(傅祖芸 2010:36)美国统计物理学家 Jaynes(1957)根据 Shannon 熵的概念，提出了在已知条件不充分时利用部分信息推断概率分布的方法，称为最大离散熵定理。它的基本思想是:求满足某些约束的信源事件的概率分布时，应使信源的熵最大，这样可以使我们依靠有限的数据达到尽可能客观的效果，克服可能引入的偏差。最大熵定理在信息、工程、天文、地理、图像处理、模式识别、语言学、文本分类、数据挖掘、遥感、博弈论等领域都有广泛的成功应用。熵既然是对系统的无知度(或信息欠缺)的度量，那么当人们对系统的微观状态一无所知时，应预设该系统处于熵为极大值的状态。如果人们已经获知了关于系统的一些信息，则系统的熵就不为极大值。(冯端，冯少彤 2005:246)

信息熵是从整个信源的统计特征来考虑的，是对 M 种可能性结果的平均不确定性的计算，是对事件的概率分布均匀性的一种度量。事件的概率分布越均匀，事件的结果就越难猜测，事件结果的不确定性就越大，熵就越大。例如，抛掷一枚均匀的硬币时，正、反面朝上的概率相等，即皆为 1/2 时，结果的平均信息量为：$H(p)=-0.5\log_2^{(0.5)}+(-0.5\log_2^{(0.5)})=2\times((-0.5)\times(-1))=2\times0.5=1$(比特)。此时结果的未知性最大，最难预测，熵也最大，在博彩时很难下注。当我们知道正、反面朝上的概率不等时，就有较小的未定性，因为每次某一面出现的概率都大于另一面。如果头朝上的概率为 3/4，尾朝上的概率为 1/4，这时，出现头朝上的结果所传递的自信息量为$-\log_2^{3/4}=0.415$(比特)，而尾朝上的结果所传递的自信息量为$-\log_2^{1/4}=2$(比特)，结果的平均信息量为：$H(X)=(3/4\times0.415)+(1/4\times2)=0.811$(比特)$<1$(比特)，尽管其中一种结果的自信息量较高，但平均自信息量没有抛掷均匀的硬币所获得的平均自信息量高。特殊的情况是硬币两面都是头，从不会出现尾，于是就没有未定性，熵为 0，每抛一次硬币都不会产生信息量。(van Rooy 2003:262)

熵的增加意味着不确定性的增加，熵的减少意味着不确定性的减少和信息的增加。要使系统熵减少，就意味着必须获得信息，故信息应视为熵的负项，即"信息是负的熵"(Jaynes 1957；冯端，冯少彤 2005:245)，所以信息与负熵(或者称为反熵)相当，提供的信息(I)$=S_0-S_1$，"S_0"代表初始熵，"S_1"代表减少的熵，于是信息(I)＝熵(S)的减少＝负熵(N)的增加。(冯端，冯少彤 2005:245)正是由于这个负熵的作用，才使系统的熵减少。"若要不做功而使系统熵减少，就意味着必须获得信息，即吸取外界的负熵。"(同上:238)。生命过程是从无序到有序的过程，熵往往是减少的，故生命"赖负熵为生"(同上:255)。交际过程就是不断吸取认知语境的负熵来补偿自身熵的增加。人的求知欲和面临新的情景和任务会使他们对许多问题产生疑问，这导致自身熵的增加。负熵代表稳定性或者有序化，信息传播能够使信宿的认识趋向有序，消除对事物认识上的不确定性。在信息论中，熵与一个人在组成信息时选择自由度的大小有关，因此熵也可以看成对随机度的一种测量。熵值大小与信息量正相关。一方面，接收到的消息越是符合期待、预料，不确定性越小，熵值就越低，它传递的信息量就越小，例如读同一个故事，听到重复多次的劝告和歌曲，信宿获得的信息量为零。另一方面，接收到的消息越是出乎意料，不确定性越大，熵值就越高，它传递的信息量也就越大。由此可见，信息熵是与传递的信息量密切相关，传递的信息有助于信息熵的降低。讲话人选择传递的信息量是受博弈策略中的优选原则支配的。讲话人可以选择保留熵值较高的表达式，如用不易理解、寓意较含糊或具有歧义的表达式。曲言、双重否定、否定的提升、新奇的比喻等都是保留较大熵值的表达形式，委婉、曲折、隐蔽地传情达意。

(248)不想当老板的员工不是个好员工。(曲言)

(249)这里是想介绍一点读书时看到的材料，或许思考这个问题不无助益。(人民网 2003/7/4)(双重否定)

(250)我不相信你在讲真话。(否定的提升)

(251)饭疏食饮水，曲肱而枕之，乐亦在其中矣。不义而富且贵，于我如浮云。(《论语·述而》)(比喻)

在(248)中，讲话人否定了他或她是好员工，剩下了他或她是一般(不好不坏)的员工和坏员工这两种可能性。讲话人不愿意使用“坏”这类有损面子的词语，故意使用模棱两可的说法。当然听话人能根据语境识别讲话人想表示不想当老板的员工是坏员工的意图，语用信息帮助听话人解除了语义信息的不确定性。在(249)中，双重否定可以暗示很有助益或稍有助益，到底有多大程度的帮助是含糊的，讲话人出于谦虚和低调，不直接表示，靠听话人根据语境琢磨他的意图。(250)至少有以下三种解释：

A. 我相信你没讲真话。(否定的提升解释)

B. 我无法确定你是否在讲真话，所以我不相信你在讲真话或没讲真话。

C. 我尚未考虑这个问题，所以我不相信你在讲真话或没讲真话。

讲话人碍于情面，不愿直接戳破对方没讲真话，通过语境暗示对方做出否定提升解释，故意利用主句中否定的歧义来传递含糊的信息，掩藏自己的真实用意。在(251)中，孔子只说了用不义的手段获得的富贵名利，对于他来说，不过如天边的浮云。听话人很难确定到底浮云的什么语义特征被激活，被用来比喻他对富贵的蔑视。究竟是以浮云聚散不定、随风而逝来比喻荣华富贵的虚幻和短暂，或以浮云的轻浮、淡薄来比喻被看淡看轻的富贵，或以浮云的飘缈来比喻与己无关、不值得关注？总之，该比喻的具体寓意比较晦暗，含有较大的熵值。Sperber & Wilson（1986/1995）指出诗人使用新奇的比喻有助于产生弱含义，即一系列若隐若现的含义，以达到具有极大包孕性的诗性效果。以上案例体现了讲话人特意保留一定的信息熵，以比较模糊的、不确定的信息曲传含义的策略。它们也说明讲话人并非总是遵守 Grice(1989)合作原则中的足量准则，使用信息度最强的表达式，有时传递较少的信息对讲话人或听话人是有利的。遵守足量准则还是适量准则取决于讲话人对双方收益的考虑。

此外，熵值较高的事件可用来制造悬念。越是离奇、出人意料的事件，它们的发生概率越低，越使人感到不解，诱惑力越大。有时网页信息的设计者故意用夸张、离奇的手法渲染事件，引起读者的兴趣，诱导他们追踪事件的前因后果。

(252)这张照片震动了整个美国。（观察者网 2016/9/11）

(253)山东渔船一网二百吨米鱼，结果渔民哭晕在厕所。（祥芝微生活 2016/9/11）

(254)狗狗早上死去，打开它的嘴巴后，主人失声痛哭。（宠物站 2016/9/11）

(255)有人用占星术解释了“911”背后的恐怖真相，让人冷汗直冒。（橘子娱乐 2016/9/11）

作者故意夸大事件的效果，引起人们的惊讶和追踪的兴趣。在阅读(252)时，人们欲探明为何小小照片会引起如此大的震动？在(253)中，人们不明白为何一网能获得二百吨米鱼？为何在这种情况下会不高兴，哭晕在厕所？在(254)中，主人到底看到了什么，为何会失声痛哭？在(255)中，为何占星术会如此神奇？背后有何恐怖真相？为何会让人如此惊恐？作者故意卖关子，在标题中提供较少的信息，保留较大的信息熵，引起读者的好奇和疑惑，旨在诱使他们进一步阅读下文以解开谜团。

3.6.5　问句的信息熵

Hamblin(1973)，Karttunen(1977)，Groenendijk & Stokhof(1984)都认为问句的意义是它的全套答案的意义。根据 Groenendijk & Stohkhof

(1984)提出的用于解释问句的分隔语义学(partition semantics of question),一个问句的意义表示由它的潜在答案指代的所有可能事件的状态,可以将一个问句的所有可能答案视为由若干单元格构成的集合。

(256)谁去开门?{开门者单元格的集合}

(257)你住在哪里?{地点单元格的集合}

(258)他是怎样解决问题的?{方法单元格的集合}

(259)你想喝茶还是想喝咖啡?{饮料单元格的集合:茶,咖啡}

(260)出太阳了吗?{两种天气状况单元格的集合:出太阳,没出太阳}

(261)为什么这么早就下班了?{原因单元格的集合}

Krifka(2011:1743)指出问句的典型用途是用于求信,各类问句最基本的功能都是表达缺少某类信息,要求答案满足求信需要。(ibid.:1750)在询问时,讲话人提出了一个语境中的问题,让听话人从单元格的集合中挑选出某个或某些单元,于是问句的答案排除了其他单元格,缩小了单元格的语境集合。在(256)—(261)中,问话人建议答话人把单元格的语境集合缩减为一个单元。如果问句的答案至少能排除一个不确定性元素,则问句的答案是能提供信息的,是合适的。如果问句的答案中至少存在一个真的答案,则问句也是合适的。

(262)最小的自然数是几?

(263)*最大的自然数是几?

因为存在一个最小的自然数而不存在一个最大的自然数,故(262)合法,(263)不合法。

Higginbotham(1996:382)指出一个疑问形式表征一个可能空间,即表达不确定性。van Rooy(2003)指出假定一个问句的意义就是由其所有潜在答案构成的一套相互排斥的命题,它们覆盖所有可能相关事件的状态。问句的效用体现为它的答案的效用,问句的答案提供信息,减少不确定性,故可以用它削减不确定性成分的数量来衡量。从疑问到获得答案的过程就是由不明确到明确的过程。

Merin(1999, note 9),Krifka(2003),van Rooy(2003)都认为可用信息熵的公式来计算从一个问句的所有答案中获得的平均信息量。一个问句的熵被定义为它的所有可能答案的平均信息量,即对于一个疑问句 Q,

其信息熵 $E(Q)$ 是所有可能答案的概率和自信息的乘积的和(van Rooy 2003:261):

$$E(Q)=\sum_{q\in Q}P(q)\times \inf(q)$$

$$E(Q)=\sum_{q\in Q}P(q)\times -\log_2 P(q)$$

$\inf(q)$ 表示问句的一个答案的自信息,为 $-\log_2 P(q)$。$E(Q)$ 是问句所有答案的平均自信息。一个问句的信息值是它的答案减少的熵值,问句的用途就是其答案的用途,问句的熵就是其答案的信息量,那么可能答案的平均信息量就是可能答案的"平均效用"(average utility)。问、答者交互作用的过程可以视为交换负熵的过程。熵可以用来计算问句蕴含的不确定性,即需要多少比特的信息才能解除问句答案的不确定性,负熵是问句的答案解除的不确定性的数量。问句获得答案就意味着失去熵。问句的使用价值就在于它引出的答案能提供新信息,排除更多的不确定性因素,减少信息熵,可用熵的减少来量化问句的效用。问句的效用体现为它的答案减少熵的程度和帮助解决决策问题的程度。

(264)小李、小张、小王,他们工作没有?

该问句包含三个特殊问句:小李工作没有?小张工作没有?小王工作没有?三个人工作的情况都有两种状态:工作了和没工作,问句的所有可能答案共有 $2^3=8$ 种。假定每个人工作和没工作的概率均为 1/2,如果知道小李工作了,则获得了 1 比特的自信息,即解决了三个是非问句中的一个问句提出的问题,因为 I(小李) $=-\log_2^{1/2}=1$(即 $2^{-1}=1/2$)(比特),如果知道小李和小张都工作了,则获得了 2 比特的信息,因为解决了三个问题中的两个问题,两个人都工作的概率为:$1/2\times 1/2=1/4$,知道两个人都工作了所获得的信息为 $-\log_2^{1/4}=2$(即 $2^{-2}=1/4$)(比特)。任何一个完整回答都能把 8 种状态缩减为一种状态,都有 3 比特的信息,即解决 3 个是非问句提出的问题,每个完整答案的平均信息量为 3,因为每个完整答案为真的概率都为 1/8,用信息熵的公式计算答案的平均信息量的步骤如下:

$$\begin{aligned}H(X)&=E[I(x_i)]=-\sum_{i=2}^{N}P(x_i)\log P(x_i)\\&=(1/2^3)\times -\log_2(1/2^3)+\cdots+(1/2^3)\times -\log_2(1/2^3)\end{aligned}$$

$=(1/2^3)\times 3+\cdots+(1/2^3)\times 3$

$=(1/8\times 3)+\cdots+(1/8\times 3)$

$=(3/8)\times 8$

$=3$(比特)

如果问句所有答案为真的概率都相等,则问句的平均信息量就等于每一答案的信息量,即$-\log_2^{1/n}=\log_2{}^n$,其中 n 为状态数。当问句的所有答案为真的概率都相等时,问句的信息熵最大。测验问句的潜在答案之间概率的平衡性就是熵。对于一般问句而言,当问句的肯定回答和否定回答的概率都相等时,问句具有最大的信息熵,问句的潜在答案的平均效用(average utility)就会增加。要想知道三个是非问句中的 8 种状态哪一状态为真时,则应当问三个都具有最大熵值的是非问句,例如应单独问三个人的情况,使每一问句的熵都为 1,而不应该用冒险性的问句,如:"小李和小张是否都工作了?"任何一个完整回答的信息量都为 3 比特,因它解决了 3 个是非问句中的问题,于是每一完整答案的平均信息值也为 3 比特,故问句的平均信息量 $E(Q)$也应为 3 比特。任何对以上问题的完整回答都将八种可能性降低到一种可能性,即它能解决所有三个变量在两种状态(工作或没工作)下共有状态的组合情况。如果问句的所有答案为真的概率都相等,则所有答案的平均信息量也相等,这时答案最不确定,答话人最难做出选择,答案给出的信息量最大。如果每个答案为真的概率不相等,则熵不为最大值,不确定程度较低,那么答案传递的平均信息量将低于答案同等为真时的信息量。当已知一个问句的答案时,则答案无不确定性,问句的信息熵为 0,因为问句仅有一个概率为 1 的答案,即当 $P(-q)=1, P(q)=0$,或 $P(-q)=0, P(q)=1$ 时,问句的熵为 0,问句的答案没有起到传递新信息的作用。

3.6.6 问句的最大信息熵

最大离散熵定理对设计问句和寻找问题的答案具有重要启示意义。行为者应该选取期待效用最大的行动。同样,人们提问时应该选择答案的平均效用(熵)最大的问句。当问句的所有答案都同等为真时,问句的熵值最大，此时最难决策，问话人获得的答案的用处最大。问句的信息熵越大，答案解除的不确定性事件越多，问句的答案带来的信息量也越大。如果问话人欲获得最大的信息量，就应该运用最大离散熵定理，把问句设计成具有最大熵的问句，应尽量使问句的各个潜在答案为真的概率都相等，当它们为真的概率都相等时就能传递相同的信息量。传递相同的信息量表现为解除同样多的不确定性事件。于是欲使问句的熵值达到最大值，就要使问句的各个潜在答案解除同样多的不确定性事件，这具体表现为各个答案解除不确定性事件的数量相等。

3.6.7　扩域词增加问句答案的不确定度

我们认为扩域词"到底""究竟""端的"在问句中的作用就是暗示答案的不确定度极高，问话人的疑惑度也很高。我们以有两个选项答案的问句为例。

(265)a. 他俩到底谁是内鬼？

b. 他俩谁是内鬼？

(265a)中的"到底"暗示问句的答案的不确定程度(熵)极高，问话人很难在他俩中做出选择，因此(265a)的熵高于(265b)。当问句 Q 有两个可能的答案{q，－q}时，问句的信息熵可用公式表示为 $E(Q)=-\log_2 P(q)$，P 表示概率，q 表示答案。$E(Q)$ 与 P(q)的熵函数图像和问句的信息熵分别如图 10 和表 1 所示。

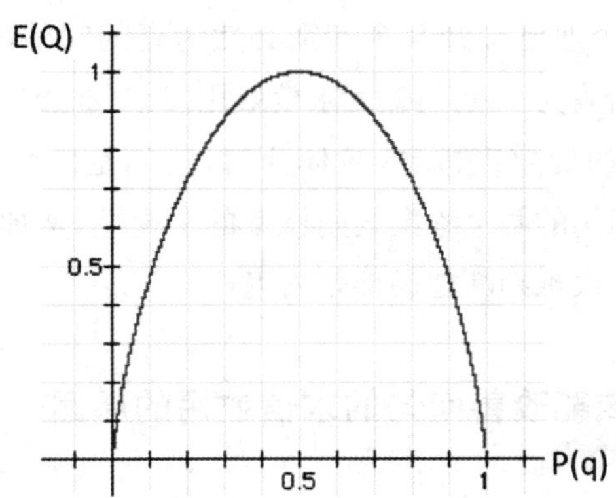

图 10　含有两个可能答案的问句的熵函数图像(摘自 Krifka 2003)

表 1　含有两个可能答案的问句的熵(摘自 Krifka 2003,有改动)

$P(q)$	$P(-q)$	inf(q)	inf($-q$)	P(q) * inf(q)	P($-q$) * inf($-q$)	E{{q, $-q$}}
0.1	0.9	3.322	0.152	0.332	0.137	0.469
0.2	0.8	2.322	0.322	0.464	0.258	0.722
0.3	0.7	1.737	0.515	0.521	0.361	0.882
0.4	0.6	1.322	0.737	0.529	0.442	0.971
0.5	0.5	1	1	0.5	0.5	1
0.6	0.4	0.737	1.322	0.442	0.529	0.971
0.7	0.3	0.515	1.737	0.361	0.521	0.882
0.8	0.2	0.322	2.322	0.258	0.464	0.722
0.9	0.1	0.152	3.322	0.137	0.332	0.469
1	0	0	#NUM!	0	#NUM!	0

在表 1 中,$P(q)$表示一个答案为真的概率,$P(-q)$表示另一个相反答案为真的概率,inf(q)表示当一个答案的概率为 q 时的自信息量,inf($-q$)表示另一个相反答案的自信息量,$P(q)$ * inf(q)和 $P(-q)$ * inf($-q$)表示概率与自信息的乘积,$E(\{q,-q\})$表示信息熵,等于两个答案的平均自信息量,即等于 $P(q)$ * inf(q)+$P(-q)$ * inf($-q$)。观察图 10 和表 1,含有两个可能答案的问句的最大信息熵是在 $P(q)=0.5$ 时,$P(-q)=1-P(q)=0.5$,此时 $E(Q)=1$,问句的熵(即答案的不确定度)达到最大值。当问句的答案具有偏向性时,它的熵不为最大值。问句的答案的偏向性越大,问句答案的不确定性越小,熵也越小。当 $P(q)=0$ 或 1 时,$E(Q)=0$,仅有 1 个答案为真(概率为 1),即当 $P(q)=0$,$P(-q)=1$,或者 $P(-q)=0$,$P(q)=1$ 时,虽然其中一个答案传递的自信息无穷大(用#NUM! 表示),但问话人问了一个他已确知某个答案必然为真的问题,问句的答案没有不确定性,问句的熵为 0,问句毫无求信效用。在(265a)中,“到底”的作用就是表达交际者的疑惑度极高,具体而言,他俩是内鬼的可能性接近相等,“到底”增加问句的两个答案之间概率的平衡性,增加问句答案的不确定性,暗示问话人很难判断他俩谁是内鬼。

3.6.8　扩域能改善问句的求信效用的原因

为何扩域词能改善问句答案的效用?《现代汉语词典》《现代汉语八

百词》用追究和深究来解释“到底”和“究竟”的意义。按理，追究和深究就能获得满意的答案，因为扩充了究问的广度和深度，答案的准确度、满意度会提升。张秀松(2012a、b，2014a、b)提出了追问到底说和除阻说，认为问话人初次询问时对方给出的答案是不准确的、推三阻四的、含糊的，就可用“到底”在问句中表达的追问到底的意义来排出阻碍，获得理想的答案，提高问句答案的质量。

(266)庄允文趁家人都在忙别的事，趋近妻子，“现在，”他说，“你可以告诉我，你到底是谁了。”元之错愕地看着庄允文，作不得声。庄允文低低地说：“我早已发觉你不是兆珍，兆珍与我都笨拙，你却那么聪明，兆珍与我只会牵衣对泣，但一切困难到了你手都迎刃而解，你是谁？你为什么来帮我们，兆珍呢，兆珍去了哪里？”(亦舒《小宇宙》)

(267)大娘做个姿态昏倒，你扶得比谁都快！到底谁是你真正的婆婆，你弄得清楚，还是弄不清楚？(琼瑶《苍天有泪》)

(268)我劝你最好先回去问问你妹妹，到底谁是她肚子里孩子的父亲？这种事可不能乱栽赃，一下说是张三，一下说是李四！”(言妍《裂缘花》)

例(266)体现了追问。庄允文用“到底”暗示他质疑对方身份的真实性，逼问她说出自己的真实身份。有时应答者不知道问句的答案，而问话人反而知道问句的答案，扩域词暗示对方糊涂，提示应答者要弄清问题的答案，例(267)和(268)分别表示问话人对应答者先前的做法、想法不满意，要求应答者重新思考这些问题的答案，纠正错误。以上例句似乎证明了追究、深究说和追问到底说，问话人追问的目的是为了获得更佳的、满意的答案。但它们存在以下问题：

1. 扩域词“到底”“究竟”“端的”“wh-ever”等用于问句不表示问话人问到底，而是为了暗示问话人的疑惑度。问话人使用扩域词并非一定都是为了获取优质答案。对优质答案的询查是语境赋予的特定含义，追问到底是求信者在怀疑答案时表现的一种求问方式，但不能概括所有的情况。表示对答案的怀疑只是疑惑的一种表现，无法概括更多的用法。疑惑的另一表现是表达求信者的困惑和茫然。扩域词的所有用法都显现求信者的疑惑。在(266)中，庄允文用“到底”是为了表示他的困惑不解。在

(267)中,问话人用“到底”表示他不明白听话人是否分得清亲疏关系,责怪对方糊涂行事。在(268)中,“到底”表示听话人不明白谁是她妹妹肚子里孩子的父亲。追问、追究和深究的意义是语境赋予的,不是“到底”的本义。在以下例句中,扩域词用来表示求信者的困惑,不表示追问到底。扩域词不总是用于追问、追究的语境。

(269)和开始不一样的是,他们对这只“很普通的陶瓷碗”充满了好奇、猜测,想看一看这个碗里究竟装着什么。(微信公众号——国际纵横2016/9/9)

(270)最离奇的失踪—MH370 上究竟发生了些什么?(凤凰资讯2014/3/15)

(271)这个人,到底是不是真的看不见东西呢?(沧月《镜・双城》)

(272)胡铁花怔住了,瞪着他,似乎想看看这人究竟是不是真的瞎子。(古龙《蝙蝠侠》)

(273)他再也没有从古萨玛回来,有些人认为柯契斯知道他到底是怎么死的。(西德尼・谢尔顿《暗算》)

对优质答案(如真相)的追问是依据语境的推理,不是通过扩域词传递的意义,去掉以上例句中的“究竟”“到底”,语句仍然可以表示对真相的追寻。“究竟”在(269)中不表示追问到底,因为从没有获得过答案,所以例句不暗示对先前获得的答案或既有的答案不满意,而只表示困惑,表示他们实在猜不到这个碗里装着什么。在(270)中,问话人对 MH370 失踪的详情了解甚少,感到很疑惑。在(271)(272)中,“到底”和“究竟”暗示讲话人很难判断对方是否看不见东西。(273)中的“到底”表示局外人因不知情而产生的困惑。以上例句显示人们因不知道真相而感到怀疑、茫然、疑惑不解。下例也不存在追问、追究、深究的行为,扩域词只表示人们不知道答案,他们的疑惑度很高。

(274)然而祖、刘成名不久,谢伯便已神秘失踪,谁也不知他们联手,究竟是不是真能胜过神一般的谢伯神剑。(周显《五胡战史》)

(275)他们不知道到底为什么,好像一个黄蝴蝶追着一个白蝴蝶的不知为什么。(老舍《老张的哲学》)

(276)“我也不知道,进去的时候一个人都没。”天晓得到底有没有人。

据当天值班的门卫说，他们没有看到过你离开博物馆。（水心沙《天狼之眼》）

(274)表示人们因结局难料而感到困惑。(275)表示他们因不知道原因而感到困惑。(276)表示因未知实情而感到困惑。

当扩域词用于某些间接问句时，有时表示需要知道、想知道答案或获得了来之不易的答案，没有追问到底的事件发生，只是表示问句的答案不确定度较高而已。

(277)虽然知道不好，但是我也要知道到底会怎样。（BCC 微博）

(278)白岩松：这个我们需要进一步的信息。我觉得当这个事情走到了这一步的时候，我们就需要知道到底这个钱又是挪用了什么，有没有挪用的这种嫌疑，我觉得人们有理由这样怀疑。（中央电视台，2010/9/7，新闻 1+1，“被挪用的食堂安全专项款”）

(279)我终于知道到底什么地方坏掉了。（BCC 语料库）

(280)步惊云虽没回头，但也听闻身后“砰磅”的水声，他已知道到底发生何事！（马荣成《惊世少年》）

(277)表示欲知道不确定度极高的问句的答案。(278)表示想知道这个很难追查的问题的答案。(279)表示知道了很难弄清的问题的答案。(280)表示知道了很难明白的真相。

2. 扩域词在问句中不表示问话人问到底，而是暗示为了获得答案而欲追查到底，寻根究底或者引导答话人进行深思、深究，以扩大核查的范围来暗示对最佳答案的期待。深究、深追不体现为追问到底，而体现为扩域追查。张秀松(2012a、b，2014a、b)用“问到底”“说到底”来解释“到底”不合乎语感。扩域词反映人们欲在宽域中寻找满足期待的答案。问话人对答案施加限制条件，要求宽域的答案的效用高于窄域。对理想答案的询问是扩域深究诱导的，而不是由“问到底”和“说到位”诱导的。许多用法并没有显示讲话人连续发问，或一追到底，也不显示问话人一定要获得理想答案才罢休，而只显示讲话人仅问了一次。“到底”在问句中表示问话人提醒自己或别人“想到底”，即“多想想”，然后再给出正确的答案，或者问话人自己怎么也不明白事情的原委，要求对方提供问话人需要的答案。扩域词的所有用法都体现了交际者的疑惑度较高，欲通过扩域进一步深究和彻查，暗示问话人欲获取更新、更真、更详细、更可靠、更准确、更具体的信息，扩域询查答案就能满足这个需要。由于在窄域中获取的问句的答案的质量不高，已经断定获得的信息是虚假的、笼统含糊的、不准确的、不合理的、不正确的等，扩域暗示的彻查和深究能提高问句答案的质量，于是扩域能提高获取理想答案的概率。我们认为需要对张秀松的解释进行修改：

大前提：①如果问话人要获得高质量的答案，则需要穷尽性地追究这个答案或者要求答话人彻查和深究以提供最佳答案。

②如果问话人要获得理想的答案，则会限定答话人的答案的类型，以把Q的答案说到位。

小前提：问话人欲彻查和深究这个答案。

推论：问话人要求答话人提供理想的答案。

(281)有两个年长的道士说道："咱们先问到底这些女子准是人、准是妖，再作定夺。"（《狐狸缘全传》）第13回）

例(281)相当于问"这些女子真的是人还是妖"。"到底"用于表示追问真相是结合语境信息推导出来的含义，"到底"不表示问到底，也不表示催促对方说到位，说清楚。因为相信狐狸会变化迷惑人，所以讲话人很难辨别她们是人还是妖，讲话人感到很怀疑和困惑，所以要求深究、彻查、详察以获得"真相"。追问、催答、催说、催做（张秀松，2012a、b）都不是"到底"在问句中的意义，这些用法都是语境赋予的特定含义。问话人也并不总是带有最后通牒的意思。是讲话人在追问，还是提示自己或答话人进一步思考后作答？我们认为两种情况都存在。当然问话人可以设问，问自己、读者、观众，暗示需要大家反复思考和究问，比如讲话人在回顾时问自己"到底这些女子是人还是妖?""到底我在哪儿见过这个人"，"到底"可以表示问话人自己怎么也不明白，怎么也回忆不起来，故发问进行自我追寻，穷尽地查找，反复思索，期待有新的发现，也可以表示问话人要求答话人多多思考后做答，都是通过扩域来表达含义。我们认为"到底"用于扩大追查域，暗含讲话人穷尽所有答案的选项，搜索枯肠，仍然不解，或者问话人邀请答话人穷尽所有答案的选项，然后衡量各种可能性后，择出满足期待的答案。张秀松(2012a、b)指出，"到底"要求对方把问话人所关心的问题的答案说清楚。但我们认为"到底"只是跟穷尽性追查的意义和疑惑意义直接相关，"到底"表示扩大追查域、思考到位获得更佳的答案，同时暗示问话人自己深深的疑惑，跟"问到底""说到位""说清楚"无关，不是通过追问到底的决心得出催促对方做出清楚的、到位的回答。扩域词表示在询问时为了获得较佳答案而追查到底，相当于推究、穷究。问话人用扩域词表示追查域的广度和思考的深度。

3. 问话人对优质答案的要求和期待不一定会被答话人满足，答话人要考虑自己或别人的利益，可以提供部分的、模糊的答案甚至虚假的答案，所以追问不保证能获得优质的答案。人们一般不会为了满足对方的要求把自己的商业秘密透漏给竞争对手，也不会向敌人泄密而出卖自己的朋友。Ginzburg(1996:403－404)指出：一个问句定义一类可能被解答的信息项；问题是否实际被人们解答取决于两个目标：回答者的知识状态和目的。这和关联论(Sperber & Wilson 1986/1995)的观点一致。关联论认为讲话人使用的话语和传递的信息量是与他的能力和偏好相一致的。同样，答话人提供的答案的信息度和质量也是与他的能力(对应知识状态)和偏好(对应目的)相一致的。

(282)A：他到底去哪儿了？(追问准确的、具体的信息)

B_1：可能去了北京。(不确定的信息)

B_2：去了南方的某个地方。(不确切的信息)

B_1 和 B_2 都没有提供问话人所要求的确定的、确切的信息，可能是答话人不知道或不愿意提供所要求的信息。而 Grice(1989)的合作原则中的足量准则、Horn(1989)和 Levinson(2000)的等级含义论只能解释前一种情况。根据等级含义论，如果讲话人掌握了充分的信息，他就该遵守合作原则中的足量准则，传递最大的信息量。当问话人要求足量的信息而答话人未提供足量的信息时，就可推知他没有更多这方面的信息，如：

(283)A：到底有谁考试作弊？

B：很可能有小李和小王。

等级含义：不完全肯定有小李和小王考试作弊。

(284)A：他到底去不去？

B：有可能去。

等级含义：他不一定去。

因此，等级含义论只能解释答话人未提供充分、准确的信息时的一种原因，即讲话人没有能力提供足量的信息，却忽视了另一种可能，即答话人不愿意提供足量的信息。

4. 当扩域词用于穷究和深究时，深究的目的是语境提供的，不是仅仅通过追问到底的行动暗示的。

(285)人活着到底是为了什么？（深究人生的终极目标）

(286)他们到底想干什么？（深究真实的意图）

(287)我到底上了什么火？（深究病因）

(288)到底该怎么做？（深究最佳办法）

我们认为可以从信息熵和语境含义两个方面来重新回答为何扩域能改善问句答案的效用。

1. 扩域词暗示问句的信息熵极高。问句本身就可以表达求信者的疑惑，但扩域词能够加强疑惑度。问句的信息熵越高，它引出的答案解除的不确定元素越多，问句的答案带来的信息量就越大。当问句的熵最大时，问句答案的信息效用最大。为了解除疑惑，就需要从对方的应答和自己的思考中吸收更多的信息来降低答案的不确定性和减少问句的熵值。扩域词在问句中暗示较高的疑惑度是含义的规约化、捷径化、借代化。扩域词增加问句的信息熵，暗示求信者的疑惑度、不确定度较高。问话人在求取信息时，总想获得最大的信息以使问句具有最大的效用。如果要获得最大的信息量，就要把问句设计成具有最大熵的问句。于是，当问句的信息熵越高时，问句的答案越有效，问句的答案解除的不确定性成分越多，传递的信息量也越大。扩域能增加问句的潜在答案之间的概率平衡性，使宽域问句的信息熵高于窄域问句的信息熵，即 $E(Q')>E(Q)$。如果问句的潜在答案的平衡性增加，则问句的潜在答案的平均用途增加。问句的答案在哪种情况下最有效和最无效？预言家的预测对什么样的咨询者最有用？这就如同问水和食物在哪种情况下对人最有用，在哪种情况下对人最无用？水和食物在人们最饥渴的时候最有用，在人们一点也不饥渴的时候最无用。同理，当问话人最怀疑、最纠结、最困惑的时候，答案最有用；在人们很难把握未来方向的时候，谋略家或预言家的话最管用、最急需。试比较下列情景中问话人对答案的疑惑度和渴求度的差异。

(289)(一位男士家族中的男性前辈很多都没活过50岁)我到底能否活过50岁?

(290)? 我到底能否活过150岁?

(289)的答案的不确定性较高,问话人渴求得到这方面的信息,而(290)的答案没有不确定性,答案是否定的,问话人并不在乎它的答案。当问句引出的答案能解除最大的熵值时,问句最有用,此时获得的答案解除的不确定性成分最多。根据信息论,消除不确定性的程度与所需的信息量成正相关。信息量就等于不确定性的多少。如果问句的熵值越高,问句引出的答案提供的信息量越大。宽域问句的疑惑度高于窄域问句。窄域问句如果无熵值,或者熵值较低,窄域问句的答案就无效用或者效用很低。扩域增加了问句的疑惑度,表示获得的答案能够解除更大的不确定性。扩域能改善问句潜在答案之间概率的平衡性,增加问句的信息熵。熵值高的问句的求信效用就高,熵与理想答案是同步的:熵值越高,获得的答案解除的不确定度越高,答案提供的信息越多,答案越理想。

2. 扩域词可以用于表达彻查、深究和追究的含义。当人们感到很疑惑、欲深究问题的答案时,扩域词就传递深究的含义。彻查、深究和追究与答案的质量成正相关关系,彻查和深究自然能挖掘出问题的最佳答案:追查域越广,研究越深入,越有可能获得理想、可靠的答案。问话人利用了这一单调函数关系来暗示他对高质量答案的期待。如果人们沿着语境维度(如广度、深度、精确度)扩大追查和追究的范围,加大思考、推究、回忆的范围和深度,就能获得期待的答案。以下例句都表示问话人感到很疑惑,欲深究问题的答案。

(291)伟彬到底是为了什么突然要娶她。(深究真实动机)

(292)收放自如的肚子? 深扒高圆圆到底怀没怀孕。(腾讯娱乐—娱乐挖掘机2016/1/3)(深究真相)

(293)深度扒一扒,华为究竟是一家什么样的公司?(腾讯科技2016/4/29)(追究更多的详情)

(294)取消农业户口,农民到底能得到什么好?(腾讯评论—今日话题2016/4/30)(追问详情)

(295)引力波到底是什么?(追问更科学的解释)

(296)究竟是面子重要,还是保住这个江山重要?究竟是和敌人全部拼死好,还是保住我大清的一缕血脉好?(西方蜘蛛《血沃轩辕》)(追究明智之举)

(297)"没有其他的事,我想问一下,这围墙到底怎么修啊!"马而立站起来了,一双大眼睛睁得更大了一点。(陆文夫《围墙》)(追问最佳解决方案)

在(291)中,主人公欲解开疑团,深究伟彬突然要娶她的真实动机。在(292)中,谣传高圆圆已怀孕,但收放自如的肚子似乎又表明她没怀孕,问话人不确定她怀孕没有。"深扒"暗示扩大追查域,进行详查和细究就有可能揭开真相,因为调查的范围越广,调查得越深入,越易发现真相,所以(292)中的"到底"暗示详查和深究真相的含义。在(293)中,读者已有的背景信息是:华为以前是一家通信设备行业的国际性企业,但今天华为进军的领域拓宽了,它的产业链的布局如此之广,很难确定它的企业性质,它的面目也越来越模糊,它到底是运营设备制造商?一家网络设备制造商、云服务支撑系统服务商?还是手机厂家?作者暗示他将带领读者深扒问题的答案,提供华为最新发展的详情。在(294)中,问话人不满足于知道取消农业户口对农民有好处,还想追问更多的详情,细究他们能得到哪些具体的好处。在(295)中,问话人不满足于对引力波的常识性理解,要求对方给出专业性解释。研究得越深入,越可能做出更科学的解释,"到底"在问句中表示对更科学的解释的期待。在(296)中,对方血气方刚,不识大体,凭意气用事,问话人提醒他应三思而后行,期望通过策略的优劣对比使他猛然醒悟,最终做出明智的选择。考虑得越周全,越可能做出较明智的决策,"究竟"用于追究明智之举。在(297)中,问话人要求对方仔细研究后提出可行方案,"到底"用于追问最佳的维修方案。但我们必须注意,在以上例句中,扩域词本身并不表示深究和追究的意义,只是表示人们感到很疑惑,人们在感到非常疑惑的时候往往要深究问题的答案。

Kadmon & Landman(1993)指出任选词语能把窄域问句变成宽域问句,当窄域问句 Q 已经被回答但宽域问句 Q' 尚未被回答时,问句 Q' 加强了问句 Q。

(298)记者：那么关于海洋环境保护，你们见到过东洛岛或者是长乐市政府提供的任何文件吗？

黄世峰：没有提交过。

记者：没有见过任何文件？

黄世峰：没有见过。(央视网 2010/6/3)

(299)“大君，你当真什么都能事先知道吗？”他惊讶地抬起头来问。(潘海天《九州·白雀神龟》)

在(298)中，记者预设长乐市政府提供文件的概率较低，如果问句省略“任何”，则窄域问句获得否定回答的概率较高。他用“任何”把所有例外的文件都纳入问询的范围，把窄域问句变成宽域问句，增大了肯定回答的概率，增加了问句答案的不确定性。在(299)中，假定问话人已经听说过、知道或相信大君有未卜先知的本领，这种本领已经得到了一些验证，但问话人尚不确定大君是否什么都能事先知道。“什么”扩大了问询的范围，也增加了例外事件出现的先验概率，即否定回答的概率，增加了问句答案的不确定性，使已有肯定答案的窄域问句变成答案未定的宽域问句。可见，Kadmon & Landman 是用增加问句答案的不确定性来解释任选词语对问句答案的改善，而不是从改善问句答案的质量的角度来解释任选词语在问句中的效用。van Rooy(2003)进一步指出问句的信息力度应该用信息熵来衡量，不能用信息的相对蕴含力度(Kay 1990, Israel 2011)来解释。

(300)小王来了吗？

(301)小王和小李都来了吗？

(300)含有一个不确定的变量，(301)含有两个不确定的变量，(301)的信息熵高于(300)，对(301)的肯定回答蕴含对(300)的肯定回答。但是，对(301)的否定回答并不蕴含对(300)的否定回答，因为在只有小王来了的情况下(301)也可以用否定来回答。因此，用问句的答案之间的信息蕴含关系来解释问句的信息度是行不通的，只能用问句的答案的不确定度(信息熵)来比较问句的求信效用和疑问语气的加强，扩域词改善问句的答案体现为它们能提高问句的信息熵，而不体现为改善问句答案的质量。深究和追问能改善问句答案的质量是语境含义的作用，不是扩域词本身的功能，扩域词仅表示人们的疑惑度较高。扩域词改善问句的答案不是通过追问到底而获得的，而是通过提高熵和疑惑度来暗示问句的答案具有较大的信息效用。用扩域词加强问句的疑问语气反映了讲话人的语用优选策略。我们从扩域增加问句的信息熵的角度解释了问句的疑问语气的强化和问句的求信效用的增加。

3.7　疑惑度升高的原因

扩大寻找答案的范围能增大答案出现的概率。问话人之所以要扩域深究问句的答案是因为他的疑惑度极高，扩域就预设疑惑度极高，听话人凭借这一因果联系推知问话人对疑问语气的强调，因此扩域词能暗示疑惑度的升高，表示问话人十分困惑不解，实在不知道答案或者很怀疑某事。疑惑度升高由认知者的特点和语境诱因这两个参数决定的。首先，扩域的动力来自于问话人。问话人要有强烈的求知和求信冲动，在强烈的求知欲和好奇心的驱使下寻找真正、有效的答案。问话人过于好问，非常好奇，非常多疑，非常急切地想知道答案，这些内在因素都有可能引发他产生困惑和怀疑，并进行深究和追问。其次，语境使人们产生怀疑和困惑，激发人们去彻查和深思。以下这些语境因素都可能导致问话人感到疑惑不解：

3.7.1　信息很不可靠

(302)虽然商住项目成交火热，但对于相关开发商来说并没有什么可开心的，他们现在的心里只有一件事，商住限购的传闻到底靠不靠谱；如果有，什么时候落地。(人民网 2016/6/14)

(303)人民网发表悼念文章说："杨绛先生的译著之所以被译界奉为圭臬，源于其治学态度的严谨……"光鲜的外表背后，杨绛的翻译能力究竟如何？"读不懂原文的外行读者"的好评，能否用来评判一部译作的翻译品质？(微博－晨边高地评论 2016/6/14，吕行"苏格拉底的'梦'——评杨绛译《斐多》中的严重错译")

(302)(303)中的扩域词可表达问话人怀疑消息或评论的真实性和可靠性,暗示问句答案的不确定性较高。(302)中的讲话人对于传闻的真实性拿不定主意,心里不踏实。(303)暗示“读不懂原文的外行读者”的好评值得怀疑,不能用来评判一部译作的翻译质量,讲话人用“究竟”表示他不能确定杨绛的翻译能力有多高,认为需要核查原文和译文才能对杨绛的翻译能力做出合乎事实的评判。

3.7.2　事件蹊跷古怪

(304)两次验血,血型却不一样,从女士不解,这到底是咋回事?(人民网 2016 /1/12)

(305)培训点在湖北,为何在河南意外身亡?周怀胜到底遭遇了什么?6 月 13 日,周怀胜家属向记者还原了这起事件。(人民网 2016/6/14)

如果事件离奇古怪,超越了人们的常识和经验,就会令人觉得不可思议,激发人们进一步探索和揭秘。在(304)中,一个人只可能有一种血型,且血型是终身不变的,而化验的两次结果竟然不同,不由得使从女士感到很蹊跷,对化验的结果感到怀疑和不解。在(305)中,人无分身之术,周怀胜的培训地点在湖北,却在河南身亡,使人感到惊奇和怪异,作者想揭开扑朔迷离的案情背后的真相,“到底”表示讲话人感到十分疑惑不解。

3.7.3　事件出乎意料

(306)最近北京市知识产权局认定,苹果公司的 iPhone 6 和 6 Plus 侵犯了一家中国企业的专利权,责令其停止销售……这究竟是怎么回事?苹果被判侵权,究竟冤不冤?(腾讯新闻—今日话题 2016/6/21)

意外事件会使人感到惊讶、诧异、怀疑和不解,激发追究的兴趣。根据背景知识,苹果公司拥有强大的研究团队和技术实力,凭它的实力根本不用侵犯区区小公司的专利权,如果说其他小公司侵犯了苹果的专利权更容易让人相信。作者对判决大感意外,不由得产生怀疑,暗示这项判决很难平息当事人和公众的质疑。作者在下文指出北京知识产权局做出这种判决，如果没有详细的说明，不仅苹果公司不会服，也会让其他外企心生疑虑。

3.7.4 消息十分匮乏

(307)前段时间，她从北海找儿子回家，但由于没有任何线索，她只能拿着孩子的照片自言自语，“孩子，你到底在哪里，妈妈要到哪里才能找到你呢?”(人民网 2011/2/22)

(308)民主党的首脑会议到底做了什么决定?

(307)中的母亲缺乏儿子的任何线索，无法追踪事由和目标，困惑度极高。在(308)中，作者预见读者缺乏内幕消息，不能回答问题，预示他将在下文发布消息。

3.7.5 问题极其复杂

(309)甲午到底败在哪里?(人民网 2015/11/11)

(310)……然后修这个金字塔。那么它究竟怎么修的，这还不是像我们想象得那么简单……(李晓东 2004 百家讲坛—神秘的金字塔)

(309)中的“到底”暗示这个问题的解答难度极高，讲话人和读者不明白中国在甲午战争中失败的主要原因，期待通过细究、深思、研讨以获取答案。关于甲午殇思与镜鉴的论述颇多，如战略失误、经费不足、用人不当、队形不利、装备落后、弹药伪劣等，这些与战争失败均有一定关联，但很难断定哪一原因是造成失败的决定性因素。(310)中的“究竟”暗示这个问题很复杂，很难揭开金字塔的秘密。

3.7.6 观点颇有争议

(311)到底有几个“吧”?(卢英顺《“吧”的语法意义再探》,《世界汉语教学》2007 年第 3 期)

(312)聚焦义乌市场转型之路:周末到底该不该休市?(杭州网 2016/7/11)

在(311)中，作者在上文介绍了研究者们对“吧”的不同解释，读者被绕迷糊了，不知道有几个“吧”，不知道哪种观点是正确的。“到底”表示作者和读者的困惑。在(312)的上下文语境中，赞成者认为应该花更多的时间陪伴孩子和家人，反对者认为客户可能随时会来采购，如果我休息了，而旁边的摊位照常营业，那么原本是我的生意订单可能被别人接走。论辩双方各持己见，各有理由，但均有利弊，作者很难判断哪方观点是正确的，他感到很困惑，暗示需要深入思考和探讨这个问题的答案。又如：

(313)各位专家对于房价是会继续涨还是已经到顶了，莫衷一是。究竟房价怎么走？房价到底是涨还是跌？(央视财经 2016/8/22)

(314)近日，科学界热议在中国建造巨型对撞机一事，著名数学家丘成桐(同时也是哈佛物理学教授)几次表示支持这一做法。然而昨天，诺贝尔奖得主、物理学大师杨振宁却出人意料地专门写了篇文章表示反对。如何看待杨振宁的看法？中国到底该不该花费数百亿美元建造一个新的巨型对撞机呢？(腾讯评论—今日话题 2016/9/5)

(313)中专家们的争议令讲话人很难给出答案和做出预断。(314)中两位专家的意见分歧也令人们难以判断对错。

3.7.7　境况令人失望

(315)提这个问题是因为，前两天高峰期 8 点 20 左右坐了一次 2 号线，人多得挤不下，不管是站台上还是地铁里面全是人头，坐公交也很挤，高楼大厦给我的感觉很压抑很烦躁，上海也就内环看着像大城市的味道，越往外走越不像样，高房价，快节奏，但是为什么还有那么多人来上海？上海到底好在哪里？(http://www.01lm.com，2014/8/29)

讲话人抱怨上海没有人们所说的和他所向往的那么好，无法找到上海使他觉得好的地方；相反，上海的生活使他感到很失望和茫然，于是发出疑问，既然上海这么令人失望，为什么人们还要大量涌入来受罪？为什么它还会有那么大的吸引力？“到底”加强反问和怀疑的语气，表示讲话人实在不明白上海有什么好。

3.7.8 信念发生动摇

(316)他开始怀疑,自己这样干下去到底值不值。在迷惘、不解、心态失衡的情况下,鄢立中并未准备就此糊里糊涂地过下去,他一心要琢磨清楚所发生的一切到底是怎么回事。(BCC 科技文献)

"到底"表示主人公深深的迷惘:他昔日的信念开始动摇,怀疑自己这样干不值得。

以上归纳了使问话人的疑惑度升高的语境诱因。当然,引起人们感到疑惑的语境因素是不可穷尽的,以上的归纳仅是列举性的。下面分析疑惑度升高在话语中的具体表现。

3.8 疑惑度升高的表现

上下文语境常能提示问话人的疑惑度的升高,疑惑度升高主要表现为感到怀疑和困惑。

3.8.1 表示怀疑

表示异议和怀疑是疑惑的表现之一。问话人用扩域词加强问句表达的怀疑和质疑的语气。有时问话人进一步追问就意味着他质疑现有答案或观点,使已经确定或认定的事情成为值得怀疑的、不确定的事情,赋予事物或事件新的不确定性。问话人的怀疑可以调整答案的概率分布。怀疑程度、不确定度和熵成单调递增的函数关系:如果对现有答案的怀疑程度越深,则对另一与之对立的答案的确信度就越高,于是答案之间概率的平衡性也就得到了调节,问句答案的概率分布越平衡,问句的熵值越大。扩域词配合问句表达问话人的疑惑。讲话人常用扩域词对以下这些问题提出质疑:

3.8.1.1 质疑可靠性

问句在语境默认的范围内虽已有答案,但问话人怀疑答案的可靠性,故需要扩域彻查或者要求对方三思和权衡后给出更加可靠的答案。当问话人怀疑答案的可靠性时，就增加了答案的不确定性。

(317)A：MH370 去哪儿了？

B：去了印度洋。

A：到底是不是去了印度洋？

B：尚未完全确定。

(318)拉拉从货架上取下一盒递给王伟，小声问他："你看看，你行吗？"王伟把使用说明正过来反过去地读了两遍，点头说："行吧，应该问题不大"……两人回到家里，拉拉有点不放心，又问王伟，"你到底行不行？"(李可《杜拉拉升职记》)

(319)"能拿第一次，就能拿第二次！各位，有没有信心？""有！"大家齐声回答。"我没听见，你们声音太小了，"学长又问一次："有没有信心？""有！"震耳欲聋的回答。"还是没力气。你们到底有没有信心？"(凯子《挪威森林记》)

(320)周政委说："老方，那个范英明到底行不行？不行就换人。"(柳建伟《突出重围》)

在(317)中，问话人 A 不确定对方的回答是否真实可靠，存有怀疑，故进一步细究和求证。但"到底"是表示疑惑的意义，不表示追问到底，A 的第二个问句含有的追问的意义是再次询问暗示的。在(318)中，拉拉买染发剂，请王伟给她染发。王伟已经对窄域问句做出了肯定回答。拉拉用"到底"重新提出这个问题，表示她的怀疑和担心，不确定王伟是否真的行。如果省去"到底"，就是重复同样的问题，问句的答案就不再具有不确定性，因为默认的窄域问句"你行吗"的问题在上文已经得到了回答；如果再次使用窄域问句，该问句此时的信息熵为 0。而宽域问句"你到底行不行？"暗示拉拉怀疑王伟的染发技术，要求他重新衡量和检视自己的真实水平后再做出合乎实际的回答。人们在担心时总是害怕遇到意外、反常的事件出现。这里考虑和检视的范围对应域的宽度。域越宽，意外事件(如王伟表现出不在行，不知道用药剂量，涂抹方法和保护措施不得当等)出现的先验概率越高，则否定答案出现的先验概率也越高。于是，"到底"改善了问句的肯定答案和否定答案之间概率的平衡性，增大了答案的不确定性和信息熵，宽域问句的信息熵大于 0，能把已有肯定答案的问句转换为答案不确定的、具有开放性的问句，增加问句的求信效用。因此，这里“到底”用于追加询问时既可提醒对方重新审视自己的水平，做出审慎的回答，给对方提供修改答案的机会，也可暗示问话人的怀疑和担心。在(319)中，当人们感到胆怯和信心不足时说话声音通常很小，回答有气无力，问话人在追加询问中用“到底”表示怀疑和不确定回答者是否真的有信心。“怀疑”“半信半疑”就是不确定和拿不定主意的主要表现。问话人为了激励士气、鼓舞信心，假装没听见他们的回答，故意让他们反复、大声地回答。问话人反复询问和核实本身就意味着他怀疑回答的可靠性，使用“到底”更加强了怀疑的语气。(320)中的讲话人不光是询问他的能力，而且表示对他的能力提出质疑，从目前他指挥的失误来看，讲话人对他的能力已经产生了怀疑，要求答话人做出认真、慎重的评价，突出慎重决策的重要性。如果周政委对范英明了如指掌，或者认为他的能力是毋庸置疑的，就不能使用“到底”。因此，扩域词用于问句暗示问话人的怀疑、担心和没有把握，问句的答案具有较大的不确定性。“到底”可以出现在动词“怀疑”和“担心”后面的宾语从句中，加强怀疑和不确定的语气。

(321)“你就真的这么讨厌我?”他不悦地皱眉。“是的。”她答得干脆。“我真怀疑你到底有没有喜欢过男人?”他也双手环在胸前与她对立。“没有。”她盯着他，面无表情。(芃羽《救爱任务》)

(322)他开始怀疑，自己这样干下去到底值不值。(BCC 科技文献)

(323)“我真怀疑你到底有没有交过女朋友?”(慕兰薰《逐爱的日子》)

(324)巴洛特，我真的怀疑你到底有没有长脑子！(BCC 微博)

(325)这个谎言会让她怀疑自己到底有没有一个好嗓子。(BCC)

(326)最初，他心里也打过鼓，担心自己到底行不行。(BCC)

3.8.1.2 质疑正确性

(327)逼孩子学习跟放任孩子，究竟哪种更残酷?(成长树 2016/5/19，雨霏)

(328)生吃番茄到底是否有利于身体健康，是否能够减肥、降血压、降血脂，一些健康专家对生吃番茄的减肥方法提出了质疑。(人民网 2016/5/11)

美国“虎妈”蔡美儿(Amy Chua)曾写有《虎妈战歌》[①]一书，她用她的两个女儿的成就说明每个家长都应该是驯兽师，若对孩子的学习不问不管，把孩子扔给老人或者保姆，让孩子在动画片和游戏中打发时间，他们将来会一事无成。此书引起西方人的激烈争议，不少人觉得虎妈的教育方法太残酷，剥夺了孩子的自由和快乐。(327)中的讲话人提出这个最有争议的问题，对人们的批评提出质疑，暗示放任孩子的家长比虎妈更残酷。(328)中的讲话人对生吃番茄有利于身体健康这一观点提出质疑。质疑某种观点是否正确，也是把确定的事情变成不确定的、需要重新思考和深入探讨的事情。此外，扩域词暗示讲话人的深度思考。

3.8.1.3 质疑真实性

(329)他的妻子生完孩子后，医生和他说是儿子。但是当孩子从产房里抱出来交给他时又变成了一个女婴。这个女婴到底是不是他的孩子？这中间到底发生了什么事呢？(新蓝网[微博]高佳晨 2016/7/10)

(330)我心里直犯疑：“这姚俊到底是不是个真的人？怎么那么蘑菇？”(张天翼《张天翼文集》)

(331)“昭君出塞”的真实原因到底是怎样的呢？(容得草堂 2014/11/19)

(332)她想到底有没有“黄泉九路”，问问出租车司机不就知道了吗？没想到的哥肯定地回答有这条马路……(蔡骏《地狱的第 19 层》)

(333)裁判再成争议焦点，中国到底有没有被黑？(腾讯网－里约议事厅 2016/8/11)

(334)你到底爱不爱我？爱我又为何伤我那么深？(BCC 微博)

(335)赵老：你到底干嘛来啦？快说，别麻烦！(老舍《龙须沟》)

在(329)中，实际情况和医生所说的不一致，不由得使他很怀疑这个女婴不是他的孩子。(330)中的问话人怀疑存在一个真实的叫姚俊的人。(331)中的问话人追问“真实原因”意味着怀疑或否定现有答案的真实性。根据《西京杂记》《乐府古题要解》《昭君出塞》《汉宫秋》等的记载，王昭君不肯贿赂画工，未得皇帝临幸。这一历史知识已成为定识。如果用“昭君出塞的原因是什么？”这个问题来考小学生尚可，但对于稍有历史知识的

---

①Chua, Amy. 2011. *Battle Hymn of the Tiger Mother*. The Penguin Press.

人,这个问句是无效的。然而,作者认为先前的解释不正确,欲细致考究历史记载,揭秘真实原因,于是把已有答案的问题变为答案不确定的问题。作者在下文中否定王昭君真的是受毛延寿的陷害才无奈出塞的,他以《汉书·匈奴传》《琴操》《后汉书·南匈奴传》的记载为据,指出王昭君是主动要求出塞的。在(332)中,"黄泉""九泉"都指阴间,人间的道路取阴间的名字是犯忌的,所以故事的主人公怀疑真的存在这条马路。拳击运动员吕斌一句"裁判偷走了我的梦想"再次引爆了关于里约奥运会部分项目裁判不公的热议。(333)中的作者认为这个问题需要深究,暗示他不太相信有些说法。在(334)中,如果深爱对方就不该伤害对方。由于问话人受到很大的伤害,以至于她怀疑对方表白的爱不是真爱。(335)中的问话人怀疑对方隐藏了真实的目的。

3.8.1.4 质疑合适性

扩域词用于反诘句时,表示讲话人不赞同某种观点、说法或行为,认为它们不合适或不合理。

(336)"你<u>到底</u>是来干嘛的?是来照顾我,还是来气死我?"海雅抡起拳头就往他胸膛上猛捶。(兰京《情牵贝勒》)

"到底"加强斥责的语气,问话人质疑对方行为的合适性,表示对方是来照顾她而不是来气死她的。

反诘句的答案不言自明,无须回答。问话人在发问之前就已经有了自己的主意,已经预期了一个答案,并预设听话人会默认隐性的答案。既然问话人不期待从答话人那里得到答案,那么反诘句就没有求信效用,扩域词如何能在反诘句中提高问句的信息熵?在回答这个问题之前,让我们对问句和回声问句的类型进行梳理。Radford(1988)把问句分为:

(a)回声和非回声问句;

(b)一般和特殊问句;

(c)直接和间接问句。

对回声问句的研究见 Quirk *et al* (1985),Ginzburg(2000),Carlson(1983),Banfield(1982),Noh(2000),Huddleston(1984),陈志安、文旭(2001),牛保义(2003),邵敬敏(1996),王志(1990)。根据回应内容来分,回声问句大致分为以下几种(Quirk,*et al* 1985):

1. 对某说法做出回应

这类回声问句由一个先导句和一个问句构成。问话人对上文或先前的说法进行回应或提出异议。这颇似回声否定(Noh 1998),两者都涉及元语言用法,反映了语言的元表征和归属性用法。

(337)听到没行驶证要扣车,女车主情绪很激动:“我又不是没有行驶证,你对我这么凶干嘛啊?”交警:“我哪里凶了?”(人民网 2016/5/31)

交警对女车主说他“凶”做出回应和进行反驳。

2. 对含义做出回应

(338)A:他在股市赚了大钱。

B:那他就不用再去打工了?

赚了大钱就意味着不用再去打工了。B是对A的含义做出回应。

3. 对行为做出回应

(339)你这样干值不值?

问话人对听话人的做法做出评论并暗示否定答案。

扩域词用于回声反诘句时,也可以表示对某种说法、含义、行为进行回应并提出质疑。质疑的原因可能是因为感到奇怪、吃惊或不满等,问话人欲进行反驳、讽刺或引起重新思考。

①对某说法做出回应和提出质疑

(340)据台湾媒体报道,鹿晗因持自由观光签证来台拍摄节目《我去上学啦》,遭检举疑似违规打工,掀起两岸粉丝关注。前F4成员刘乐妍也在脸书力挺鹿晗,认为鹿晗来台录的是大陆节目、领大陆酬劳,到底哪里是非法打工了?(人民网 2016/5/4)

(340)表示问话人对台湾媒体报道中的说法感到不解和提出质疑,表示问话人欲深究报道中说法的合适性,显示问话人欲较真的语气,同时借助语境表示反对的意见。

②对含义做出回应和提出质疑

(341)秦飞鹏没有生气,反而淡淡一笑:“反正你们也快死了,好好地再使劲叫一会儿吧。”“还不知道到底谁是可怜虫。”杨君山冷笑着。(豆豆猫《戏梦闯江湖》)

秦飞鹏的话传递的含义是:即将死亡的人是可怜虫,可以获得例外的同情和被给予较多的自由。杨君山的反诘就是针对这一含义做出的回应,他提出一个需要究问的问题,暗示对方才是真正的可怜虫。

③对行为做出回应和提出质疑

(342)整天看到这里打仗、那里袭击的,联合国到底是干嘛的?(BCC微博)

"这里打仗、那里袭击的"暗示联合国不作为,讲话人对联合国是否履行了维护世界和平的职责提出了质疑。

扩域词用于求信问句是为了增加问句的信息熵。在求信问句中,由于答案不确定、不明显,故需要寻找确定的答案。而在反问句中,问话人已经知道了问句的答案,明知故问。既然答案已经确定,那么为何问话人还要去寻找答案?扩域的动力何在?是否仍然可以用扩域增加问句答案的不确定性来解释?

诚然,不用扩域词也能在语境中表示反问,但用扩域词能使怀疑、不解、不认同的意味更加明显。扩域词表示讲话人欲较真的态度,表示讲话人对某种观点、说法、行为感到不可理解,所以扩域词在反问句中的效用仍然是增大问句的疑惑度。扩域增加问句的信息熵的说法仍然能够成立。

(343)而且我早就在网上看了他那些照片了,全部都是虚的,而且都是偷拍的大街上女人的腿,这到底是艺术还是炒作?我表示无法理解。(BCC微博)

根据(343)中的语境提示,这类偷拍不是艺术而是炒作。其中的"到底"加强了疑问和诘责的语气,表示讲话人很难理解他为何竟然把这么低俗的东西当作艺术。对比下例,可见附加扩域词的反问句比不带扩域词的反问句表达的疑问语气更强。

(344)阿紫问姐夫:"她有什么好?我哪里不及她?你老想着她,老是忘不了她。"(人民网2016/5/31)

(345)步高紧紧盯着小佳:"小佳,你不要打岔,回答我,我究竟哪点不如侯卫东?"(人民网2010/7/22)

在(344)中,阿紫对姐夫老想着她过世的姐姐而忽视她的行为提出质疑,暗示她没有哪里不如她的姐姐。(345)中的问话人想改变对方的看法，他自认为没有哪点比不上侯卫东，对方不应该舍弃他而选择侯卫东。“究竟”暗示问话人感到很困惑。问话人提出一个需要对方重新审视的问题，强调他对小佳的选择感到十分不解。(345)中的问句表达的疑问语气强于(344)中的问句表达的疑问语气。对比例(346)(347)中的(a)(b)句：

(346)a. 我哪里得罪了你？

b. 我到底哪里得罪了你？

(347)a. 你懂不懂礼貌？

b. 你究竟懂不懂礼貌？

(346a)和(346b)相比，虽然(346a)也暗含否定答案，但没有显示问话人感到不解的信息。而在(346b)中，因为讲话人自认为没有哪里得罪过听话人，所以他对听话人蓄意报复的行为感到不可理解，语句相当于表示“我真的不知道哪里得罪了你，请你指出来以解除我心中的困惑”。如果讲话人真的从没得罪过听话人，听话人就不该做对不起他的事情，扩域词加强了谴责的力度。而在(347a)中，讲话人只是暗示对方的行为是失礼的。在(347b)中，懂礼貌是做人的起码要求，照理，讲话人不应该对这个问题感到疑惑。附加扩域词的疑问句暗示这是一个疑惑度极高的问题。疑惑度越高，谴责的语气越强烈。如果不加扩域词就弱化了疑问和斥责的语气。可见，扩域词用于回声反诘句表示问话人对他方的观点、说法、做法提出质疑，表示问话人感到迷惘和困惑。

诚然，反诘句不是用来求取信息的，而是用来反对、反驳某种观点或纠正某种行为的，因此反诘句的语境效果表现为它与预设的语境假设相对立，它的价值在于它暗示的含义，听话人会根据语境的提示推导问话人的反诘意图。在 Sperber & Wilson(1986/1995)提出的关联论中，语境效果是衡量话语关联度的参数之一，与现有语境假设相对立并取消现有语境假设是话语产生语境效果的一种表现。反诘句诱导的含义对交际各方都可能有用。

(348)究竟是面子重要，还是保住这个江山重要？究竟是和敌人全部拼死好，还是保住我大清的一缕血脉好？(西方蜘蛛《血沃轩辕》)

(349)宋书书：“我们到现在还这么互相责问，到底有什么意义啊？”(电视剧《青云志》)

根据(348)中的语境而得出的含义是:保住江山远比维护面子重要,保住大清的一缕血脉也远比和敌人全部拼死好。预期的答案虽然对问话人无信息效益,但对听话人很有助益,能起到警醒的作用,可使他幡然醒悟。问话人用"究竟"提示对方需要多加思考后做出理智的决断,勿要鲁莽行事。(349)中的否定含义对交际中的各方都有用。他们停止互相责问就能尽快找到解决问题的方案,完成共同的任务。

扩域还能够增加问话人的博弈支付(即收益)。扩域词体现了问话人欲擒故纵的策略。问话人故意放纵对手拥有获取证据的有利条件。

(350)赛后,国家队很少将其招之麾下,总是称阿齐兹"有伤"。阿齐兹则在 7 月 1 日波斯文《新一天》报上反诘:"我到底哪里有伤?"(新华社 2001/7/20)

在(350)中,问话人阿齐兹质疑对方的说法。"到底"表示他感到很困惑,向对方索求答案,要求对方明确指出他伤在哪里。如果连当事人自己都不知道他哪里有伤,则不由得使人怀疑国家队是在编造谎言。

我们可以用博弈论中的风险与支付来解释问话人的优选策略。一方面,扩域似乎是最有利于对手的。域越宽,检视受伤部位的范围越广,受伤的证据出现的先验概率越高,反之亦然。只要对方说出在阿齐兹身上的任何一处有伤就足以证实其说法,扩域增加了肯定回答的概率。问话人故意降低对方能证明其说法的门槛,给对方提供最有利的获胜条件,同时问话人自己输掉比赛的风险也增大。另一方面,扩域实际上最有利于问话人。问话人料定对方无法提供一个证据,因为对方所说的是谎言。一个人自己身上哪里有伤他自己当然很清楚,于是问句暗示否定的答案。假如对方提供不了一个证据,就证明对方所说为子虚乌有之事,谎言就被戳穿。如果对方在宽域中都找不到证据,则在窄域中也找不到证据,于是扩域加强了反驳的力度。博弈中的风险与支付的关系可以用图 11 来表示。

在博弈论中,只有当高风险的行动能换取高收益时才值得人们去冒险。(Van Rooij & Sevenster 2006)从风险来看,对比图 11 中(2,1)和(0,2)这两组数字,括号内的前一数字代表问话人面临的风险,后一数字代表答话人面临的风险,问话人在宽域中面临的风险高于在窄域中面临的风

答话人		问话人	
		风 险	支 付
	窄域	0，2	1，0
	宽域	2，1	2，-1

图 11　扩域带来的风险与支付矩阵

险，而答话人在窄域中面临的风险比在宽域中面临的风险高，因此，扩域似乎对答话人有利，对问话人不利，问话人似乎不应该使用扩域手法。但从支付来看，对比图 11 中(2，－1)和(1，0)这两组数字，括号内的前一数字代表问话人获得的支付，后一数字代表答话人获得的支付，扩域带给问话人的支付更高，而带给答话人的支付更低，扩域是有利于问话人的。因此，扩域能以高风险换取高收益，扩域词能暗示问话人对否定回答的自信，宽域问句暗示的否定答案具有较强说服力，能加强否定的语气和谴责的力度。当然，采取欲擒故纵的策略是有条件的，问话人必须料定即使把域放到最宽，对方也无法找到一个反证，否则问话人就不敢去较劲。如果问话人欲采用较审慎和收敛的问法，使用不带扩域词的反诘句将是更佳的策略。

3.8.2　表示困惑

问句的熵也可用来衡量和决定哪一答案为真的决策难度。

(351)到底是谁给我写的这封匿名求爱信？

(351)中问句的答案有无限种可能性，“到底”表达了问话人获取真相的难度和困惑度，反映了问话人扩大搜索域，努力寻找问题的真正答案却又无法获得的心理状态。傅祖芸(2010:5)指出不确定性的大小可以直观地看成是事先猜测某随机事件是否发生的难易程度。信息论中的“信息熵”正可以用来衡量解答问题的难度，熵的增加意味着不确定性的增加，决策难度增大；熵的减少意味着信息的增加，决策难度降低。因此，决策难度和熵对应，两者成单调递增函数。问句的答案的概率分布越均衡，熵值越高，答案越难猜测，越需要彻查和深究。当问句的答案的偏向性被降低时，平衡性就增高，熵值和疑惑度也增高。使用扩域词就意味着问句的熵值很高，很难获得需要的答案。“到底”和“究竟”等用于问句时表示问句答案的不确定性很大，问话人绞尽脑汁也琢磨不出问句的答案，感到十分困惑。当问话人在窄域中得不到需要的答案时，就扩大搜寻域的范围，穷尽性地查寻问句的答案。如果问句的答案能够轻而易举地获得，则使用扩域词是不适当的，因为不需要深思和彻查就能获得答案。扩域就意味着问话人感到很困惑，很难获得需要的答案。引起讲话人感到困惑的原因主要有：

3.8.2.1 很难猜测

例(352)－(358)中的扩域词都暗示问句的答案很难猜测，问句的信息熵极大。

(352)假如你乍看他，你就猜不着他究竟多大年岁，你可以说他四十岁，或是四十五岁。(《孙犁文集》)

(353)有网友爆料，张小凡的心爱之人碧瑶死了，在自己痛苦之际又和最好的兄弟林惊羽反目，究竟发生了什么让张小凡瞬间失去爱人和友人。(台海网 2016/9/19)

(354)有位不明者给小凡留下了一张纸条，上面写着“碧瑶”二字，可以说是留下了很大的悬念，到底碧瑶是生是死呢？(台海网 2016/9/19)

(355)那么鬼先生真实身份究竟是谁呢？为什么会戴着面具？(趣历史 2016/9/13)

(356)法官追问十夫长：“孩子的亲生父亲到底是谁？”(张远山《通天塔》)

(357)志翔有些迷糊了，两家歌剧院，那么，志远到底在哪一家？他的脑子越来越混乱。(琼瑶《人在天涯》)

(358)周瑞家的道：“正是呢，姑娘到底有什么病根儿？也该趁早请个大夫认真医治医治……”(《红楼梦》第七回)

在(352)中，人们很难从面容判断他的年纪，答案的不确定性较高。在(353)中，作者故意给观众透露一点剧情，引起观众感到好奇，但观众很难猜测事件发生的原因和过程。在(354)中,作者用悬念引起观众的兴趣和关注,但又不告诉观众答案,故意让他们保持疑惑的认知状态,以便让他们猜测事件的结果和焦急地等待下集播出故事的结局。在(355)中,电视连续剧《青云志》中的鬼先生武功高强,谋略高深,始终戴着面具,显得很神秘,"究竟"表示很难猜测他的真实身份。在(356)中,问句答案的选项范围太广,"到底"在问句中表达法官很难找出男子的生父,期望十夫长提供答案。在(357)中,"迷糊"和"混乱"都表示问话人感到很困惑,虽然答案的选项只有两个,但对于志翔而言,志远出现在两家歌剧院的概率都是一样的,他很难猜准志远所在的地方,猜对和猜错的概率都是百分之五十。在(358)中,问话人是局外人,当然无法知道病因,"到底"显示她不知情和感到很着急。又如:

(359)他这表哥到底葫芦里卖的是什么药啊?(梦萝《猎夫A计划》)

(360)从行文技巧上看,作者运用了悬念法,围绕"那个神秘的声音到底是怎么回事"这一疑问,读者不由自主地随着文中的小主人公一起在寻找,直到谜底揭破。(BCC科技文献)

3.8.2.2 很难判断

扩域词可以反映问话人在很难做出判断时的疑惑、纠结、茫然等心理状态。

(361)今天早上有一位同学打电话给我,他说伯南克到底厉不厉害(凤凰财经 2015/8/10)

(362)邱莹莹一直纠结应勤到底喜不喜欢自己。应勤仿佛猜到了邱莹莹的心思,在此时发来了邀约短信。(人民网 2016/5/11)

(363)范修尧了解地击了他的胸膛一拳,"好家伙,真人面前不露相,老实招来,你到底有没有中意的女人?刚才那个小姐对你不错哦。"(唐瑄《钟爱保镖》)

在(361)中,问话人不了解前美国联邦储备局主席伯南克的情况,所以他无法判断别人对伯南克的评价是否符合实际,想从讲话人那里获得答案。在(362)中,主人公琢磨不透对方的心思,无法判断对方是否喜欢自己,感到很纠结。在(363)中,问话人不了解他的个人情况,无法判断他是否有爱恋的对象。

3.8.2.3 很难选择

(364)马知府喝道:"你那厮快招了妖人,更不打你!"李逵只得招做"妖人李二。"取一面大枷钉了,押下大牢里去。李逵来到死囚狱里,说道:"我是值日神将,如何枷了我?好歹教你这蓟州一城人都死!"那押牢节级、禁子都知罗真人道德清高,谁不钦服?都来问李逵:"你端的是什么人?"(《水浒传》第五十三回)

(365)拉拉开始变得非常苦恼,她很珍惜肚子里这个来之不易的孩子,但现在她的身体又无法保证她能安全孕育这个孩子,所以,她到底应不应该留下这个孩子呢?(人民网 2016/5/11)

(366)田宏昌看看这个冷淡而难堪的局面,但还是主动和父亲搭上了话:"大,搬迁已经开始了,咱家到底咋办?"(田岸《黄河滩》)

(367)房价涨疯了,那到底该不该买房?(微信公众号一金融第一教室 2016/10/2)

在(364)中,李逵一会儿招认自己是妖人李二,一会儿又宣称自己是跟随罗真人的伴当和值日神将。"端的"相当于"究竟",暗示问句的答案很难选择,狱卒无法确认李逵的真实身份。(365)中的"到底"凸显拉拉面临两难选择时的纠结状态。(366)(367)中的"到底"凸显人们难以选择行动时的无奈和焦急。

3.8.2.4 很难验证

当事情很难得到验证和证实时,问话人的疑惑度较高,这时有必要进一步追查和深究真正的答案。

(368)根据马来西亚方面公布的最新信息,MH370 航班的通信系统被人为关闭,并被人为改变了航向。那么,飞机上到底发生了什么呢?除了被劫持,是否有其他可能?法新社列出了五种可能性并进行了详尽分析。(华尔街见闻 2014/3/16)

(369)老头的父亲和几位工友在门外等着,觉得里面似乎有什么宝贝,也想跟进去瞧瞧,抢点东西回来,但是没过多久,大伙都惊慌失措地跑了出来。里面到底发生了什么可怕的事情,也无从稽考。(人民网 2016/7/20)

(370)……转基因的产品前面已经介绍了一些,它在食品里的比例已经越来越大,其安全性也是很有争论的,为什么很有争论呢?这个转基因产品

对人到底有没有危害？（邱月明 2003 百家讲坛——关注食品安全）

（371）火星上到底有没有生命？（《现代汉语词典》）

（372）他不由自主地对那白云问道："灵魂到底有没有呢？"白云却无言地飘了过去，月亮重又露出脸来。（戴厚英《脑裂》）

（373）极乐世界到底有没有呢？（腾讯佛学 2016/11/10）

在（368）中，因为 MH370 离奇失踪的原因众说纷纭，使人真假难辨，迷雾重重，莫衷一是，至今尚无定论，也无法得到验证。人们猜测它失事的原因主要包括：恐怖袭击；飞行员参与劫持；飞行员自杀；飞机着陆并被藏了起来；暗藏阴谋，真相被隐瞒了。句中的"到底"表示讲话人无法验证答案时的困惑。在（369）中，由于无从稽考里面发生的可怕事情，所以问话人的疑惑度很高。在（370）中，由于很难验证转基因产品的危害性，问话人很难获得确定的答案。在（371）中，存在火星人只是一种猜测和传说，人们至今没有找到火星人存在的证据。例（372）中的灵魂、（例 373）中的极乐世界也是很难验证的，答案的未知度和不确定度也很高。

3.8.2.5　很难预料

扩域词在问句中可以表示因下文或即将发生的事情难以预料，事件的结局和答案的不确定性很高。

（374）你事业的上限究竟在哪里？（智谷趋势 2016/7/23）

（375）这部剧也即将收官了，网友们对剧中乔菲和程家阳之间纠葛的感情表示很虐心，两人究竟能否修成正果、携手终生呢？（人民网 2016/6/17）

（376）"其实，我倒不担心你会受欺凌，我担心的是你嫁给嵇泽飞到底会不会幸福。"刘氏语重心长地说。（芃羽《丑闻新娘》）

（377）她不知道自己和小贝到底有没有未来，不知道自己这么豁出去地爱，到底是对还是错。（人民网 2016/6/6）

（378）新诞生的网络传媒巨人到底将会给我们带来什么？这是一个值得深思的问题。（《文汇报》2000/6/26）

以上例句中的扩域词都表示问句的答案很难确定。未来是个谜，充满了变数和不确定性。结局越不容易确定的事件越容易引起人们的悬念和种种猜想。（374）中的问话人就是利用了人们对未来信息的好奇和渴求心理，用熵值较高的问句引起读者的阅读兴趣。在(375)中,观众无法预知电视剧中故事的结局。(376)中的讲话人因无法预料听话人的婚姻是否会幸福而感到担忧。(377)中的主人公对他们的爱情的结局无法把握。在(378)中,专家们在思考一个关于未来的不确定性很高的问题。

3.8.2.6 很难解决

(379)从中国画史上看,从“四王”这条线下来,中国画似乎已经无路可走了,到底怎么画?(人民网 2016/5/19)

(380)很多人对于手游改编成电影一直非常好奇,到底怎么改?能否让熟悉游戏的粉丝满意?(人民网 2016/5/13)

(381)社区建成了,到底怎么管?街道办事处也在动脑筋。(人民网 2016/4/4)

扩域词在以上问句中都表示人们很难找到问题的解决办法,问句的答案很难确定,同时也表示问话人在深思和深究最佳解决方案。

3.8.2.7 很难理解

(382)很多人看中医,都会被给出“湿重”的诊断,特别是夏季。“湿重”是中医特有的概念,到底是什么意思呢?(《羊城晚报》2016/7/9)

(383)事实上,从 11 月起,在中央高层的讲话中,“供给侧改革”就成了一个高频词。那么,这一经济学术语到底是什么意思?(人民网 2015/12/9)

(384)那么,到底是谁摧毁了这支强大的军事力量?(微信公众号/神秘档案 2016/9/14)

(385)山西 139 名领导干部被“刷下”,他们到底干了啥?(《新京报》2016/6/1)

(386)他语调平常却处处针砭时弊,很多事例引人深思,现场 300 多名听众听得鸦雀无声。袁教授到底讲了些什么?(读我 2016/5/13)

(387)最后,人家坚持留了灯,她还是你的心动女生,你却又说别耽误人家,想放弃选择。我很怀疑,你来《非诚勿扰》到底是做什么的,难道就为了展现你的厨艺?你到底是什么意思?太没诚意了,我非常愤怒!(人民网 2015/12/19)

(388)我散漫的态度让叶青走也不是,不走也不是。她几次哭着对我

说:"安卫,你到底是什么意思? 你不爱我就直接说吧。"(人民网 2006/8/5)

(389)最近微博上大家都在说"友谊的小船说翻就翻"。到底是什么意思?(人民网 2016/4/14)

专有概念和术语很难理解。在(382)中,人们对中医上使用的比喻性概念很难理解,不明白为何在炎热的夏季会被诊断出"湿重"。人们对(383)中的经济学术语也感到很难理解。令人惊讶的事件也令人费解,在(384)中,强大的军事力量本是不易被摧毁的,事件的发生出人意料,引起人们追问什么敌手具有如此强大的力量。在(385)中,这么多干部被免职,标题自然引起读者的震惊,激发他们阅读正文的兴趣,以找到原因,解除心中的疑惑。(386)中的演讲效果令人震撼和惊奇,问话人引导读者追踪演讲的内容。在(387)中,既然找到了心动的女生,就不该放弃,听话人互相矛盾的怪异行为令讲话人很费解和愤怒。在(388)中,安卫不表态,令叶青难以判断他的意图。(389)中的问话人不能领会流行语的意思。

3.8.2.8 很难辨别

(390)现在骗子们通过勤奋学习成为专家,许多专家经不住诱惑开始行骗。到底是骗子还是专家太难区分。(凤凰东方文化——骗子 PK 专家 2016/8/28)

(391)从颜色上观察,两种肉块已经看不出太大的区别。随后,记者拿给一位厨师看,他也无法辨别到底哪块是真哪块是假。(人民网 2011/4/17)

(392)钟汉良的老婆是谁? 他到底有没有结婚? 日前,这个无数钟汉良粉丝关心的问题终于水落石出。(人民网 2016/1/19)

在(390)中,骗子和专家互相演变,两者存在交集,令人难以区分。在(391)中,牛肉精膏调料能让猪肉变成牛肉,记者和消费者很难分辨真假。在(392)中,谣传令粉丝们难以核实和判断消息的真假。

3.8.2.9 很难获知

(393)多尔衮与孝庄皇太后到底是什么关系?(中国网 2007/5/30)

(394)独家探访:奥巴马在越南河内究竟吃了啥?(《全球锋报》独家探访 2016/5/28)

(395)小伙子不停地问:"北京一定很漂亮吧?""长城到底有多长 ?"(民航资源中国网 2002/4/15)

(396)在仲裁案结果出炉前,为何蔡英文不表明立场、一直支支吾吾?直到今天出现不利的结果,在舆论压力下,才做出比较明确的回应。她心中到底有何打算?是否预想落空?只有蔡英文自己才知道。(国道 2016/7/13)

(397)更令人不解的是,究竟是谁让拆迁队拆除文物建筑的?(人民网 2016/8/29)

在(393)中,作者欲告诉读者更多的详情,预示将有更多爆料,而不是仅限于电视剧和小说中多尔衮与孝庄皇太后之间的青梅竹马关系。作者和读者的信息不对称,作者掌握更多的详情和准确的信息,而读者对事件了解不多。作者以提问的方式引起读者追踪问题的答案,并预设读者很难获得这方面的信息。在(394)中,读者没有亲临现场,只能从记者的报道中获取信息,问句预设读者根本想不到奥巴马在越南河内吃的是河粉。在(395)中,外国人一般只能从"万里长城"的名称和见闻中知道长城很长,但很难获知长城的准确长度。在(396)中,个人内心复杂的世界外人很难得知,蔡英文不表明立场,她心中的打算外人无从知晓。在(397)中,讲话人用"究竟"表示不易发现背后的推手。

3.8.2.10　很难定义

(398)到今天都没搞明白,国学到底是个什么东西?因为没法给国学一个确切的定义,所以阿猫阿狗都可以给自己戴个国学大师的帽子。(《中国社会科学》2016/4/1)

"国学到底是个什么东西"表示问话人不知道国学的确切定义。正因为很难给国学下一个确切的定义,许多学术骗子打着国学的招牌,冒充国学大师,兴起复古思潮,博取名利。

综上所述,扩域词表示问话人感到很困惑,无法做出决定和判断,或者表示听话人不容易找到问题的答案。总之,扩域词能增加问句答案的不确定性,改善问句潜在答案之间的概率均衡性,增大问句的信息熵。

3.8.3　显示怀疑和困惑

有时带扩域词的问句兼表示怀疑和困惑。

(399)他对她的冷漠充耳不闻,随手替她盖上被子。"你的目的到底是什么?"在他打开房门准备出门前,她终于开口。(任易虹《相爱总恨晚》)

(400)"11年里,你到底教了你女儿什么?"面对记者的追问,李铁军冷静地说道:"教什么? 她现在的研究是对人类的最大贡献,历史上没有哪个科学家的贡献会超过李婧磁。"(《北京晨报》2016/8/23)

在(399)中,问话人一方面怀疑他另有目的,另一方面也因不知道他的真实目的而感到纳闷。在(400)中,父亲不让女儿上学,自己亲自来教,他的女儿二十岁了竟然做不完初中试卷。记者在问话中使用"到底"显示他不相信做父亲的教了许多知识,同时也表示不知道这么长的时间他教了些什么。

3.9　扩域词的辅助语

有时上下文语境能暗示认知者的疑惑度较高,例如,"感到奇怪""好奇""惊讶""困惑""搞不懂""不知""迷糊""不清楚""怀疑""发出质疑"等词语都能辅助扩域词和问句表达未知和疑惑的意义,衬托问话人的疑惑语气。这也证明扩域词的功能是加强疑惑语气。

3.9.1　表示疑惑

(401)孟真尴尬地收回举在半空的手,有些疑惑自己到底是怎么回事。(黑洁明《我爱你,最重要》)

(402)程先生说,判决书涉及当事双方的利益,作为法律文书,应该非常严谨。拿到这份判决书后,他一直在疑惑:"这样的判决书到底还有没有法律效力?"(人民网 2015/12/31)

(403)记者:“入世”意味着机遇与挑战并存,其实很多企业也意识到了这一点,但在实际操作上还是存在不少困惑,主要的问题就是到底应该做些什么?这个市场的前景到底怎么样?(BCC科技文献)

(404)10多年的技术攻关、高额的投入,一度让人怀疑煤制油到底行不行……(人民网2015/11/25)

(405)她没想到他这么一个大男人,竟然会被她蹩脚的驾驶技术吓得一愣一愣。“你到底会不会开车?”面对着她,夏子康一脸严肃地问。林竹宸的笑容隐去,最后她硬着头皮点头。“你确定?”夏子康一脸的怀疑……(子纹《天真绝配》)

(406)季曼曼用力盯着星罗光裸的右肩,在那儿,有一枚银白星形印子。这死人,居然不肯招认,害她有时会怀疑他到底是不是“星”。(席绢《倾星》)

(407)他在致英国路透社的邮件中说:“他们的焦点显然是把我描绘成罪犯,而不是关爱与尊重野生动物权宜的人,我不得不怀疑他们攻击我的真正目的到底是什么。(人民网2015/9/24)

(408)吴邪在懵懂时也曾怀疑过自己到底是谁。(人民网2016/7/12)

(409)颜佳声沉下脸,听这家伙的口气,让他不由得质疑:“佳昕,你到底在干什么,跟他还藕断丝连?”(夏娃《再落凡尘》)

3.9.2 表示深思

(410)痛定思痛,我开始反思自己究竟哪点做得不好,所以上天给我开个如此大的玩笑,设个如此严峻的考验。(人民网2013/5/27)

(411)霍亚说:“我一直这么想,为什么这家伙能有上千万美元的身价?他究竟哪点有价值?”(人民网2006/11/8)

(412)乔菲决定回家去看看妈妈,好好地静一静,想想自己究竟该何去何从。她留条给吴嘉怡让她不要告诉任何人自己的去向。(人民网2016/6/17)

(413)他仿佛已经陷入沉思,想知道到底将会发生什么事。(《世界科幻小说精选》(一))

(414)在这些五花八门的内容里,《星闻天下》中一条关于汪峰先生的星座解读让大家不禁开始思考,到底还有什么内容是不能用星座来说的。(人民网 2016/1/9)

3.9.3　表示未定

(415)在这个充满灰色的世界,有时真的不确定到底有没有纯粹的好人或者坏人……是美是恶,都仅在一念之间。(BCC 微博)

(416)因为不确定到底能否出战里约奥运会,王蔷最近的比赛计划完全被打乱了。(人民网 2016/7/8)

(417)事实上,邓文迪和默多克签署过婚前协议书,不到最后,我们谁也说不准到底她可以获得多少。(人民网 2013/6/19)

(418)而对于产生质量问题的原因,王经理认为原因很多,他们也不敢肯定到底是什么原因。(人民网 2014/10/16)

(419)美军主要作战力量齐聚亚太,特别是声称将 60%以上的海上作战力量移至亚太,注定要把这潭水搅浑,究竟能不能唬住相关国家,还很难说。(人民网 2016/6/17)

3.9.4　表示未知

(420)袭人道:“昨夜听着你翻腾到五更多,我也不敢问你。后来我就睡着了,不知到底你睡着了没有?”(曹雪芹《红楼梦》)

(421)一直在追剧的观众们到现在还不是很清楚剧中的麻雀到底是谁。(人民网 2016/10/15)

(422)尹某称,交钱的时候心里还是很忐忑,不知究竟能不能办下来。(人民网 2016/6/17)

(423)未来,到底还有多少当初自己轻易许诺而埋下的“地雷”,安倍政权恐怕也很难搞清楚。(人民网 2016/3/18)

(424)对于到底还有没有晚婚假,有几天结婚假,他们一头雾水,不知道应该怎么安排行程。(人民网 2015/12/29)

(425)在众多经济数据中，M0、M1、M2、M3 是非常重要的一组数据，但是大多人都不太懂，它们到底是什么意思？这些数据对房地产和股市又意味着什么？（腾讯财经 2016/6/17）

(426)你究竟有几个好妹妹？为何每个妹妹都那么憔悴？你究竟有几个好妹妹？我的哥哥你心里头爱的是谁？猜不透摸不着。（歌曲《你究竟有几个好妹妹》）

(427)到了节目的后期，由于俩人之间的粉色桥段实在太多，弄得观众都分不清究竟是节目效果太成功还是俩人真的在一起了。（人民网 2016/6/17）

还可以在表示未知意义的词语前面加上程度副词，如"真""真的""实在""特别"等词强调感到非常困惑和不解。

(428)"最近有人说房地产的拐点已经到来，但我去年 10 月看中的楼盘却还在涨，真不知道究竟该不该买房。"北京某文化公司的周先生告诉《市场报》记者，他本来就犹豫，眼下则更加举棋不定。（人民网 2008/1/14）

(429)这几个星期来有跟其他女的讲过话的一只手数得过来，我不懂，我真的不懂你到底怎么想的……（BCC 微博）

(430)坐起身来，童冀澄不能理解地发出质疑，"真搞不懂你小哥到底有什么魅力，既可以在你妈面前嚣张，也可以赢得你爸的看重？"（艾佟《无赖戏红妆》）

(431)他讲述奥斯维辛的故事，用第一人称叙述者的观点——一个少年人的观点，那少年十四岁，他真的不知道到底在发生什么事。（《文汇报》2002/10/31）

(432)但我真的不知道她到底出了什么事情，我是背对着她，没有听到任何呼救。（东莞新闻网 2016/6/25）

(433)真不知道到底是两家三甲医院都检查错了？还是西安新城圣亚医院的检查出了问题？亦或者说，从一开始男性患者小飘就遭遇被检查的尴尬了呢？（澎湃新闻 2016/6/18）

(434)何小河这下可真的有点迷糊了。"到底是什么事呀？妹子，"何小河只好委委婉婉地问，"不妨告诉我，让我这做姊姊的跟你拿主意。"（温瑞安《朝天一棍》）

(435)他想不通,为什么好端端的友情会因夏筱筑一个人而产生这么大的变化?他真的不知道到底是怎么了。(水妹《深情心情痴情谁懂?》)

(436)志华索性伸出手,将韵庭手中的《财讯日报》给抽开,这种报纸他连看都不看一眼,实在不懂她到底拿这种财经报道做什么?(子纹《梦中情人》)

(437)"他们来来回回踢皮球,我实在不知道到底该找谁了。"胡电杰说。(人民网 2013/3/27)

(438)当时我都懵了,实在不知道到底发生了什么事。(人民网 2015/8/2)

(439)现在大家都比较疑惑,特别想知道到底是那些专家猜题成功,还是考题泄露。(人民网 2016/4/25)

然而,"知道""明白"等表示知晓意义的认知心理动词和表真意义的动词(如"证明了"和"说出")都不表示疑惑,为何它们可以允准宾语从句中的扩域词?这是因为宾语从句中的间接问句表示问题的答案。人们已经获得、证明、提供了难以知道的答案,疑惑已得到解答,如在下例(440)中,一般的国家容易被美国表面的仗义执言所迷惑,不易识破它的伪善和狡诈,也就很难明白它的仗义执言实际上有多好。

(440)……在某些越南高层心里,他们知道美国的"为所欲为"与"仗义执言"究竟有多好……(凤凰新闻 2016/6/18)

(441)中国更多官员知道了到底应该干什么,将经费更多地用在老百姓身上。(人民网 2013/10/20)

(442)众人终于知道到底发生什么事情了。(东莞新闻网 2016/6/25)

(443)宁静也很好地证明了,从电影演员到电视剧演员的落差到底有多大。(人民网 2016/7/12)

(444)陆远逼迫江浩坤说出自己究竟跟几个女人有染,究竟有没有做对不起甘敬的事情。(人民网 2016/6/17)

在表达未然事件时,表示预期将会知道很难获得的答案。

(445)这位叫 Emma Lovell 的女子成功减肥,减掉了 280 斤,但减肥后的生活让她生不如死,当你看完她的减肥历程就知道到底有多痛苦。(人民网 2016/6/15)

(446)他强调,此举为的是让外界知道到底谁在说谎。(人民网 2016/4/26)

3.9.5 表示神秘

(447)这名神秘的生存达人究竟是谁?(人民网 2016/6/17)

(448)这艘充满神秘与悬念的魔轮究竟隐藏着什么样的秘密,不禁让人满腹狐疑。(人民网 2016/6/16)

(449)珍妃究竟是怎样"落井"的,这是清宫的一大谜案。(人民网 2016/6/17)

3.9.6 表示奇怪

(450)但他又奇怪,乔菲家里到底有多大的经济负担,需要她这么拼了命地到处去打工?(人民网 2016/6/8)

(451)上午就发现小画左手无名指的指甲上粘了些东西,还在奇怪到底是什么。(BCC 微博)

3.9.7 表示真的

有时"真的""真"和"到底""究竟"连用,联合表达人们的怀疑。

(452)胡铁花怔住了,瞪着他,似乎想看看这人究竟是不是真的瞎子。(古龙《蝙蝠侠》)

(453)她问我:"文思说他到欧洲后就同你失去联络,究竟是不是真的?"(亦舒《开到荼蘼》)

(454)然而祖、刘成名不久,谢伯便已神秘失踪,谁也不知他们联手,究竟是不是真能胜过神一般的谢伯神剑。(周显《五胡战史》)

(455)"醒醒啦!你今天一定要跟我说清楚,那件事到底是不是真的?"(袁圆《危险甜心》)

3.9.8 表示愤怒

疑惑度高可导致愤怒，讲话人因为想不明白某些奇怪的事情而心生烦躁和感到愤怒，于是用脏话、粗话发泄心中的不满和愤怒。困惑、愤怒、发泄在语境中具有因果联系，表达愤怒的词语能借代和暗示讲话人的疑惑。

(456)这程序竟然价值二十亿，这到底是什么鬼东西？竟然会有人肯出二十亿来买这样的一个程序！（丁千柔《网络女精灵》）

(457)"我也该死地奇怪自己到底喜欢上你哪一点！（碧洛《铁幕诱惑》）

Huang *et al*(2009:238)指出有时可把"到底"翻译成英文的 truly(真的)，actually(实际上)，有时可把它翻译成 what the hell(见鬼，该死)，what the dickens(见鬼)，但他们没有说明理由。The hell 的意思是地狱，dickens 的意思是魔鬼。

(458)*What the hell* are you trying to say?（同上）

你到底想说什么呢？（同上）

显然(458)中的 what the hell 既表示讲话人不知道对方真的想说什么，也表示恼怒，愤怒的语气是疑惑义和语境信息相结合而产生的含义。在英语中，what the hell 和 what the dickens 等可以表示问话人感到恼怒、不耐烦、吃惊、不解等，例(459)—(461)都可以表示讲话人感到不解和愤怒。

(459)*Who the hell* are you?（《新牛津英汉双解大词典》）

你到底是谁？（同上）

(460)*What the dickens* is going on?（同上）

到底发生了什么事？（同上）

此外，*In the name of common sense*(以常识的名义)也可以用来表示愤慨，(461)暗示无法根据常识推测对方在干什么。

(461)*In the name of common sense*, what are you doing?

你究竟在干什么？

3.9.9 表示微量

微量词语可以同扩域词在求信问句和反问句中连用，辅助扩域词增加问句的信息熵和表达讲话人的不解。

微量词语用于求信问句，表示问话人的疑惑和对肯定回答的期待。

(462)“你为什么这个表情？你有没有……你对我到底，到底有没有一点点感觉……我能不能再继续下去……”这还是程步云生平第一次对女孩子说话的时候结巴，他才一说完，随即又急急地道，“不要告诉我没有，我不相信，我不相信你会连一点点都没有动心，除非你不是人……”（安婕《遇见百分百冤家》）

(462)表示问话人想知道她是否对他有一丁点儿好感。问话人为何不使用较高量值的词语？这是因为问话人已经知晓含有较高量值的问句的答案是否定的。当问话人表示想求取关于微量部分的答案时，就意味着含有其他梯级量值的问句的答案是否定的。因此，微量词语在问句中配合扩域词起到增加问句答案的不确定性的作用。然而，我们尚需解释为何含有微量值的问句的答案是未知的，而含有其他梯级量值的问句的答案是否定的。听话人为何会有这一语感？这里，需要引入等级含义(scalar implicature)理论(Horn 1989，Levinson 2000)。Krifka(2003)提出了“根据目的引入选项的原则”(the principle of motivated introduction of alternatives，MIA)。根据Hamblin(1973)和Rooth(1985)提出的选项语义学(alternative semantics)，如果一个命题(或断言)[… α …]引入了一套选项命题(或断言)集A:[… α′ …]，α′∈A，那么讲话人必有理由这么做，且有理由不使用其他选项命题。典型的例子是焦点引入背景中的其他选项。

(463)是小王做了手术。

(463)用于回答谁做了手术的问题。“小王”是焦点信息，它能激活其他选项命题：是小李做了手术，是小张做了手术……讲话人不用其他选项命题是因为它们都为假。同样，等级含义的推导也体现了激活选项的动因。

(464)他招收了三名研究生。

其他选项命题构成量级：

他招收了一名研究生

他招收了两名研究生

他招收了三名研究生

……

以上选项构成逻辑蕴含关系：

他招收了四名研究生→他招收了三名研究生→他招收了两名研究生→他招收了一名研究生

讲话人明白他可以根据情况选择量级中信息度较强或较弱的陈述。他没有使用其他选项命题是因为他必须遵守合作原则中的足量准则和适量准则。Grice(1975:307—308)提出的合作原则中的量准则规定:所提供的信息是交际所需的,且不多也不少。它包含两条次则：

(a)所提供的话语应包含交际的目的所需要的信息；

(b)所提供的话语不应超出所需要的信息。

一般把(a)次则称为足量准则,把(b)次则称为适量准则。两条次则合起来是:既要说足,但又不得说过头。讲话人没有选择信息度较低的表达式是因为它们不是说服力最强的表达式,讲话人需遵守合作原则中的足量准则;讲话人没有选择信息度较高的表达式是因为讲话人没有掌握使它们为真的足够证据,讲话人需遵守合作原则中的适量准则和真质准则。

Horn(1984)根据足量准则提出用于推导等级含义的启发式推理策略:讲话人表达弱项就意味着否定强项。设定讲话人遵守足量准则,如果他掌握了较多的信息,就会使用信息度较高的表达式;如果他激活了信息度较高的其他选项但又没有使用这些选项,则说明他已经传递了他所掌握的最大的信息量,暗示他认为信息度较高的选项命题不成立。因此,(464)传递的等级含义是他没有招收四名、五名、六名研究生等。

Krifka(2003)用等级含义论来分析问句理解中的启发式推理,他指出:如果一个问句 $Q[\cdots \alpha \cdots]$引入选项问句集,$Q[\cdots \alpha' \cdots]$,$\alpha' \in A$,则讲话人必有理由引入选项问句,他暗示这些选项问句也潜在相关,在当前讨论的范围内，且有理由不使用选项问句。含有微量词语的问句同样也引入含有其他梯级值的选项问句，微量词起到增加问句答案的不确定度的作用。在例(462)中，男方问女方对他到底有没有一点感觉，问句激活其他选项问句：

……

你对我到底有没有一些感觉？

你对我到底有没有较多的感觉？

……

问话人用微量词语会激活其他选项问句，暗示他能够意识到可以问熵值较高或较低的问句。根据足量准则，问较大量或常规量是优选的，同时要使问话成为必需的、有效的，则不得问一个已有答案的问题。van Rooy(2003)指出，人们一般不会在乎和询问微量，除非大于微量的选项问句的答案是否定的情况下才能询问关于微量的问题，所以询问关于微量的问题就意味着大于微量的选项问句的答案都是否定的。Borkin(1971)指出，在求信问句中，如果问话人没有使用含有较高量值的选项问句，则暗示这些选项问句的答案已经被知晓，且都是否定的。因此，(462)中的问句暗含她对他已无太多或较多的好感，问话人只是对微量值尚存一丝期望，为了使问句具有求信效用，就只能问她是否对他有一点好感。于是微量词语配合扩域词提升问句的求信效用，起到降低问句答案的概率偏向，增加问句答案的概率均衡性的作用。设 x 表示高于微量的量值，P_1 代表女方对男方有高于微量的好感的概率，P_2 表示女方对男方有一点好感的概率，E_1 表示含有高于微量值的问句的信息熵，E_2 表示含有微量值的问句的信息熵，¬代表否定算子。一个问句的熵是它所有答案的平均信息量，于是有以下推导：

P_1(她对他有 x 量的好感)→0

P_2(她对他有一点好感)>0

E_1({她对他有 x 量的好感，¬她对他有 x 量的好感})→0

E_2({她对他有一点好感，¬她对他有一点好感})>0

追问微量能扩大问句的信息熵。其他选项问句只能用否定来回答，而含有微量值的问句可以用肯定来回答。问话人使用微量词，把肯定回答的门槛降到最低，让对方最容易用肯定来回答，暗示他非常渴望对方能给予肯定回答。又如：

(465)她盯着他："你到底有没有一点喜欢我？有没有一点'爱我'？(琼瑶《苍天有泪》)

(466)"告诉我，雪儿，在你心中，我是不是占有一席之地？你到底有没有一点点喜欢我？你爱我吗？"裴振亚轻抚着她如云的发丝，柔声地问。(甲后《灰姑娘奇缘》)

(467)"我要你告诉我，你到底有没有一点爱我？"家璐任性地摇晃着他。(紫琳《咕噜月亮》)

微量词语用于反问句，表示问话人的怀疑和不确定的语气。

(468)"你这女人到底有没有一点羞耻心啊？竟然跟天蔚在沙滩上滚来滚去，真不要脸！"(于澄心《另类情妇》)

(469)"你这个人全身上下到底有没有一个半个谦虚的细胞？""在你面前恐怕没有。"他有些调皮地说。(沈亚《风神的女儿》)

(470)亏他还是堂堂的一国王子，他到底有没有一点脑筋？有没有一点身份上的自觉？都已经自顾不暇了，还有闲空去捉小偷？(董妮《危情狂恋》)

(471)我说来说去，你们到底有没有一丁点"平等之心"？为什么一天到晚拿自己的伤痛来说事，他人的伤痛呢？(BCC 微博)

以上例句是反问句。微量词语用于求信问句和反问句的区别是：

1. 当量值在命题所叙事件中无法与先验概率进行映射(对应)时，则理解为求信问句。在例(462)中，女方对他的爱有多深是特定的语境暗示的，无法通过先验概率给微量值分配概率。而在反问句中，拥有微量值是最基本的要求，命题为真的概率极大，如在(468)－(471)中，有一点羞耻感、一点谦虚、一点理性和一点平等之心是做人最起码的要求，是默认的，是无须求问的。

2. 带微量词的反问句暗含问句的答案是否定的，肯定答案是荒诞的、不可能的。而带微量词的求信问句表示未知，不表示怀疑、质疑或否定，肯定答案是可能甚至是期待的，不产生怪诞意味。

3. 反问句无须回答，能唤起否定含义，而求信问句需要回答，无否定含义。

反问句用于提出质疑和表示异议。扩域词在反问句中表达怀疑的语气。微量词语在反问句中辅助扩域词表达怀疑语气并强化否定的力度。Fauconnier(1980)指出,如果问话人怀疑微量值,则会更加怀疑其他梯级量值。在(468)中,根据整体包含部分的原理,她有任何一些羞耻感都包含她有一点羞耻感。人都会有一点羞耻感,这是最基本的、毋庸置疑的,问话人连这个最基本的都怀疑,则暗示也怀疑她没有较多的羞耻感。暗含的否定回答能传递梯级含义:否定微量则否定同一梯级中的所有量值。如果她连一点羞耻感都没有,则任何羞耻感她都没有。为何问话人问了概率极大的事情就暗示否定含义?一方面,这是听话人对讲话人在博弈中以高风险获取高收益的意图的领会而得到的启示。问含有极小量的问题时,肯定答案出现的先验概率极大。问话人敢用大概率事件来挑战,说明他对否定答案的自信,他根本不畏惧给对方提供进行肯定回答的机会,故意放纵对方,尽量降低肯定回答的门槛。如果在这种情况下对方仍无法用肯定来作答,在辩论中败北,则用较大量来问时对方也无法用肯定来作答。问话人欲以极具风险的问句引导否定答案,获得最大的博弈支付,即否定回答引入的梯级含义:没有一点羞耻心→没有任何羞耻心。在否定的辖域内,当量值与事件的先验概率构成单调递减的函数关系时,量值越小,事件为真的先验概率越大,否定微量就等于否定先验概率极大的事件。根据基于概率的梯级推理,如果否定先验概率极大的事件,则也否定同一语用梯级中其他概率的类似事件。于是,否定微量就能加强否定的力度,就能获得说服力极强的证据。另一方面,肯定回答对于答话人无意义,有一点羞耻感传递的等级含义是只有一点羞耻感,没有更多的羞耻感。有一点羞耻感、一点谦虚、一点理性和一点平等之心在表现人的道德、礼貌、理智和博爱时的说服力很弱。当然,正如Israel(2011:184)所指出的那样,答话人有时为了制造幽默、怪诞的效果,可以用肯定来应答。

(472)甲:我不知道他到底捐一个子儿没有。

乙:也许捐了一个、两个或更多的子儿。

答话人如想制造搞笑效果则可以用肯定来作答。当然,答话人也可以进行反驳,如在例(469)中,答话人还可以这样来反驳:“我咋没有一个半个谦虚的细胞？只是在你面前恐怕没有。”

微量词语在求信问句和反问句中都可以辅助扩域词强调问话人的疑惑程度。

3.9.10　表示预设

(473)胡歌和袁弘到底有多铁，两人的基情岁月是从什么时候开始的？扒一扒胡歌和袁弘，原来基友比情人更死心塌地。(人民网 2016/6/8)

(474)收放自如的肚子？深扒高圆圆到底怀没怀孕。(腾讯娱乐>娱乐挖掘机 2016/1/3)

(475)深度扒一扒，华为究竟是一家什么样的公司？(腾讯科技 2016/4/29)

“扒一扒”表示追查，“深扒”和“深度扒一扒”表示追查的力度，它们都预设认知者对事件缺乏了解或不确定消息的真实性。

3.9.11　寓示含义

(476)我带她走出那个房间的时候，她一脸茫然，似乎还不知道到底发生了什么事呢！”(游川和彦《白昼之月》)

(477)家长们越来越焦虑，最好的教育方式究竟是怎样的？(人民网 2016/6/17)

(478)范修尧了解地击了他的胸膛一拳，“好家伙，真人面前不露相，老实招来，你到底有没有中意的女人？刚才那个小姐对你不错哦。”(唐瑄《钟爱保镖》)

(479)她有一次写信问我：你到底爱不爱我？4 年来你从没拥抱过我，也没吻过我。(李银河《同性恋亚文化》)

(480)倒是你这个家伙，老是让她哭、让她伤心！我实在怀疑你到底爱不爱她？(舒海柔《今生的新娘》)

(481)女又问：“你在学校是不是有别的女人？”

男：“是啊！当然啦！”

女:“你竟然这样对我,你到底有没有爱过我?”(BCC 微博)

可以通过含义暗示认知者缺乏信息和感到疑惑。在(476)中,她“一脸茫然”是因为全然不知道发生了什么事,作者以外部表情暗示感到困惑的内心状态。(477)以结果暗示原因,家长们感到焦虑是因为不知道最好的教育方式是怎样的。在(478)中,由于他不露相,所以不知道他有没有中意的女人。在(479)中,下文提到 4 年来从没拥抱和吻过对方,使对方不由得对她的爱产生怀疑,不确定她是否真的爱她。在(480)中,爱她就不该老让她哭和伤心。对方这样伤害她,不爱惜她,难免让人产生怀疑,不确定他是否真的爱她。在(481)中,爱她就不该找别的女人,他在学校还有别的女人使女方不确定他是否爱过他,甚至怀疑他是专心爱她的。

3.10 小 结

扩域词“到底”“究竟”“端的”在问句中表示认知者不确定问句的答案,感到很疑惑,它们本身不表示追究、深究或追问到底,这些意义都是语境含义。当人们感到很困惑,欲索取问题的答案时,扩域词在问句中就表达深究/追究的含义,深究/追究义预设认知者感到疑惑。但我们有必要把扩域词表达疑惑义从深究/追究义中分离出来,避免混淆扩域词的本义和含义。当扩域词不用于深究/追究/追问的语境,认知者不期待回答时,它只是表示认知者的疑惑,深究/追究/追问说就无法解释这一现象。扩域词在问句中表达问话人、答话人、听话人、读者或者任何认知者的怀疑或困惑。扩域词的语义转换是以扩域深究借代疑惑度较高,扩域词用于需要深究的语境时表达认知者因为疑惑而欲深究,这仿佛是一个循环的语义转换运动。问句的基本功能是表达问话人的疑惑(即“传疑”),扩域词起到加强疑问语气的作用,具体体现为提高问句的信息熵。问句的信息熵越高,引出的答案解除的熵值越大,扩域词能改善问句的求信效用。许多语境因素可以导致交际者的疑惑度升高,交际者疑惑度升高主要表现为感到怀疑和困惑。除了使用扩域词,讲话人还可以使用其他辅助语表达认知者的疑惑。信息论中的“信息熵”可以用来计算认知者的疑惑度。

第四章　扩域词增熵功能的检测

我们尚需解答以下两个问题：

1. 如何证明宽域问句的疑惑度高于窄域问句的疑惑度？

2. 如何验证问句的熵值高，问句的答案的效用就高？

Coulson(2001)曾用幽默中的急转弯说明人们的疑惑度升高在事件相关电位负波 N400 上的反映，幽默话语在脑筋急转弯处会增大负波 N400，这是因为语义组合的难度使理解者产生困惑。在问话人使用扩域词时，是否在 N400 上也有所反映？我们这里尚未从认知科学的实验来验证，但可以从信息论和语言学的角度来解答以上两个问题。扩域词仅是标记问句答案的不确定性很大，并不能起到改善问句答案质量的作用，是语境的作用使答话人领会问话人深究和追问的意图而给出高质量的答案。扩域词改善问句的答案体现为它们能提高问句的信息熵，暗示问句的答案具有较大的信息效用。

4.1　在递进和让步分句中比较

当问句的答案越不确定时，熵越大，此时答案能解除较多的不确定性成分，提供较大的信息量。我们可以用递进分句和让步分句来检测扩域词所在间接问句的信息度。由于扩域词标示问句的熵值较高，那么问句引出的答案的信息度也较高。间接问句有时表示问句的答案。我们可以对比间接问句蕴含的信息力度。在肯定命题中,含有扩域词的间接问句表示获得了熵值较大的问题的答案,所以扩域词所在间接问句的信息蕴含力度比较高,扩域词只能与信息蕴含力度较高的递进分句连用,如例(1),但不能与"至少"引导的让步分句搭配,所以例(2)需要改成例(3)才合适。而在否定命题中,信息的蕴含方向发生颠倒,在例(4)中,"不知道在报道中它去了哪儿"的信息力度高于和蕴含"不知道它到底去了哪儿"的信息力度,所以"不知道在报道中它去了哪儿"不能用于让步分句。在(5)中,前一句说他知道得很少,后一分句降低他的无知状态,扩域词可以与"至少"引导的让步分句搭配。

(1)他不仅知道 MH370 在报道中去了哪儿,而且还知道它到底去了哪儿。

(2)♯他知道 MH370 在报道中它去了哪儿,或者至少知道它到底去了哪儿。

(3)他知道 MH370 到底去了哪儿,或者至少知道在报道中它去了哪儿。

(4)♯他不知道 MH370 到底去了哪儿,或者至少不知道在报道中它去了哪儿。

(5)他不知道 MH370 在报道中去了哪儿,或者至少不知道它到底去了哪儿。

4.2 问句数量比较

信息论度量信息的基本出发点是把获得的信息看作用以消除不确定性的东西,因此信息量的大小可以用被消除的不确定性的多少来表示。人们问问题和传递信息是为了解除不确定性。当信源空间发送的信号的概率相等时,信宿最难猜测发送者会使用信源的哪个信号,这时信源的信息熵(即不确定性)最大。这对设计问句和寻找问题的答案具有重要启示意义。问句的信息熵越大,答案解除的不确定性越多,问句的答案带来的信息量也越大。如果问话人欲获得最大的信息量，就应该运用最大熵策略[①]，把问句设计成具有最大熵的问句，应尽量使问句的各个潜在答案为真的概率都相等，这样就能使各个潜在答案传递相同的信息量。传递相同的信息量表现为解除同样多的不确定性事件。于是欲使问句的熵值达到最大值，就要使问句的各个潜在答案解除同样多的不确定性事件。我们将证明当问句的各个潜在答案解除不确定性事件的数量相等时，就能以最少的问句获取答案，问句的收益最大。当人们把不确定性事件对半分成两个部分，然后问答案在哪个部分时，每种回答为真的概率都相等，都能够排除同样多的不确定性事件，问句的答案具有最大的信息效用。我们可以用估计所需要的能得到完全答案的是非问句的数量来证明。

假定我错过了看世界杯，赛后有人设局请我猜哪支球队是冠军队，如果我用五个是非问句猜中了我就获得 500 元，如果用的是非问句超过了五个，我就付给他 500 元。

策略 1，随机的逐一问法，如问“冠军队是不是 x？”设共有 n 支参赛球队，那么问一个问题就猜中冠军队的概率为 $1/n$。问两个问题猜中冠军队的概率为第一个问题没有猜中，第 2 个问题猜中的概率为 $(n-1)/n*1/(n-1)=1/n$。同理，问三个问题猜中冠军队的概率为 $(n-1)/n*(n-2)/(n-1)*1/(n-2)=1/n$，以此类推，问 $n-2$ 个问题才猜中冠军队的概率为 $(n-1)/n*(n-2)/(n-1)*1/(n-2)*\cdots*3/4*1/3=1/n$。问 $n-1$ 次确定冠军队的概率为前面 $n-2$ 次都没有猜中的概率乘上第 $n-1$ 次猜中的概率。前面 $n-2$ 次都没有猜中的概率为：$(n-1)/n*(n-2)/(n-1)*1/(n-2)*\cdots*3/4*2/3=2/n$。需要强调的是，在问第 $n-1$ 个问题的时候，只剩下两支球队了，无论对方给出肯定还是否定的回答，都能确定谁是冠军队，即确定冠军队的概率为 1。所以问 $n-1$ 个问题才确定冠军队的概率为 $2/n*1=2/n$。于是用该策略猜中冠军队所需问

---

①姜殿玉（2008：101）把信息熵引入矩阵博弈，他指出，对于零和博弈，每个局中人都选择信息熵最大的策略。这是因为博弈的对抗性，每个局中人都不希望其他局中人对自己的行动判断明确。这样必须增加自己所使用的策略的不明确性，使得策略的信息熵最大。设一个局中人对另一个局中人使用的策略的判断有如下三个（其中的数字表示使用某个策略的先验概率）：

(0,1,0)，(1/10,3/10,3/5)，(1/3,1/3,1/3)

第一个最明确：断定另一个局中人必然使用第二个纯策略，熵为 0，没有不确定性；第三个最不明确：另一个局中人使用三个纯策略的可能性是一样的。第二个的不明确性介于两者之间，判断另一个局中人最有可能使用第三个纯策略，而使用第一个纯策略的可能性最小。

句的平均数为：$1/n*[1+2+3+\cdots+(n-2)]+2/n*(n-1)=n/2+1/2-1/n$。需要说明的是，当 n 较大的时候，可以采用更简便算法得出近似值。设有 n 支球队，那么最多需要 $n-1$ 个问题确定冠军队。可认为一个问题就确定答案的概率接近 $1/(n-1)$，因为当 n 较大的时候，$1/n$ 接近 $1/(n-1)$，需要 k 个问题就确定答案的概率也接近 $(n-2)/(n-1)*(n-3)/(n-2)*\cdots*(n-k)/(n-k+1)*1/(n-k)=1/(n-1)$，那么平均约需要 $1/(n-1)*(1+2+3+\cdots+n-1)=n/2$ 个问题确定答案。如果球队总数至少为 3，与第一种算法相比，该近似算法产生的偏差率为：$[(n/2+1/2-1/n)-(n/2)]/(n/2+1/2-1/n)$。不同的 n 值与偏差率的关系如图 1 所示。

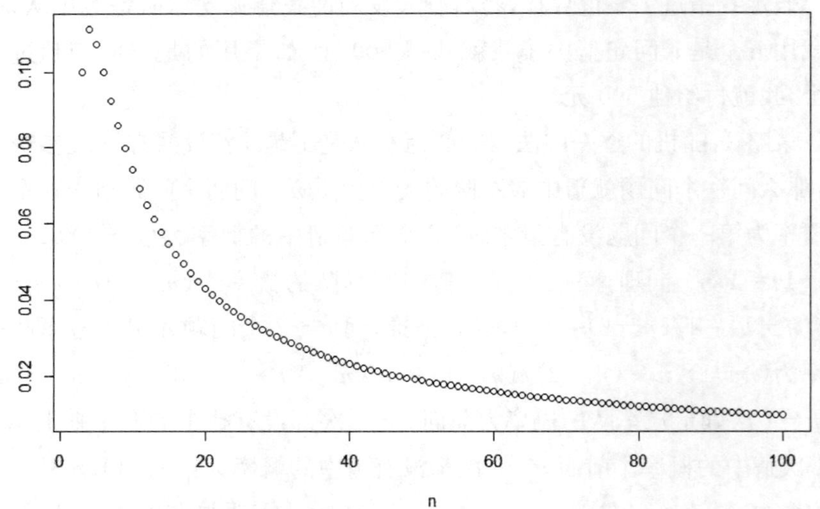

图 1　不同的 n 值与偏差率的关系

从图 1 可看出，当 n 较大的时候，偏差率很小。共有 32 支球队参加世界杯，如果采用逐一问法，根据前面的公式，平均需要 $32/2+1/2-1/32=16.47$ 次提问才能确定冠军队。考虑到 32 也是一个较大的数，也可用前面提到的简单算法得出大约平均需要 $32/2=16$ 次提问（偏差率为 2.85%）。

策略 2，运用最大熵定理设计问句。使肯定回答和否定回答排除的不确定性成分都相等。可以把球队编上号，从 1 到 32，然后提问："冠军队在

1—16 号中吗?”假如他告诉我猜对了,我会接着问:“冠军队在 1—8 号中吗?”假如他告诉我猜错了,我自然知道冠军队在 9—16 中。每次都尽量问号码的中间值,得到肯定或否定回答的概率都接近 1/2,每种回答都能排除同样多的球队,信息量应该都为 $-\log_2(1/2)=1$, 即 $E[Q]=1/2[-\log_2(1/2)]+1/2[-\log_2(1/2)]=1$。这样只需要五次($\log_2 32=5$)提问就能知道哪支球队是冠军队,就可保证我赌赢。(见吴军 2013:61)

假设一条电线上串联了 8 只灯泡。这 8 只灯泡中有一个也只有一个灯泡已损坏。设局者提前测出了哪只灯泡是坏的,要求对方用三个问句就能问中坏的那只灯泡。最佳问法是:假定这 8 只灯泡损坏的可能性是等概率的,将 8 只灯泡从起点到终点进行编号,先问“坏的灯泡是否在编号 1—4 之间”,无论是肯定还是否定回答都能排除 4 只灯泡的不确定性。若得到肯定回答则排除了后端四只灯泡的不确定性,知道在前 4 只灯泡中有坏的灯泡,若得到否定回答则排除了前 4 只灯泡的不确定性。第二次提问只需在 4 只灯泡中进行,仍用同样的方法。第三次提问只需在两只灯泡中进行,获得答案后就完全消除了不确定性。因此,要从 8 只等可能损坏的串联灯泡中确定哪只灯泡是坏的,仅需问 3 次,每个问句获得 1 比特的信息,需要 3 比特的信息就能解除不确定性,即 $\mathrm{Log}_2 8=3$(比特),8 表示 8 种等可能性事件。如果使用逐一问法,平均需要 $8/2+1/2-1/8=4.38$ 个问句才能确定坏的那只灯泡。(见傅祖芸 2007:23—24)

假定提问者从一副牌(大、小王除外,共 52 张)中随机抽出一张,要求应答者用最少的是非问句猜中提问者手中的牌。在用排除法来解决这个问题时,不经济的问法是采用随机的逐一问法,如问“是不是梅花 5”等。用该策略猜中那张牌所需问句的平均数为 26[即 $1/51(1+2+3+\cdots+51)$]个。而最佳的问法是尽量使肯定回答和否定回答所排除的牌的数量相等,两种回答都能产生相等数量的自信息,如先问“是否是红色”,肯定和否定回答的概率都为 50%,只需一个问句就能确定牌的颜色,肯定回答和否定回答都能把不确定的牌的数量减少一半。下一步再确定牌的花色,如问“是不是黑桃”等,肯定和否定回答的概率也都为 50%,也只需一个问句便能确定牌的花色,答案又把不确定的牌的数量减少了一半。接着又问“是不是大于或等于 6”,答案再次把不确定的牌的数量减少了一半。用该策略猜中提问者手中的牌需要 5.700 4(即 $\log_2 52$)个问句。此例的运用见 Krifka(1995),van Rooy(2003),周云亮(2013)。

假定要用最少的是非问句确定 0—63 之间的一个整数。最佳的问法是连续将 64 种可能性平均分成相同大小的集合。那么,6(即 $\log_2{}^{64}=6$)个问题就足够了。可按照如下顺序来提问。

1. x≥32 吗?(若不是)

2. x≥16 吗?(若不是)

3. x≥8 吗?(若不是)

4. x≥4 吗?(若不是)

5. x≥2 吗?(若不是)

6. x=1 吗?

如果这样来提问,每个答案给出 1 比特的信息,总共需要 6 比特的信息,就能确定那个整数。如果使用逐一问法,平均需要 64/2+1/2−1/64=32.48 个问句才能确定那个整数。此例见 Mackay(2003:70)

以上显示了最大熵策略在设计问句和解决问题中的运用,说明了当问句所有可能的答案的概率取得平衡时问句能引出具有最大信息量的答案。当我们把样本空间中的不确定事件对半分,在对半点设计问句时能使熵值最大化,能使肯定回答和否定回答的概率相等,肯定回答和否定回答都能排除同样多的不确定性事件。优化问句用途的方法之一是使问句的任何可能的回答都会产生相似的信息量,这时问句的求信效用最大。较概括的问法优于随机的逐一问法。

4.3 问句对比

通过问句是否含有扩域词的效果对比显示问话人的疑惑度的升高。

(6)a. 我且问你:这七人端的是谁?(《水浒传》第十六回)

b. 我且问你:这七人是谁?

(7)a. 追出来的陆远质问江莱和江浩坤到底是什么关系。(人民网 2016/6/14)

b. 追出来的陆远质问江莱和江浩坤是什么关系。

(8)a."儿子,你到底在哪里啊？都已经那么多天了,怎么还是一点消息都没有,这可怎么办啊!"(人民网 2011/11/3)

b."儿子,你在哪里啊?"

(9)a. 现在到底该不该买房?

b. 现在该不该买房?

(10)a. 张易之、张昌宗到底是武则天的什么人?(郭绍林,《河南大学学报(社会科学版)》1994 年第 4 期)

b. 张易之、张昌宗是武则天的什么人?

"端的"相当于"究竟"的意思(《现代汉语词典》)。(6a)中的"端的"暗示不确定和怀疑,在句中暗示上文中的人物是假扮的。叙述者提示读者需要停下来反思和以怀疑的态度审视上文所叙角色身份的真实性,引起读者的悬念,为下文揭开出人意料的谜底和真相做铺垫。由于读者尚不知晓这七个人的真实身份,"端的"预设他们的真实身份很难猜测。而在(6b)中,由于读者已经从上文知道了他们是卖酒和买酒的村夫,问句已有答案,问句无求信效用,只能起到唤起回忆的作用,当然可以借助语境暗示疑惑,但不明显,因此,应使用信息熵更高的问句。(6a)的疑惑度高于(6b),(6a)的答案与(6b)的答案构成单向蕴含关系,即(6a)的答案⊂(6b)的答案,从(6a)引出的答案既可知道他们假扮为卖酒和买酒的村夫(上文预设),又可知道他们的真实身份(晁盖、吴用、公孙胜、刘唐、三阮这七个),而从(6b)不易引出他们真实的身份,所以(6a)的求信效用优于(6b)。(7a)中的"到底"预设问话人对他们已有所了解,知道他们表面显现和宣示的一般关系,但不知道他们之间更隐秘的关系。尽管(7b)也可以借助语境表达同样的预设和含义,但在话语中没有明确体现,在默认的语境仅指代明显的关系。(8a)中的"到底"突出母亲很难追查儿子的下落和焦急万分的心情,表现母亲不知道答案时的反复追索和困惑的程度。与(8a)相比,(8b)不显现问话人极高的疑惑度。对比需要花很长的时间才能找到或猜到儿子在哪里和仅需较短的时间就能找到或猜到儿子在哪里这两种情况,在前一种情况下适合使用"到底",在后一种情况下不适合使用"到底"。如果问句的答案很不容易获得,问句的求信效用就很高。如果轻易就能获得问句的答案,问句的求信效用就很低。认知者越是感到困惑或纠结，答案对他越显得珍贵。(9a)凸显问话人拿捏不定、犹豫不决、十分纠结的心态，而(9b)不显现问话人十分纠结的心态。由于读者知道二张是武则天的面首和宠臣，所以(10b)的答案是已知的，问句的信息熵为0；但(10a)把已有答案的问句转换为答案不确定的问句。因为作者掌握了更多的历史文化知识，他在问句中使用扩域词，预设读者尚不知道他们之间存在更深层的权势联盟关系，他将在下文提供问题的答案。“到底”暗含更详尽的信息和更多的爆料。

4.4 顺序颠倒

(11)他大声说：“爸爸！是我，我是信文呀！”他重新起来，飞快地扑过去，把老人抱住。老头子叫道：“信文？信文只有十九岁呀！你到底是谁！这儿是什么地方？”(柳文扬《圣诞礼物》)

在(11)中，窄域问句的答案是已知的，“你是谁”这个问句目前已经有了答案，老人已经被告知对方是他的儿子信文，窄域问句的答案没有不确定性，问句的信息熵为0。“到底”增加了问句的信息熵和疑惑度：由于自称信文者的相貌和年龄不吻合，引起老人的怀疑，老人拒绝接受先前的答案。虽然“你是谁”和“你到底是谁”都表示追问同样问题的答案，但前者不表示问话人对他方身份的怀疑，后者既表示追问真实的身份，也表示难以识别对方的身份，暗示问话人的怀疑和不解。

话语自然的信息排列是从旧信息到新信息，新旧信息交替推进，因此自然语序是下文的信息熵高于上文的信息熵。在反复追问时的自然语序是后面一个问句常带有扩域词，表示疑惑度的升高，否则只是重复先前的问题，如果颠倒话轮或语序则显得不恰当。

(12)A_1：你到底是什么人？

B_1：我是信文。

A_2：#你是什么人？

B_2：我真的是信文。

在问“你到底是什么人？”后A就获得了明确的答案，解除了最大的不确定性，再问“你是什么人？”时就违反了熵值升高的这一自然顺序，含有

"到底"问句的答案的不确定性应高于不含"到底"问句的答案的不确定性。如果交换 A_1 和 A_2 的位置，语序就变得自然。

4.5　情景对比

当问句答案的概率分布越均衡时，人们的困惑度就越高，越不易知道哪一答案为真，此时问句的求信效用就越大。假定我方派出三名侦察兵去侦探敌人的火力点，他们侦查的报告如下（见姜殿玉 2008）：

①侦察兵 A 的侦察结果是：火力点在 A 和 B 点的可能性均为 50%；

②侦察兵 B 的侦察结果是：火力点在 A 点的可能性为 90%，在 B 点的可能性是 10%；

③侦察兵 C 的侦察结果是：火力点在 A 点的可能性为 100%，在 B 点的可能性是 0。

问句(13)最适合用来对哪名士兵提问？

(13)指挥官："敌人的火力点到底分布在哪里？"

此时，在获得 A 的报告后最适合使用扩域词来提问，表示问话人很难做出判断，他的疑惑度很高。根据信息熵的原理，信源的消息的概率分布越均衡，不确定性越大，信息熵越大，越难做出判断。要回答指挥官的问题，需要继续侦查，侦察兵 A 的后续报告对指挥官非常有用。但在获得 C 的报告后不适合使用"到底"来提问，因为指挥官能够根据概率做出判断，不需要求问和继续侦查。与获得 A 的报告相比，在获得 B 的报告时用"到底"来提问的合适性较低，指挥官几乎可以根据概率进行判断和做出兵力部署。扩域词常用在问句的所有选项答案的概率近乎相等的语境中，而不能用在选项答案的概率偏向性很大或答案已经完全可以确定的语境中。在概率偏向性极大的语境中，答案的不确定性程度极低。如果事件发生的先验概率极高或极低，人们通过概率的常识就能推知答案，几乎不存在不确定性，这时使用扩域词显得多余。当问句的答案比较难猜，且问话人有获得答案的强烈冲动，欲进一步深究或追究问题的答案时，使用扩域词是适合的。问话人用扩域词暗示问句的熵值极高，问话人期待答案能解除最大的疑惑，提供最大的信息量。因此，扩域词暗示求信者的疑惑度很高，问句的熵值很高。扩域词反映了问话人的优选策略，即以较高熵值的问句提高问句答案的信息效用。问话人通过扩域词向答话人提示这是一个令人困惑的、很不容易回答的问题。扩域词被问句允准必须满足增加问句的信息熵的条件。

4.6 范围对比

事件发生的先验概率与一定的范围构成函数映射关系，截取不同的范围就能获得事件的先验概率。我们将用 Krifka(2003)的方法，探查在哪些范围内使用扩域词是合适的。例(14)说明了哪个时段的情况可以使用扩域词，也说明概率对使用扩域词的限制作用。

(14)“问你最后一个问题，杨恕，你到底有没有爱过我？”这是她最想知道的答案。杨恕定定地看着她，半晌，才冷吟地道：“就算有，我也用恨把它磨光了！”(芃羽《爱情杀手》)

这里“你到底有没有爱过我？”是问在语境默认的整个时段(如从相识到现在)对方有没有爱过她。为何问话人不限定一个时间段而要问整个时间段有没有爱过他？这是与问话人对概率的估计和对肯定答案的期待相关的。域越宽，事件发生的先验概率越大，她问整个时段的情况暗示她非常期望能够得到肯定回答。从对方最近的表现来看，问话人没有感觉到对方是爱她的，且相信对方现在很恨她，但她不甘心，不放弃一点渺茫的希望，所以她要求他回顾以往的岁月，期待对方想起他曾对她的爱恋，能够回心转意。“到底”仍然暗示问话人的疑惑度极高，表示她很不确定对方是否曾经爱过她。

基本假定：他们从相识、相交、结婚到现在已有 10 年，平均每年他爱过她的事件发生的先验概率为 0.1，则 10 年中他有没有爱过她的先验累积概率和信息熵如表 1 和图 2 所示。

表 1　过去 1—10 年他有没有爱过她的先验累积概率、自信息和信息熵

年	爱过她的累积概率	没爱过她的累积概率	爱过她的自信息	没爱过她的自信息	有没有爱过她的熵
1	0.100	0.900	3.321 928	0.152 003 093	0.468 995 584
2	0.190	0.810	2.395 929	0.304 006 187	0.701 471 521
3	0.271	0.729	1.883 635	0.456 009 28	0.842 895 85
4	0.344	0.656	1.539 52	0.608 232 28	0.928 595 256
5	0.410	0.590	1.286 34	0.761 213 14	0.976 500 393
6	0.469	0.531	1.092 34	0.913 216 234	0.997 225 28
7	0.522	0.487	0.937 878	1.064 917 477	0.998 602 87
8	0.570	0.430	0.810 966	1.217 591 435	0.985 814 937
9	0.613	0.387	0.706 041	1.369 594 529	0.962 836 216
10	0.651	0.349	0.619 271	1.518 701 058	0.933 172 09

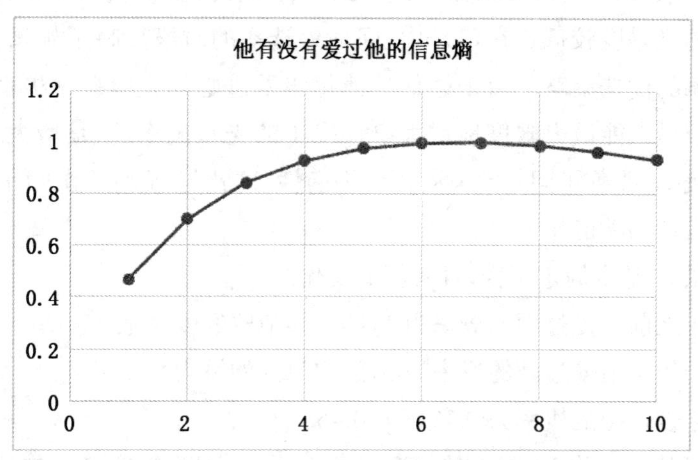

图 2　问过去 1—10 年里他有没有爱过她的信息熵曲线图

信息熵的计算方法是:爱过她的累积概率×相应的自信息量+没爱过她的累积概率×相应的自信息。从图 2 和表 1 可见,时间与事件发生的先验累积概率构成单调递增的函数关系:时间越长,他爱过她的事件发生的先验累积概率越大。因此,年数越多,爱过她的事件的先验累积概率

越大。为了说明扩域词的增熵功能如何影响问话人对时段的选择，我们设置以下三种情景，通过对比检查哪种情景最适合使用“到底”来究问。

情景 1：基本假定不变。

对比选取时间范围的差异：

窄域问句：问目前或以前的某个时候是否爱过她。肯定回答的概率较低，问句的熵值较小，问句的求信效用也较低。

宽域问句：问整个时段是否爱过她。肯定回答的概率升高，问句的熵值升高，问句的求信效用也升高。

在 10 年中他爱过她的先验累积概率为 0.651，熵为 0.933。

去年他爱过她的概率为 0.1，熵为 0.469。

对比 10 年中和去年的情况，则问 10 年中他有没有爱过她时，问句答案的平衡性较高，问句的熵值较高，问话人的疑惑度也较高，此时使用“到底”是合适的。而问去年或其他某个时段的情况不太合适，不满足扩域词的增熵要求，因为可以根据概率的常识推断问句的答案很可能是否定的，问话人的疑惑度较低。在(14)中，问话人选择的时段反映了她增大问句的信息熵的优选策略。由于她估计他每年爱过她的先验概率极低，把时间域扩至最大能最大限度地增大事件发生的先验概率，于是增大了肯定回答的概率，改善了问句答案的概率平衡性，这就与“到底”增大问句答案的不确定性的功能相一致。

情景 2：基本假定不变，且有新的变化。

去年之前他爱过她的概率为 1，即已知他曾经爱过她。

在十年中他爱过她的概率为 1，问句(14)的熵为 0。

去年爱过她的概率为 0.1，熵为 0.469。

用“到底”问前 10 年中的情况是不合适的，因为答案已经知晓，而问去年的情况，问句的答案具有不确定性，答案的平衡性虽然好一点，但用“到底”不太合适，因为几乎可以根据概率推断答案是否定的，问话人的疑惑度极低。

情景 3：基本假定不变，且有新的变化。

去年之前爱过她的概率为 0(即已知去年之前未爱过她)，如问去年之前有没有爱过她，问句的熵为 0。

去年爱过她的概率为 0.1，如问去年有没有爱过她，问句的熵为 0.469。

在十年中他爱过她的概率为 0.1，如问十年中有没有爱过她，问句的熵为 0.469。

则问十年中和问去年他有没有爱过她，两种问法的答案的平衡性都一样。相比之下，“到底”更不适用于问 10 年中的情况，因为扩大时间域并没有增加问句的熵。

因此，从问句答案的概率平衡性、熵值和求信效用的角度来对比，情景 1 最适合使用扩域词。问话人根据时间长度与事件的先验概率的函数映射关系来增大问句的信息熵，增大问句答案的不确定性，提高了问句的求信价值。

需要明确的是，van Rooy(2003)认为扩域词能带来最大的信息熵，他预设窄域问句的信息熵为 0，把域扩至最大就能获得最大的信息熵。这是不正确的。这取决于先验概率的分布。从表 1 和图 2 可见，在第 7 个年头爱她和不爱她的先验累积概率接近相等，此时问句的熵值最大(大致为 0.999)，答案的不确定性最大，这时如果能够获得答案，答案能解除最大的不确定性。而问 10 年中的情况时，问句的信息熵(为 0.933)低于问前 7 年中的情况的信息熵。虽然把域扩至最大并不能保证获得最大的信息熵，但至少可以保证使宽域问句的信息熵大于窄域问句的信息熵。扩域是否能使问句的信息熵达到最大值是未知的、难以预测的，问话人只是依赖时间长度与事件发生的先验概率之间的函数映射关系来增大问句的信息熵，使已有答案或答案的偏向性较大的问句变成答案不确定的问句，提高问句的求信价值。因此，扩域词使问句的另一些答案增加了出现的概率，能够降低答案的概率偏向。在使用扩域词时，宽域问句的信息熵始终应大于 0，答案具有不确定性，宽域问句的答案解除的信息熵应大于窄域问句的答案解除的信息熵。扩域词可被视为制造强调疑问语气的小品词，它在求信问句中把具有偏向性答案的问句转化为答案具有较少偏向性的问句。例如在反复问句(如“A 不 A”问句)中，扩域词能增加肯定或否定答案出现的概率，这不仅能把已解决的问题变成未解决的问题，而且能把带偏向答案的问句 Q 变成答案带较少偏向性或不带偏向性的问句 Q'，于是增加了问句的信息熵，即 $E(Q')>E(Q)$，增加了问句的求信效用。疑问语气的增强可以用增加疑惑度或不确定度来解释，疑惑度可以用信息熵来衡量。当然，我们用信息熵来计算问句答案的不确定程度是出于科学解释的需要，言语者无法也无须准确计算问句的信息熵，只需依据事件和先验概率的函数映射关系大致、模糊估量不确定性就可以做出判断。

使用扩域还是缩域究问取决于对事件的先验概率的估量。一方面，扩大询问范围只适用于究问先验概率极低的事件，不适用于究问先验概率极高的事件。如果问句的肯定回答的概率本来就很高，问句的答案具有极大的概率偏向性，扩大询问范围会增高事件发生的先验概率，进一步增大肯定回答的概率，增大答案的偏向性，这样反而会降低问句的信息熵。

(15)(语境:问一位羸弱的人)＃你到底生过病没有?

(16)(语境:问一位身体很棒的运动员)你到底生过病没有?

(15)和(16)都是问人一生中生过病没有。在(15)中，羸弱的人本来就容易生病，一生中更有可能患过病，问句的疑惑度很低，无须求问，凭常识就可以推知答案几乎是肯定的，与“到底”表示的答案不确定的意义相冲突。相反，在(16)中，身体强健的运动员本来就不容易生病，扩大时间范围会增加肯定回答的概率，增加问句答案的概率平衡性，增加问句的熵，与“到底”表示答案不确定的意义很合拍。

另一方面，缩小询问范围只适用于究问先验概率极高的事件，不适用于究问先验概率极低的事件。如果事件发生的先验概率较高，则用扩域词询问较短时间范围内的事件是合适的，如下例(17)。如果事件发生的先验概率比较低，则用扩域词询问较短时间范围内的事件是不合适的，如下例(18)。

(17)(语境:问一位羸弱的人)你最近到底生过病没有?

(18)(语境:问一位身体很棒、气色很好的运动员)＃你最近到底生过病没有?

在(17)中，羸弱的人虽然容易生病，但不一定会天天都生病，有时身体在短期内可以保持良好的状态，缩短时间范围会降低羸弱的人生病的概率，增加问句答案的平衡性和不确定性，故用“到底”询问他最近的情况是合适的。在(18)中，身体很棒、气色很好的运动员本来生病的先验概率就很低，缩短时间长度更进一步降低他生病的先验概率，增加否定回答的先验概率，增大问句答案的偏向性，故用“到底”询问他最近的情况是不合适的。张秀松(2014a)指出如果初次询问就能获得满意的答案，不受阻碍，就不能用“到底”。从以上的分析可以看出，即使初次询问受到阻碍，有些问句也是不能使用“到底”的。

4.7　语境分布特征的检测

4.7.1　词语的语境分布特征

有的词语的分布语境受到规约的限制，Giannakidou(1998，2001)把它们称为敏感极性词项(Affective Polarity Items，APIs)。这些词项主要有负极词(如“毫”“从”“迄”“万万”“断”“绝”“决”)、正极词(如“正在”“必须”“若干”“曾经”“行家”)、任选词(如“任何”)。负极词和任选词主要分布在否定句、疑问句、条件句、比较句等语境中。国际语言学界对敏感极性词项的研究已有五十多年，取得的基本共识是：词语的极性分布特征是词语的规约性特征，它们的规约性理据与词语本身的语义(极量义、全量义、任选义、扩域义)、修辞(加强或减弱语气)、语用(加强或减弱信息的力度和否定含义)、逻辑(语义组合的选择限制性条件、单调逻辑、梯级逻辑)等相关。(见 Klima 1964，Ladusaw 1979，Linebarger 1980，Horn 1989，Hoeksema 2012，Israel 2011，Fauconnier 1980，Krifka 1995，van der Wouden 1997，Kadmon & Landman 1993，Haspelmath 1997，Giannakidou 2001，Chierchia 2013)我们认为将词语的语义与修辞功能相结合的研究最具说服力。

4.7.2　用于问句的词语

下列画线部分的词语多用于问句：

(19)为这么点小事<u>犯得着</u>再去麻烦人吗？(《现代汉语词典》)

(20)这还得了吗?(同上)

(21)你干嘛嚷嚷,不兴小点儿声吗?(同上)

(22)何必非等我,你就不许自己去吗?(同上)

(23)谁想得到当年的荒滩地,如今变成了米粮川。(同上)

(24)同志们这样关心你,你还闹情绪,像话吗?(同上)

(25)民不畏死,奈何以死惧之?(同上)

(26)乌足道哉?(同上)

(27)不入虎穴,焉得虎子?(同上)

以上词语都用于反问,表示否定含义。"犯得着"表示值得,在问句中表示不值得。"得了"表示情况很严重,用于反问或否定式,是以果代因,因为情况严重,所以不得了。"不兴""不许"都表示不能。"想得到"表示在意料中,意料得到,在问句中表示"想不到"。"像话"指言语行动合理,在问句中表示不合情理。"奈何"疑问代词,表示如何,在问句中表示没有办法。"乌"是古汉语书面语疑问代词,表示何;哪里,在问句中表示否定。"焉"也是古汉语书面语中常见的疑问代词,表示哪里、怎么,在问句中表示不能够。(见《现代汉语词典》第 6 版)

"到底""究竟""端的"表示人们的疑惑时用于问句。《现代汉语八百词》提示"到底"和"究竟"用在动词、形容词或主语之前。

(28)我可没忘,那是我要当你的女仆所能获得的酬劳,你到底买不买?(蓝玫《亲爱的桃色情妇》)(动词之前)

(29)这台机器究竟好用不好用?(《现代汉语八百词》:314)(形容词之前)

《现代汉语八百词》(314)提示,如果单纯针对主语提问,"究竟"只能用于主语之前。

(30)究竟谁干?(同上)

(31)究竟你去还是他去?(同上)

主语如是疑问代词,"到底"只能用于主语前。

(32)到底谁去?(同上:153)

(33) * 谁到底去?(同上)

(34)到底哪一个好?(同上)

(35)＊哪一个到底好？(同上)

《现代汉语八百词》提示带“吗”的问句不能用“到底”和“究竟”。

(36)＊你到底去吗？(同上:153)

需要改成：

(37)你去吗？(同上)

(38)你到底去不去？(同上)

(39)＊你究竟满意吗？

(40)你究竟满不满意？

要把例(36)改成(37)或(38),把(39)改成(40),语句才合法。

Kuo(1996)也认为“到底”应置于疑问代词之前。

(41)到底谁是内鬼？

(42)＊谁到底是内鬼？

但前置说只是描述了语序的硬性规定,缺少理论解释。

Law(2008)认为,“到底”是用来表示追问的,暗示问话人先前问过同样的问题,由于没有获得答复而感到烦躁或恼怒,所以“到底”在陈述句和祈使句中无语义贡献,是多余的。

(43)A:MH370 到底去哪儿了？

B:＃MH370 到底去印度洋了。

(44)A:咱家到底怎么办？

B:＃咱家到底这么办。

(45)＊到底吃吧！(祈使句)

我们认为“到底”是表示言语者的疑惑语气的,在(43B)、(44B)、(45)中,言语者既然已经获知了真相、有了解决方案、已经有了决定并发出了指令,就不存在疑惑,所以“到底”的传疑功能与陈述句和祈使句的传信功能相冲突。同样,例(46)和(47)中的“敢”表示有把握做某种判断,虽然两句都是间接问句,但(46)表示讲话人没有疑惑,不能允准“究竟”,而(47)表示讲话人不确定他来的时间,尚存疑惑,故允准“究竟”。

(46)＊我敢说他究竟哪一天来。

(47)我不敢说他究竟哪一天来。(见《现代汉语词典》词条“敢”)

Law(2008),Chou(2012)和 Huang *et al*(2009:236)指出“到底”在句

法结构上必须成分统制求信问句的焦点。在短语标记中,“如果一个节点A成分统制另一个节点B,当且仅当第一个支配A的分支节点也支配B,且A不支配B。”(Crystal 2008:88)。在图3中,第一个分支节点X在支配成分A的同时也支配成分B。而A却无法支配B,B也无法支配A。

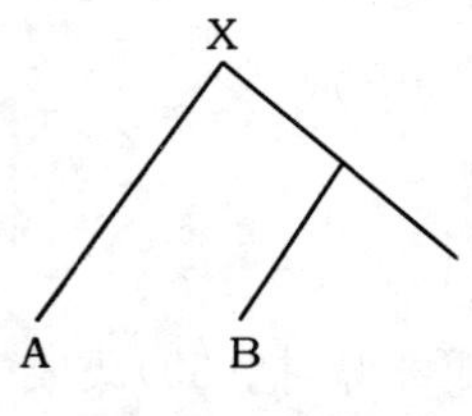

图3 成分统制

有了节点A,就能找到受其统制的节点。从节点A沿着树枝上行,找到第一个分支节点X;然后下行,途中遇到的每个节点皆受A的统制。

成分统制说能解释为何“到底”不能出现在疑问代词和A不A等焦点成分之后,如图4和5所示。IP表示曲折短语,I′表示IP中的曲折成分。

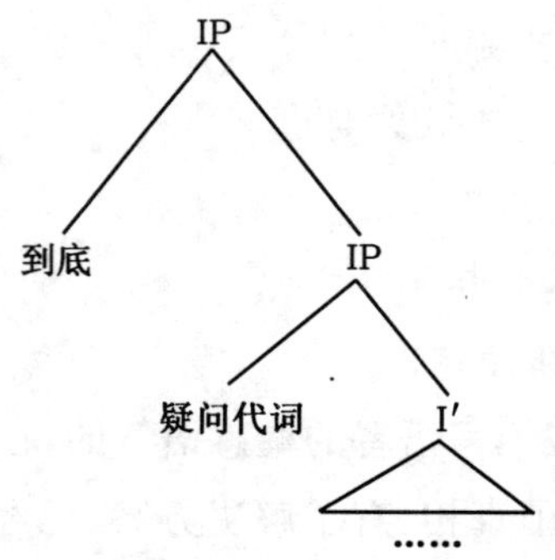

图4 “到底”成分统制疑问代词

在例(48)中,“到底”成分统制焦点成分“买不买”,如图5所示,故语句是合适的。

(48)你<u>到底</u>买不买?

在以下例句中,“到底”成分统制求信问句的焦点,即选择问句中的选择成分,特殊问句的疑问代词,反复问句中的A-不-A成分,正反问句

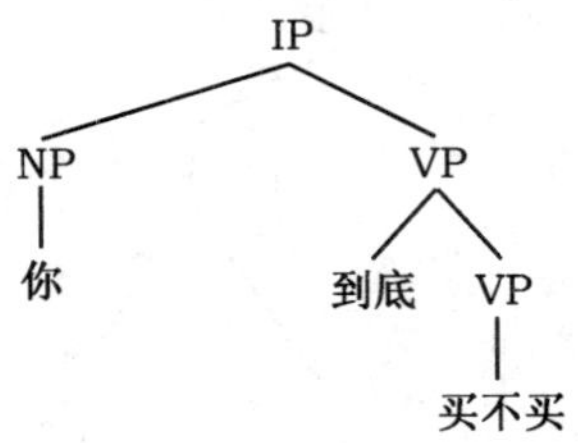

图 5　“到底”统制“买不买”

中的反义词对。

(49)情债，到底是情还是债？（寄秋《风中玫瑰》）（选择问句）

(50)你到底是怎么想的？（特殊问句）

(51)你到底走不走啊？难道你真的是个木头人？（沈亚《当然不是天使》）（反复问句）

(52)生吃番茄到底是否有利于身体健康？（人民网 2016/5/11）（正反问句）

在下列问句中，如果“到底”所在的位置违反了成分统制的要求，语句就不合适（用括号内的“＊”表示）。

(53)（到底）你（到底）去不去（＊到底）上海（＊到底）？

(54)（到底）谁（＊到底）写了（＊到底）匿名信（＊到底）？

(55)（到底）他（到底）在干（＊到底）什么？

(56)（到底）他（到底）把什么（＊到底）偷了？

从上述例句可见，“到底”有两种合法的位置：主语＋“到底”＋疑问焦点和“到底”＋主语＋疑问焦点。前者表示问话人对疑问焦点的信息不确定，后者表示问话人对主语和疑问焦点的信息都感到不确定。

Law 认为在带“吗”的问句中，“到底”不能成分统制是非问句的标记“吗”，故“到底”不能出现在带“吗”的问句中，如例(57)。

(57)＊你到底买吗？

(57)的句法结构如图 6 所示。CP 表示标句语短语，C 表示标句语。“到底”位于曲折短语（IP）内，它既无法成分统制空算子（0），也无法成分统制“吗”。

但是，Law 的成分统制说无法区别下列例句的合适性差异：

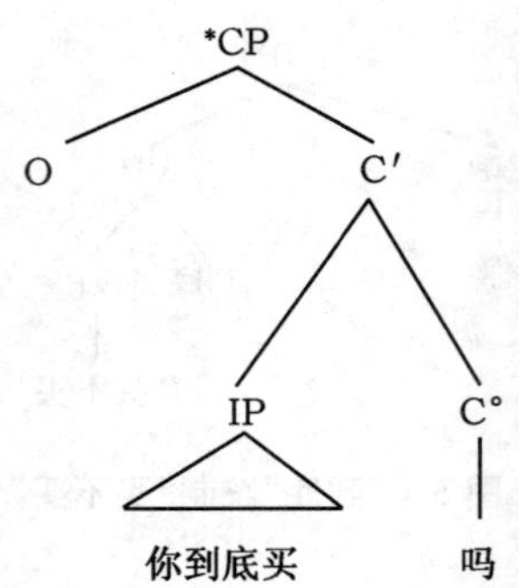

图 6 “吗”在“到底”统制的辖域外

(58)我都搞忘矛盾的焦点是钱的问题了,最关心的是到底吃了没?(人民网 2013/2/1)

(59)*你到底吃了吗?

“没”和“吗”都是疑问助词,为何“到底”能成分统制“没”却不能成分统制“吗”?显然,解释“吗”和“没”对“到底”的允准差异需要考虑“到底”的意义和功能是否与问句的求信功能合拍。在古代汉语中“端”表示“到底”“究竟”的意义,也可以用于以否定词煞尾的问句。

(60)四海旱多霖雨少,此中端有卧龙无?(《王文公文集·龙泉寺石井》)

Huang *et al*(2009)指出,带“吗”的问句的答案具有偏向性,暗示问话人对答案的期待,而其他类型的问句(特殊问句、选择问句、反复问句、正反问句和以否定词煞尾的问句)是中性问句,它们在求信时不暗示问话人对答案的期待,所以“到底”可以与它们一同出现。他们认为“到底”标示问话人欲到达问题的底部以获得需要的具体信息,在英语中,和汉语相对应的说法是 get to the bottom,它的字面意思是进入底部,表示探明真相,弄清起因,at the bottom of 的字面意思是在底部,表示真正的起因或根源。这颇类似深究说和追究真相说。然而,Huang *et al*(2009)没有进一步解释为何“到底”不能用于答案有偏向性的问句中,对这个谜题的解答离不开对“到底”在问句中的意义和功能的分析。

我们认为“到底”在问句中的真正作用不是用于追问具体的、真实的信息,而是用于暗示问句答案的不确定性很高,问话人的疑惑度也很高。Huang *et al*(2009)忽视了这一关键点,无法彻底解释为何“到底”不被带

“吗”的是非问句允准。在带“吗”的是非问句中，问话人选择了问句的一个答案，等待答话人确认命题的真假。对比下列是非问句和反复问句：

(61)是我先向他提出：“我们结婚，你愿意吗?”(人民网 2016/4/12)

(62)玫玫转回头来看着我问道：你爱我吗？我犹豫了片刻，不知如何回答，但是我看到了她的目光，那里充满了期待，可以说是一种急切的期待。(赵如汉《玫玫》)

(63)你爱不爱我！你到底有没有爱过我，如果你能对我说的只有抱歉，我们根本就不应该订婚！(昕语《sweet 情郎》)

带“吗”的问句表示的是需要对方予以确认或否认，而不表示疑惑度高。是非问句通常暗示问话人对答案的期待，问句的答案具有偏向性。在(61)中，首先，潜在的答案只有“愿意”和“不愿意”两种情况，答案在回答者可控的范围内，无须用扩域词来增强疑问语气；其次，问话人在求婚，当然期待对方应允。(62)中的语境信息透露问话人期待获得肯定回答。Hamblin(1958)认为，当你知道什么是问句的合适答案时你就明白了问句的意义。例如，对于是非问句如“他来了吗?”，问句只有一个答案，如果来了用肯定回答，如果没来用否定回答。我们认为除了知道什么是问句的合适答案外，还需要知道什么是问话人所期待的答案。在反复问句中，问话人要求答话人在肯定和否定答案中选择一个，如(63)中的问话人很不确定对方是否爱她，要求对方选择“爱”或“不爱”来作答，问句的答案没有偏向性，故与“到底”增加问句答案的平衡性的功能很合拍。同样，特殊问句、选择问句、正反问句和以否定词煞尾的问句的答案也无偏向性，也与“到底”合拍，如例(64)—(66)所示。

(64)别再口口声声对我说你爱我，为什么还要受折磨？到底是谁的错？到底是爱得不够深，还是爱得不够多？(歌曲《无言的温柔》)

(65)霍光素重田延年，见他贪赃犯法，便欲代为遮盖，遣人召到延年密问道：“汝到底有无此事，不妨实说。”(《西汉野史》)

(66)你们到底睡醒了没，太阳晒屁股了，庙会也快结束了。(黄朱碧《搏命红颜》)

否定词“无”“不”“没”“否”“未”都可以在句末表示疑问，相当于 A 不 A 这类选择问句的省略形式。

(67)妆罢低声问夫婿,画眉深浅入时无?(朱庆馀《近试上张水部》)

(68)于是王召见,问蔺相如曰:"秦王以十五城请易寡人之璧,可予不?"(《史记·廉颇蔺相如列传》)

(69)那我带你上芜湖念书,你去不?(菡子《万妞》)

(70)碧绿向来比较馋一点,上前用手指捻了捻他的脖子,回头对同伴说:"猪颈肉味道不错哎,来点不?"(白饭如霜《疯狂植物园》)

(71)陈师傅进门劈头就问:"工作服补好了没?"(《夏门日报》1996/12/24)

(72)丞相可得见否?(《史记·秦始皇本纪》)

(73)今日上不至天,下不至地,言出子口,入于吾耳,可以言未?(《三国志·蜀书·诸葛亮传》)

Huang *et al*(2009)指出以否定语素(不、没)煞尾的问句看似反复问句的进一步删略,其实"不"和"没"是疑问助词,但动词+否定结构的问句保留着选择问句的句法、语义和语用方面的特点,问句预期受话者的回答方面是严格中立的,不可能接受简短的"是的"这种回答,可以与"到底"共现,不可与适合偏向问句的"难道"共现。"难道"在问句中有两种用法:加强反问的语气和表示揣测的语气。

(74)你到底/*难道吃了饭没?(Huang *et al* 2009:259)

Huang *et al*(2009:237,note 2)指出,"难道"表示揣测的语气时,表示问话人对答案的估计或怀疑,暗示某个答案可能为真,但又不完全肯定,"难道"带有期待的意味,故它适用于是非问句,不适用于中立性问句,如以否定词煞尾的问句。"莫非"也和"难道"一样,表示揣测,适用于是非问句。对比"到底"和"难道""莫非"在是非问句中的可接受性差异:

(75)你*到底/难道已经吃过了吗?(Huang *et al* 2009:259)

(76)喉咙有点不对劲,*到底/莫非感冒了?

我们认为"到底""究竟"用于降低问句答案的偏向性,标示答案很不确定,它们与是非问句标示答案具有偏向性的功能不协调,所以"到底"和"究竟"不能用于是非问句。

扩域词"到底""究竟"以及"端""端的"在问句中的各种用法都表示问句答案的不确定度极高。扩域词加强问句的疑问语气体现为加强问句表达的疑惑语气。带“吗”的问句的答案具有偏向性，与扩域词降低问句答案的偏向性的功能发生冲突，故带“吗”的问句不允准扩域词。

4.8　病句检测

扩域词能加强问句的疑问语气，增加问句的求信效用。观察不合法的语句也是检测疑惑度的方法之一。我们用以下几种方法来检测：

4.8.1　答案易得

扩域词暗示和预设疑惑度较高。如果答案易得，则不存在较高的疑惑度，就不具备使用扩域词的条件。当问句不需要深究、穷究就能获取答案时，问话人就没有较高的疑惑度，使用扩域词就不合适。

(77)到底有谁愿意跟我去？

如果一问就能得到响应，这时就无须使用“到底”。如果初次询问时大家相互推诿，讲话人不知道谁愿意跟他去，再次询问时就可以用“到底”。张秀松(2004)的除阻说能解释这个案例。

(78)乘客问空服：“今天到底有几趟从上海到悉尼的航班？”

在(78)中，由于航班的次数是预定和计划好的，乘客很容易就能查到答案，不会感到疑惑。如果航空公司的信息系统出现紊乱，使乘客莫衷一是，乘客的疑惑度就会升高，就可使用“到底”。可见，只有很难获得所需答案的时候，才需使用扩域词。

(79)a. 水巽轻柔地将韦青湄放在床上，坐在床沿抚着她的脸，柔声问：“湄湄，你还是不舒服吗？”(郝逑《郡马戏青湄》)

b. 水巽：“湄湄，你到底感觉怎么样？”

在(79a)中，答话人神志清晰，有能力提供需要的信息，并且问话人知道答话人感到不舒服，所以问话人不会感到疑惑，无须使用扩域词。如果对方神志不清，看似很严重，令问话人摸不着头脑，则有可能使用(79b)。

(80)a. ＃汗血宝马到底跑得快不快？

b. 汗血宝马到底跑得有多快？

(81)a. ♯长城到底长不长?

b. 长城到底有多长?

(82)a. ♯北方冬天究竟下不下雪?

b. 北方冬天的雪究竟有多大?

(83)a. ♯南极到底冷不冷?

b. 南极到底有多冷?

(80)—(83)中的(a)类问句的答案没有不确定性,问话人对这些常识性问题不会感到疑惑,但在(b)类问句中,问话人求取的是准确的信息,一般无法凭常识获取,问句答案的不确定度较高。

虽然有时知道某事物名称的意义,不存在疑问,但如果做出别解并表示异议,则仍然可以使用扩域词。

(84)大韩民国到底大不大?

如果问话人从国土面积的角度来理解国名,提出自己的异议和表示自己的疑惑,即不知道为何国土面积不大,而国名中又含有"大"字,问句(84)是可以接受的。

4.8.2 已获得确定答案

如果在首轮对话中已经获得了确切的答案,在第二轮对话中使用扩域词进行重复询问就显得多余。

(85)女:你爱我吗?

男:我真的爱你!

女:? 你到底爱不爱我?

由于他已经明确地告诉过她他爱她,初次询问就已经获得了满意、确定的答案,问话人的疑惑已经被解除,扩域不能增加问句的信息熵,这时用扩域词进行追问就不合适。除非发现对方不停地改变主意或者心口不一,问话人觉得心里很不踏实,或对方做了一些事情令问话人十分怀疑他的爱,才需要用"到底"来表达疑惑。

然而,在以下例句中,既然已经知道了确定的答案,为何还可以用"到底"?

(86)就是这个照片让我知道了到底是何方神圣,原来是你啊,亲爱的

姐姐。(BCC 微博)

(87)云飞扬看在眼内,他的意识已回复本来,也立即知道到底发生了什么事,虽然难过自己的遭遇,但更加担心唐宁的安全,只因为他也看出孟都不怀好意。(黄鹰《天蚕再变》)

(88)其实,自己就是做媒体的,或者曾经做过媒体的人心里都知道到底所谓的媒体报道的可信度是多少。(BCC 微博)

(89)他说,自己也是在派出所看到报纸才知道到底干了什么。(人民网 2016/11/8)

以上例句都蕴含否定含义:在(86)中,要不是这个照片,则无法知道是谁;在(87)中,要不是他的意识已回复本来,就无法知道发生了什么事情;在(88)中,一般未曾做过媒体的人心里都不知道所谓的媒体报道的可信度是多少。(89)表示先前不知道干了什么。扩域词在内嵌的间接问句中表示问句的答案很难获得和确定,故它在核心层(宾语从句)能获得允准,否定含义能够起到拯救扩域词的作用。以上例句中的整个语句都表示获得了疑惑度极高的问题的答案。扩域词在局部的辖域即间接问句中可以获得允准。然而,内嵌的间接问句中的扩域词并非不受外层的影响。以下不合法的例句由于缺乏否定含义的暗示,只是表示已有或获得了明确的答案,主句表达的明确信息和"到底"表达的疑惑义相互冲突,故不允准扩域词。

(90)* 我敢说到底谁赢。

(91)* 目前能保证到底何时发放员工工资。

(92)* 他们承认到底是私心还是什么。

(93)* 我能断定到底是他发明了造纸术还是改进了造纸术。

在以下例句中,由于主句中含有否定词语或表示否定含义的词语"很难""拒绝",它们表示后接的间接问句的答案是不确定的,故允准宾语从句中的扩域词。

(94)真正的民主选举就是有悬念,在选票统计出来之前谁都不敢说到底谁能赢!(BBC 微博)

(95)但目前不能保证到底何时发放员工工资,而这取决于何时获得短期资金来源。(人民网 2011/6/30)

(96)实际上,如今的网游行业越来越像电影业,很难保证到底什么游戏能赚钱。(人民网 2009/7/27)

(97)但没人肯出来承认到底谁是店主人,执法人员只好将药具没收并留下一纸处罚文书。(人民网 2004/5/18)

(98)我虽然是女人,有一个孩子,但是我户口就在那儿,现在他们一句不承认到底是私心还是什么。(人民网 2016/3/16)

(99)事已至此,本无悬念。可两位偶像巨星偏偏拒绝承认到底是何关系,只以朋友相称,坚决要把暧昧玩到底。(人民网 2002/8/14)

(100)但这两年,真不好说到底有多少人。(人民网 2013/5/17)

(101)此前,美国全国运输安全委员会主席赫斯曼表示,目前尚难断定到底是什么原因导致飞机失事的。(人民网 2013/7/12)

(102)到现在科学家仍然不能断定到底是他发明了造纸术还是改进了造纸术。(人民网 2006/8/13)

(103)有人说画的是《聊斋志异》上的故事。不幸,还没遇见一位敢断定到底画的是《聊斋》上那一段。(老舍《赵子曰》)

在例(104)—(106)中,虽然主句中没有否定词和表示否定含义的词语,但内涵动词"要求""希望"和使役动词"让"表示后面间接问句的答案是未知、未定的、非保真性的,答案的不确定性很高,求信者的疑惑度也很高,故也允准扩域词。

(104)邱毅将炮口对准陈菊,要求陈菊先承认到底收了陈水扁多少钱?(人民网 2010/7/12)

(105)菲尔表示对此很感兴趣,希望知道到底是怎么回事。(人民网 2016/11/9)

(106)首先还是要让抽象的标准变成具体的要求,让经营者明白到底应该"怎么做"。(人民网 2016/9/27)

4.8.3 答案具有唯一确定性

(107)? 一年到底有几个月?

如果问话人是一个具有基本生活常识的人,那么此问句不产生任何效果，因为问句的答案具有唯一确定性，即问句的信息熵为0。如果是出题考小学生，他的答复反复不定，老师不知道他认定哪一答案，则可以这样来问，如例(108)。

(108)老师：一年有几个月？

学生：一年有12个月，哦，不对，一年有13个月。

老师：一年到底有几个月？

以上案例说明扩域词用于改善问句答案的概率的平衡性，暗示问句的答案的不确定性极大，问话人的疑惑度极高。如果所问问题的信息熵为0或者极低，答案没有不确定性或带来的信息量极低，则扩域词的使用就不合适。

4.9　语用原则的检测

我们用扩域提高问句的信息熵解释了问话人使用扩域词的语用动因，但尚未解释在哪些语境条件下才需要提高问句的信息熵？这需要用语用原则来解答。

首先，扩域词必须用于增加问句的信息熵。Grice(1975，1989)的合作原则中的足量准则要求讲话人所提供的信息应包含交际所需要的信息。使用扩域词增大问句的疑惑度可以看作遵守足量准则的行为，具体表现为宽域问句必须满足扩域增加信息熵的条件，即宽域问句能够引出含有足够的新信息的答案。由于扩域词能制造较大的信息熵，增加问句的求信效用，因此，加强问句的求信效用决定了扩域词的语用合适性。仅当宽域问句的信息熵大于或蕴含窄域问句的信息熵时，即仅当扩域能够制造疑惑度更高、疑问语气更强的问句时，扩域词的使用才是合适的。

我们把不带扩域词的问句称为窄域问句，把带扩域词的问句称为宽域问句，如果窄域问句问了属于常识性的问题，问句的答案没有不确定性，信息熵为0，则宽域问句也无效，扩域词不能增加问句的信息熵。

(109)a.？预言者回答了他们能否活到150岁的问题。

b.？预言者回答了他们到底能否活到150岁的问题。

(109a)是窄域问句，它的答案没有不确定性，语句显得很荒诞，因为人们凭常识也能知道这个问题的答案是否定的，无须求助于预言者。如果我们统计从预言者那里得到关于这个问题的所有答案，多半会发现预言者都给出了“否”的回答。(109b)是扩域问句，问句的答案是确定的(否定的)，求信者对这个问题不会感到疑惑，问句与扩域词表达的疑惑义不兼容，扩域不能增加问句的信息熵，语句显得异常。

其次，有时还必须考虑礼貌原则。在修改不合法的问句时，不是简单地将是非问句变成反复问句，还需要考虑语用合适性。

(110)a. *你到底能帮我撑一下伞吗？

b. ？你到底能不能帮我撑一下伞？

c. 你能帮我撑一下伞吗？

(110a)违反了语法合适性，“到底”不能用于带“吗”的是非问句。虽然(110b)满足语法合适性，但它违反了礼貌原则，暗示讲话人感到很疑惑和不耐烦，显得不礼貌。礼貌原则要求尽力提升对方的积极面子，维护对方的消极面子，尽力赞扬他人，避免贬损他人。(Leech 1983; Brown & Levinson 1987)只有在对方有义务为他撑伞的情况下，问话人才可以用扩域词表达疑惑、责备和不耐烦的语气。当然，如果讲话人需要表达这样的语气，使用“到底”也是可以的。(110c)以疑问借代请求，是间接言语行为，给对方拒绝执行请求留有余地，显得更礼貌。又如：

(111)空姐：？“先生，你到底想喝点什么？”

(112)白愁飞知道王小石所长是刀剑，绝非隔空发劲，而这四人各有来头，以一敌四，只怕讨不了便宜，不禁有些为王小石耽心起来了，悄声道：“你行不行？不然，此阵由我来接也一样，我的‘叁指弹天’，正好合这把式。”(温瑞安《温柔一刀》)

在(111)中，空姐在询问时没有必要表达自己的疑惑，也不能对乘客显得不耐烦。在(112)中，虽然问话人担心对方的安危，但如果用“你到底行不行”就意味着怀疑对方的能力，认为对方自不量力，不行装行，由于“到底”在句中暗示问话人怀疑和小觑对方的武功，问话人有可能伤害对方的自尊心和面子，显得自大和不礼貌，所以礼貌原则阻挡使用“到底”。

然而，问话人也可以违反礼貌原则，所以不排除有时问话人不顾礼貌或需要故意显得不礼貌的情况。是遵守还是违反礼貌原则关键取决于利和弊、得和失的权衡，问话人对收益的考量最终决定了他是否需要遵守礼貌原则。

(113)终于她要的东西全来到跟前，在她要敷上药粉时，突然有人问："你到底行不行？可别医出毛病来呀！"(苏凡《乌龙女杀手》)

由于人命关天，问话人对生命安危的考虑胜过了对礼貌策略的考虑，所以问话人通过"到底"传递的疑惑语气暗示对方应审慎行事。

4.10 小　结

本章检测了扩域词在问句中的增熵效用。扩域词用于问句不是为了获得理想、满意的答案，而是表示答案的不确定性较大，问话人的疑惑度较高，很难获得问题的答案。问句的熵值对应问句的效用，当问句的答案的不确定性越大时，它引出的答案的信息量越大，获得答案后排除的不确定性因素越多。问句的使用价值在于它的所有可能答案的平均使用价值。van Rooy(2003)指出，一个问句的关联度在于它帮助解决决策问题的程度。问句的答案越不确定，问句的熵越大，答案提供的信息量越大，问句的求信效用就越大。当问句的答案呈等概率分布时问句的熵值最大，问句答案的平均效用最大。我们设计问题时如果想用最少的问句获得解决问题的方案就需要把问句的潜在答案设计成概率相等，例如，如果是是非问句，就要把问句设计成肯定回答和否定回答的概率都相等的问句，这样就能使问句的肯定回答和否定回答都能排除同样多的不确定性，这时问句最有效用，解除的不确定性元素的个数最多，就能以最少的问句获取答案。扩域词能够降低答案的概率偏向，使另一些本来出现概率较低的答案的出现概率增加。在使用扩域词时，宽域问句的答案解除的信息熵应大于窄域问句的答案解除的信息熵。扩域词在求信问句中不仅能把已解决的问题变成未决的问题，而且能把带偏向性答案的问句 Q 变成带较少或不带偏向性答案的问句 Q'，于是增加了问句的信息熵，即 $E(Q')>E(Q)$，增加了问句的求信效用。疑问语气的加强可以用增加疑惑度或不确定度来解释，疑惑度可以用信息熵来计量。

第五章 扩域词在问句中的含义

5.1 引 言

我们认为可以用语用含义解释扩域词在问句中的各种意义，以期对它的众多意义做出统一的解释。扩域词在语境中暗示问话人的疑惑度和情感强度。在功能语法中，Halliday(1994)根据语言使用的目的把语言使用归结为三大元功能：概念功能、人际功能和语篇功能。概念功能是指语言用于叙事和描述人们的内心活动的功能，及物性结构和语态是实现概念意义的主要方式。人际功能是指表达说话者的态度、评价以及交际角色之间关系的功能，人际功能主要是通过语气和情态系统来体现。语篇功能是指将前两种功能组织成语篇的功能，主位和述位是实现语篇功能的主要方式。本章分析扩域词的概念义和人际义。概念义和人际义都是扩域词在特定语境中产生的特定含义，不是扩域词本身的语义。

5.2 特定含义的推导

根据 Sperber & Wilson(1986/1995)的关联论，说话人的意义依赖于说话时的意图，听话人对说话人的意图的识别需要参照最佳相关的语境假设。Sperber & Wilson 认为语用推理具有或然推理的性质，是朝向最佳解释的推理。设认知者拥有知识库 K，听到句子的内容为 Q。从 K 和 Q 推导出结论 R，即 $K,Q \vdash R$。关联论说明智能体总是设法使 R 达到最佳效果。语用含义的推导需要从知识库中调取语境假设。话语语境（上下文语境）、现场物理语境（交际情景）和百科语境（常规假设）构成语境假设的内容。Sperber & Wilson(1986/1995)指出，由于讲话人遵守经济原则，他使用的语句往往不能提供完整、明确的信息，不能根据初始逻辑式来直接确定语句真正要传达的内容，听话人必须从所提供的编码信息出发，吸纳语境信息，做出进一步的推理才能较准确地理解讲话人传递的信息，因此启动语境假设是理解任何话语所必需的。

Sperber & Wilson 认为语境假设的关联度是用认知效果和加工心力来衡量的：

a. 认知效果越大，越相关。

b. 获得这些效果所需要的心力越小，越相关。

这就意味着话语理解的过程是：

a. 沿着最小心力的路线，按照可及性的顺序来考虑解释。

b. 当解释满足了期待的关联度时，就暂时终止解释活动。

最先想到的语境假设耗费的心力最小。在实时交际的过程中，听话人无须逐一对比所有可能的语义解释，他可以理所当然地认为自己最先想到的语境假设就是最佳相关的语境假设，由此得到的解释就是最佳关联的解释，故他不再继续搜索其他可能的解释。如果他发现做出的解释没有满足关联期待，则会重新做出解释。例如：

(1)操与宫坐久，忽闻庄后有磨刀之声。操曰："吕伯奢非吾至亲，此去可疑，当窃听之。"二人潜步入草堂后，但闻人语曰："缚而杀之，何如?"操曰："是矣！今若不先下手，必遭擒获。"遂与宫拔剑直入，不问男女，皆杀之，一连杀死八口。搜至厨下，却见缚一猪欲杀。宫曰："孟德心多，误杀好人矣！"(《三国演义》第四回)

每种话语都有一系列潜在的不同的解释，所有这些解释都有可能与编码信息相容。在上例(1)中，"缚而杀之"中的"之"在讲话人（吕伯奢的家人）的心中指代的是猪，而在听话人（曹操和陈宫）的心中指代的是他们自己。曹操在逃亡途中最担心的是有人谋害他的性命，他已经怀疑吕伯奢外出是去报官，后又听见磨刀声更加重了他的这一假设，因此吕伯奢一家欲谋害他们成为最佳相关的语境假设，当他听到“缚而杀之”时，首先想到的是杀他和陈宫，而不是杀猪。后来在厨下见到缚着的一头猪，才知道误解了讲话人的话。

最佳相关的语境假设能充实话语的意义。例如，“在乎”表示在意或介意。“在乎”“在意”“介意”在《现代汉语词典》中相互解释，它们的字面义都表示放在心里，只是“介意”的意义稍微具体，被《现代汉语词典》解释为把不愉快的事记在心里，我们可以把这一意义看作含义中的显义（explicature）。含义分为显义和隐义（implicature）（Sperber and Wilson 1986:182，Carston 2004：635）。显义是对话语编码信息的逻辑形式的充实，使话语表达完整的命题，显义的推导包括确定所指，解除歧义和补充缺省信息。隐义是显义之外的含义。在下列例句中，“在意”的意义被语境信息装填和调节，内涵变得更丰富，可以在多样的语境中表达无穷的临时意义（*ad hoc* concept）（Carston 2004：641），各种心理和认知状态。

（2）而面对作弊者却没有人去对他们过分的追究，也没人在乎这种不良行为所造成的后果。（人民网 2003/6/27）

（3）张敏坦言自己是个比较容易满足的人，对于一些事情不会很执着，因此也不会去在乎名啊利啊的事情。（人民网 2003/7/3）

（4）我劝她道：“也许他忘了约会；也许他在打篮球，或是在洗澡，关了手机……”哎，她太在乎他了。（人民网 2003/6/25）

（5）你们发财了，连医院都买下了，肯定不会在乎我要 3 万块钱的。（人民网 2003/10/25）

（6）而对于那些想买而且能够买得起别墅和豪华住宅的人，根本不会在乎这个利息调整的影响。（人民网 2003/7/10）

（7）孩子功课好不好，太太会比我紧张和在乎。（人民网 2003/6/20）

（8）但其他工种，只要是合格的，我们不会在乎性别，今年新招的几名管理人员就全是刚刚毕业的女大学生。（人民网 2003/7/17）

（9）虽然你现在的立场清白，一旦他抓住这个把柄，即使你有百口也难辩。因此千万不可相信“丈夫不会在乎你的过去”这句话。（人民网 2003/9/29）

在(2)中，对作弊者应该有人去追究，所以“在乎”表示追究。(3)表示讲话人不看重名和利，所以“在乎”表示看重。(4)表示她太爱和关心他，所以“在乎”表示爱和关心。在(5)中，讲话人表示发了财的人不会吝惜一点小钱，所以“在乎”表示吝惜。在(6)中，人们一般会担心利息调整会使自己遭受损失，所以“在乎”表示担心。在(7)中，孩子功课不好，家长会感到着急，所以“在乎”表示着急。(8)表示讲话人对招收的员工的性别不挑剔，所以“在乎”表示挑剔。(9)的讲话人表示丈夫会记恨妻子过去的过错，因此“在乎”表示记恨。可见，“在乎”除了表示放在心上(即关注)外，它在语境中表达的意义更具体，这就是词语的语义被语境调节，外延发生收缩的情况。讲话人虽未细腻地刻画人物的认知和情感状态，但依靠语境和听话人的推理就能使外延比较宽泛的词语表达一系列复杂和细腻的认知和心理活动。词语的本义和语境信息的结合能产生新的语境含义。

5.3　扩域词的概念义

讲话人用扩域词表达人们的疑惑，暗示问句的答案很难获得。当扩域词用于深究和追问的语境时，表示问话人欲深究和追问难以获得的答案，如果问句中不使用扩域词是否也能表达深究和追问的意义？当然可以，只是缺少了对疑惑意义的强调而已，扩域词只是加强了问句表达的疑问语气，因此我们需要分离疑惑义和深究、追问义。根据关联论(Sperber & Wilson 1986/1995)，明示的言语信息和最佳相关的语境假设相结合而产生特定会话含义(particular implicature)。会话含义分为规约含义(conventional implicature)、特定会话含义和一般会话含义(generalized implicature)。规约含义是指可以分离的、不可取消的含义，例如“连小李也知道这是不道德的”，其中的“连”传递的规约含义是暗示与一组语境命题相比，话语命题表达的事件发生的概率较低，事件令人惊讶。与蕴含和逻辑预设不同的是，“连”表达的规约含义与不含“连”的同一命题的真值条件意义无关，故它的含义是可分离的。“连”的规约含义的不可取消性可以用与它的规约含义相矛盾的补充说法来测试，如：#“连小李也知道这是不道德的，但这并不令人惊讶”。(见 Horn 2004：3－4)一般会话含义是根据合作原则推导出的意义，如向人借用手机时问："你有没有手机？"是以询问前提暗示请求的行为，听话人根据常规关系推导问话人隐含的意图。问话人欲求取的答案的具体类型需要根据语境而定，是语境提示了问话人对什么感到疑惑。问话人欲求问的答案包括真相、意图、感觉、观点、方案、结局、决定等。从理论上讲，语境是无限的，故问话人的求问目的也是无限的，所以下面的小节对人们感到疑惑的对象的列举是非穷尽性的。扩域词在所有这些问句中都只是表示问话人的疑惑度较高，无法靠他自己弄清问题的答案。

5.3.1 不明真相

(10)So what really happened?(《新牛津英汉双解大词典》)

那么到底发生了什么事？(同上)

(11)MH370到底去哪了？(东营网 2014/3/13)

(12)我劝你最好先回去问问你妹妹，到底谁是她肚子里孩子的父亲？(BCC 语料)

(13)哎，你就向所有不明真相的围观者说，你老婆到底有没有剽窃。这不就结了。(BCC 微博)

(14)你老实讲，你到底拿人家的东西没有？

(15)收放自如的肚子？深扒高圆圆到底怀没怀孕。(腾讯娱乐>娱乐挖掘机 2016/1/3)

(16)农村和城市到底有多远？人均可支配收入告诉你。(腾讯理财 2016/7/31)

为何"到底"可以用来翻译(10)中的英文问句中的 really？这里，英语使用直白表达，询问实情。汉语使用"到底"在语境中暗示对实情的追问。然而，用"真的"来解释上例(11)中的"到底"是不太合适的，这里的"到底"是用来表示问话人的疑惑的，因此不可以用"真的"来进行代换，"到底"和"真的"产生的效果不一样，在(11)中，语句表示问话人无论如何也找不到问题的真正答案，由于问话人掌握的信息极少，很不了解内幕，所以"到底"表达了求取真相的难度和问话人的困惑度。如果换说成"MH370 真的去哪了?”语句就不能传递问话人感到很困惑的语气。“到底”在问句中表示问话人在追问真相时感到疑惑不解。追问和深究真相是语境提示的,不是“到底”本身表达的,也不是从真相蕴藏在底部这一隐喻推导出来的。由于人们一直没有找到和证实飞机失踪的真正原因和证据,欲获知真相,在这一背景下,语句表示问话人无论如何也找不到问题的真正答案,欲详查和深究事件的真相。对于例(11)中的这一问题,各种报道和猜测都想查出真相,都曾提供过答案,概括起来大致有:去了南海、印度洋、马六甲、土库曼斯坦等,这是问话人先前获知的有关信息,它们都是难以证实的,问话人无法辨别真假,感到疑惑,需要获得答案来解除疑惑,问话人要求答话人根据收集到的全面信息,排除所有道听途说的小道消息和假消息,提供最真实可靠的信息。例(12)—(16)中的“到底”也是表示人们(问话人或听话人等)感到很疑惑,极想获得信息以解除疑惑。(12)中的听话人对谁是孩子的真正父亲这一问题感到困惑,无法做出准确的判断。(13)中的围观者对传言是否属实感到很困惑,难以做出判断,剽窃传闻未获证实,引起围观,讲话人建议对方说出真相。(14)中的问话人接收了来自双方的不同信息,有人说听话人拿了别人的东西,而听话人否认他拿了别人的东西,问话人无法判断哪方的说法是真实的,感到很困惑,要求听话人讲真话。在(15)中,谣传说高圆圆怀孕了,但她的肚子收放自如,看起来又不像怀孕的样子,讲话人很难做出判断,欲深究真实的情况。在(16)中,作者用人均可支配收入告诉读者很难获知的农村和城市的真实差距。

5.3.2　不知真实意图

(17)好好的,为什么要取消婚约?我又没有做过对不起你的事,而且,你把钱交回给我,到底是什么意思?(岑凯伦《合家欢》)

从问话人目前的理解来看,她只知道对方要取消婚约和把钱退给了她,但猜不透对方这么做的原因和意图。“到底”表示问话人对他的反常行为感到十分费解,怎么也不明白对方的真实意图。

5.3.3 不知真实感觉

(18)他讷讷地说："婉琳，你跟了我这么些年，二十几？二十三年的夫妻了，你有没有想过，你到底爱不爱我？"(琼瑶《浪花》)

(19)王晶晶瞪了同伴一眼，没耐心地嚷着："陈姊，你到底觉得他怎么样？"(陈明娣《不爱我没关系》)

在(18)中，问话人追问对方的真实感觉，用"到底"问他的妻子是否曾对这个问题产生过疑惑。在(19)中，"到底"表示问话人不知道陈姊的真实感觉。

5.3.4 不知确切答案

(20)引力波到底是什么？

(21)"你指的是我哪一个老婆？"他突然很想捉弄她。"哪一个？"她的眼珠子差点暴凸出来。"你到底有多少女人？"(兰京《舞梦天女》)

"到底"在(20)(21)中表示问话人因不知道更准确的信息而感到困惑不解。(20)中的问话人不满足于人们对引力波做出的常识性解释，邀请回答者给出更专业的解释，因此"到底"在问句中表示问话人对引力波的专业定义感到疑惑。例(21)中的"到底"表示不知道更明确的人数。

为何 "到底"和"究竟"可以用来翻译英语问句中的 exactly(准确地)，precisely(精确地)，just(正好，刚好)，just exactly(恰恰)？

(22)We just have to get clearer about what *precisely* the question is that we're trying to ask.(《有道词典》)

我们只是必须明白我们试图去发问的问题到底是什么。(同上)

(23)Understanding *precisely* how is one of the liveliest questions in physics right now. (同上)

了解这个现象究竟如何造成，是目前物理学界最热衷的问题之一。(同上)

(24)Washington — The term "free and fair elections" has about six decades of use by national and international media, but what *precisely* does that term mean?（同上）

华盛顿——“自由与公正的选举”这一提法已被国内和国际媒体沿用了约 60 年之久，但它的确切意义究竟是什么？（同上）

(25)What *exactly* is dark matter?（同上）

暗物质究竟是什么？（同上）

(26)But what *exactly* have I learned?（同上）?

然而我到底学到了什么？（同上）

(27)So who *exactly* is the boss in your case?（同上）

那么在你的这种情况里究竟谁是老板？（同上）

(28)I don't know *just exactly* how old his child is, but certainly not older than twenty.（同上）

他的孩子究竟多大我不清楚，反正不超过 20 岁。（同上）

(29)The accident was serious, but we can't yet tell *just* how serious.

事故很严重，但我们还不能说到底有多严重。（同上）

(30)*Just* how many people there are in your class?（同上）

你们班上到底有多少人？（同上）

(31)Where *exactly* did you stay in France?（《牛津高阶英汉双解词典》第 8 版）

你究竟待在法国什么地方？（同上）

(32)*Exactly* what are you trying to tell me?（同上）

你到底想对我说什么？

(33)*Just* what do you mean by that remark?（《朗文当代高级英语辞典》双解）

你说那话到底是什么意思？（同上）

(34)What *exactly* are you looking for?（《新牛津英汉双解大词典》）

你究竟在找什么？（同上）

根据《牛津高阶英汉双解词典》(第 8 版)的解释，exactly 在问句中表示问话人要求得到更多信息。当问话人先前获得的信息不够准确或明确时，发问求取更准确或更明确的答案就意味着对更多信息的追问，如在例(33)中，问话人只知道讲话人的话的字面意思，不知道他的话的含义。根据《新牛津英汉双解大词典》的解释，exactly 表示确切地说，不要含糊，如在例(34)中，问话人要求对方明确地告诉他在找什么东西。英语用表示确切意义的词语表示问话人不知道确切的答案，问话人因不知道确切的答案而感到疑惑，换言之，英语是使用确切义来传递疑惑含义的。而汉语用“到底”和“究竟”的规约含义表达疑惑意义。

5.3.5 不知正确观点

(35)究竟是面子重要，还是保住这个江山重要？究竟是和敌人全部拼死好，还是保住我大清的一缕血脉好？（西方蜘蛛《血沃轩辕》）

(36)细说历史，袁崇焕到底该不该死！（腾讯快报 2016/7/10）

扩域词表示问话人对某些行为、决定和观点提出质疑，想纠正错误的观点或获取正确的观点。在(35)中，对方先前做出了错误的决定，问话人期待对方纠正错误。“究竟”表示讲话人对听话人死要面子和逞匹夫之勇的做法提出质疑，对听话人先前不识大体，凭意气用事的行为感到很费解，故问话人通过优、劣策略的两相对比，以期让对方猛然醒悟，三思而后行，最终做出正确的决策。(36)中的问话人在权衡历史上两种有分歧的看法时，不知道哪一观点正确，欲在下文深究这一问题。

5.3.6 不知最佳方案

(37)“没有其他的事，我想问一下，这围墙到底怎么修啊！”马而立站起来了，一双大眼睛睁得更大了一点。（陆文夫《围墙》）

(38)刘聪道：“如果你是朕，你觉得到底怎样做才算是对？”（周显《五胡战史》）

在(37)中，“到底怎么修”在语境中相当于“到底应该怎么修”，问话人向对方咨询最佳的维修方案。“到底”在句中表示不易找到办法，问话人感到很困惑，要求对方提出最合理的方案。在(38)中，求问者不知道如何处理，求问合适的方法。

5.3.7　不知最终结果

(39)我在翻昨晚抢签的楼层，看我到底中了多少。(BCC 微博)

(40)“狼爸”萧百佑要求子女必须读完博士，必须生养至少三个孩子等，做到这些才算回报了父母。我很想看 10 年后、20 年后关于他们家的新故事。到底有没有激烈的冲突发生。(BCC 微博)

(41)“你充电，我喝酒！咱们再战一场，看看到底谁怕谁来着！”她拍开酒缸上的封泥，仰喉咕噜、咕噜，狂饮十来斤大曲。(李凉《会醉才会赢》)

“到底”本身并不指代事件的结果，而是表达未知和不确定的意义，因此不能用“到底”表达的终点义和事件的最后结局之间的隐喻映射来解释“到底”在语境中的含义。在(39)中，讲话人查看抢签楼层的结果，“到底”暗示因无法预知结果而产生的急切心情。在(40)中，“到底”在语句中表示讲话人现在无法预料狼爸的教导是否会引起激烈的家庭冲突，只有等到 10 年、20 年后才能下结论。在(41)中，“到底”在语句中暗示对挑战者的话提出质疑，最后谁怕谁现在很难说，只有再战一场才能见分晓。

5.3.8　不知最终决定

(42)“到底干不干啊？我再问你一遍。”“我真的不干。不过，我可以给你介绍我的朋友，我有很多朋友，都很漂亮，她们会干的。”(朱文《我爱美元》)

“到底”在这里暗示问话人无法确定答话人的最终决定。追问最终的决定是语境中的信息“再问你一遍”提示的，听话人先前已经做出了否定回答或者没有明确表态，但问话人期待得到肯定回答，认为先前的否定回答都可不算数，问话人要求听话人说出最终的决定。

根据以上分析，扩域词并非表示问话人想获得有效答案，即想获知真相、真实意图、准确答案、正确观点、最佳方案、最终决定，而是表示问话人不知道这些答案，感到很困惑。扩域词暗示问句的答案不易确定，扩域词增加了问句的信息熵，优化了问句的求信效用。由此可见，扩域词并不表示详查、深究的意义，而是表示疑惑的意义，听话人结合扩域词本身的语义和认知语境就能推知问话人的意图。抛开语境，仅从隐喻映射的角度解释扩域词的意义未免挂一漏万，见树不见林，无法概括所有的用法，无法解释追问目的随语境变动的灵活性，难以说明问话人期待的是何种答案。

5.4 扩域词的人际义

扩域词还能在语境中表达多种语气。问话人附带的语气、情感也需要根据语境进行推导，人际义也是在语境中传递的含义。《现代汉语八百词》对“究竟”的用法的解释是：用于问句，表示进一步追究，有加强语气的作用。Law(2008：298)认为由于问话人先前提出过同样的问题，但没有获得答案，于是再次提问时用“到底”表示他感到很不耐烦和生气。Huang *et al*(2009：237，240，note 2)也认为，“到底”传递问话人想获得具体信息时的急切愿望和不耐烦的语气，语用效果相当于 who the hell(哪个鬼东西)，what the dickens(什么鬼东西)等表达的愤怒和烦躁不安的情绪。孙杏丽(2007)也认为“到底”能加强感情色彩，如表达不耐烦的语气。Polinsky(2007)指出 wh-the hell，wh-on earth 表示惊讶和愤怒，有时不要求回答，只是暗示所指对象的属性，如：“What the hell did you buy?”暗示讲话人不赞成对方买的东西。然而至今尚没有文献解释扩域词的本义和惊讶、愤怒等语气有何关联？如何确定特定语境中被加强的语气？我们认为扩域词表达的惊讶、愤怒等语气都是借助疑惑义和语境信息传递的含义。某些因素和现象引起惊讶或惊奇，讲话人感到费解、怀疑甚至愤怒。扩域词只是标记未知、不明白、不确定、怀疑等疑惑意义，它在语境中吸纳了问话人的语气，使人仿佛觉得是扩域词本身就表达了这些语气。

5.4.1 暗示惊讶语气

(43)隐约中他看见了被树影遮住半张脸的弹琴女！他不禁冷冷撇高

唇，心忖，这名女子究竟是打哪来的？怎能擅自进入他的府邸，还在他的寝居外恣意弹曲呢？就算想勾引他，这么做也未免太嚣张了吧！（楼采凝《危险魔煞》）

(44)“那个到底是什么飞机呀？”约翰感到不可思议。（UFO 探索网——我有话说 2016/5/11）

(45)此女江湖人称自信姐，她到底是谁？为何身为被告还如此趾高气扬？（西佳网 2016/5/31）

(46)我还记得他们的绕口令。舌头老是捋不直的啊！你到底是怎么 rap 的啊？（BCC 微博）

(47)然而在最新曝光的视频中，天王不仅怒摔饮料瓶子，还几度尝试叫停录制，甚至飞起一脚踹向节目道具。一连串反常的举动不免让网友担心不已，“天王到底怎么了！”（人民网 2016/5/6）

以上例句描述的现象都使讲话人感到不可思议和纳闷。诚然，令人惊讶的事件或事物未必超越人们以往的知识背景和生活经验，未必都是“未知”的，因此并不一定会导致疑惑，惊讶与疑惑并不能画等号，但两者有时在语境中是相伴产生、相互关联的。当讲话人对某个事情或事件感到很惊讶，极想知道答案却又无从获得答案时，疑惑度就会升高，这时惊讶度就对应疑惑度，两者相互衬托。在(43)中，这名女子擅闯他的府邸，还在他的寝居外恣意弹曲，这引起他极度的惊讶，也使他对该女子的来路感到十分好奇，极欲弄清她的来历，“究竟”暗示讲话人的惊讶度和疑惑度都很高。在(44)中，约翰对外形十分奇特的飞机的出现既感到惊讶，又感到不解，不知道它是什么飞机。在(45)中，成了被告就不该如此趾高气扬，问话人对她的行为感到很惊讶和奇怪，对她的身份也感到很好奇。在(46)中，高超的说唱本领令讲话人惊叹和羡慕，但又不知道其中的秘诀。在(47)中，讲话人对天王反常的行为既感到惊讶又感到难以理解。

5.4.2 暗示愤怒语气

Law(2008：298)指出由于问话人先前提出过同样的问题，但没有获得满意的答案，所以再次提问时用“到底”表示他感到很不耐烦或生气。

(48)张三到底去不去长沙?(ibid.)

(49)张三到底买了什么?(ibid.)

假定(48)和(49)的语境是问话人先前没有获得满意的答案,再次发问时感到不耐烦和生气。然而"到底"在上例中仍然表示问话人的疑惑度很高,问话人无法猜到答案。蒋欣(2013:22)也认为,"到底"表达问话人不耐烦或不满的情绪。Huang *et al*(2009:240,note 2)也认为,"到底"传递问话人想要获得具体信息时的急切心情和不耐烦的语气,如例(50)(51)。

(50)张三到底买了这本书还是那本书?(Huang *et al* 2009:240)

(51)你到底爱不爱他?(ibid.)

其实,"到底"暗示的不耐烦、生气和急切心情都是结合语境信息产生的特定含义。以上脱离语境的例句并不一定表达这些意义。在例(52)—(58)中,理解者通过语境中的某些信息得知问话人感到很愤怒,"到底"仍然表示问话人的疑惑度很高,在这些语境中问话人因感到疑惑不解而发泄愤怒的情绪,句中的带点部分暗示问话人感到很恼怒。

(52)该死的!她究竟去哪儿了?为什么她来到江南还不能安分点儿,当真是本性不改吗?(楼采凝《危险魔煞》)

(53)该死!到底又发生什么事了?莫名其妙地停电、她的资料被洗劫一空、刚才门外出现怪人……接下来还有什么?(黄苓《海的情人》)

(54)"卓风,你搞什么鬼啊?"浚槐有点火大地在卓风的耳际吼道,"你刚刚到底跟若瑶说了什么,让她气成这副德行?"(子纹《磨人小天使》)

(55)你到底在胡说些什么?(唐瑄《卿卿吾狼》)

(56)"书艳!"书音被她气得由椅上愤而弹起。"你干嘛这样随口污辱人,我到底什么地方得罪你了?你不高兴我关心你和喀尔玛的事,直说不就好了!"(兰京《青龙猎艳》)

(57)关恩宇气得用力击桌面,大吼:"席如风!你到底是不是我朋友?你不帮我就算了,居然还泼我冷水!"(斐心《情海畸客族》)

(58)视频显示,一对外国情侣在停车场吵架,女孩儿不断掌掴男朋友,并大喊:"你到底做了什么?"(腾讯视频[微博]2016/6/9)

Huang *et al*(2009:237)和 Huang & Ochi(2004)指出 what the hell

(见鬼、该死、混蛋),what the dickens(什么鬼)可以翻译成"到底",他们认为"到底"、what the hell、what the dickens 都能表达不悦、不满、厌恶、不耐烦等情绪,并要求 wh-词出场。《21 世纪大英汉词典》对 what the hell 的解释是:[口语][表示不在乎、无可奈何、气恼、不耐烦等]究竟,到底。此外,what the devil(什么鬼东西,见鬼! 该死!),what the damn(什么该死的)也可以翻译成"到底""究竟"。在下列英文例句中,问话人用愤激语发泄自己的不满和表达自己的疑惑不解。从这些例句可以看出,wh-the hell 表示讲话人既感到纳闷,又感到不满或愤怒。

(59)What *the hell* is a standard?(《有道词典》)

标准究竟是什么玩意儿?

(60)What *the hell* are you doing?(同上)

你到底在搞什么鬼名堂?

(61)Where *the devil* did you get that monster dust?(同上)

究竟你是从哪儿弄到那种"魔鬼粉"的?

(62)I wonder where *the devil* my slippers are!(同上)

我不知道我的拖鞋究竟放到哪里了。

(63)Oh, what *the damn* is it?(同上)

喔,喔,这究竟是什么鬼东西啊?

Huang & Ochi(2004)指出 wh-the hell 只能用在问句的答案是未知的语境,不能用在答案是已知的语境。显然,wh-the hell 用来表示疑惑和愤怒,故与表示已知答案的语境相冲突。

(64)a. It's a complete mystery *why the hell* he left.(ibid.:7(a))

b. *? It's entirely obvious *why the hell* he left.(ibid.:7(b))

(65)a. John wonders *why the hell* Bill said that. (ibid.:8(a))

b. *? John already knows *why the hell* Bill said that. (ibid.:8(a))

(66) * She know *who the hell* would buy that book.

(67)She doesn't know *who the hell* would buy that book.

Den Dikken & Giannakidou(2001,2002)认为 who the hell, what the dickens 这类词语是负极词,它们的语境分布受到限制,只能出现在非保

真语境[①]，不能出现在保真(veridical)语境[②]。否定句、条件句、疑问句和愿望动词共同的语义特征是非保真性(nonveridicality)。否定是反保真算子(antiveridical operator)[③]，是非保真算子的子集。条件句是假设的情况，自然不预设实情。疑问句中命题的真值是不确定的，故也是非保真的。愿望动词也不预设实情。我们用 know what the hell 检索 BNC (British National Corpus，英国国家语料库)，查出的语料证实了她们的观点。

1. 否定句(谓词后的宾语从句)

(68)No I'm ever so thirsty. I don't know *what the hell's* the matter with me.(BNC)

(69)His expression sobered. "But afterwards I didn't know *what the hell* I was going to do about it, about us.(BNC)

(70)I don't know *what the hell* you're talking about, and I can't comment until I do. (BNC)

2. 条件句

(71)Little forms if anybody wants to know *what the hell* weren't he? (BNC)

3. 疑问句

(72)My name's Ziegler. Do you know *what the hell* is happening? (BNC)

4. 愿望动词后的宾语从句

(73)"That's absolute rubbish," he said. "I don't think I'm being treated fairly and I want to know *what the hell* is going on."(BNC)

然而，非保真假设没有揭示讲话人在以上语境中使用 what the hell

---

①非保真语境是指不保证在非保真算子辖域内的命题为真的语境，如：

(1)他可能去了北京。

"可能"是非保真算子，它不保证它的辖域内的命题"他去了北京"为真。其他非保真语境包括假设条件句、疑问句、"在……之前"引导的从句、愿望动词如"希望"等。

②保真语境是指能保证在保真算子辖域内的命题为真的语境，如：

(1)我知道他去了北京。

"知道"是保真算子，能保证它辖域内的命题"他去了北京"为真。其他保真算子还包括：情感实情动词如"后悔"，意念动词如"梦到"等。

③反保真算子是指表示它辖域内的命题为假的算子。

的原因。以上语境都能满足 what the hell 表达问话人疑惑不解的意思，what the hell 表示问话人因为不知道答案而感到烦闷和恼怒，能暗示问句的熵值较高。

Huang & Ochi(2004)认为，"到底"和 what the hell 一样，也不能用于答案已知的语境。

(74) *？我早已经知道他到底来不来了。(Huang & Ochi 2004，(11))

我们认为(74)是仿照英语想当然编造的例句，可被真实的语料推翻。如前文所述，"到底"可以用于答案已知的语境，"到底"所在的问句只是表达问句答案的不确定性很高，答案很难获得。

(75)白发那么多，自己才知道到底原因在哪。(BCC 微博)

(76)就是这个照片让我知道了到底是何方神圣，原来是你啊，亲爱的姐姐。(BCC 微博)

(77)我总算是看明白了，到底什么才是值得真心对待的，对于放弃了你的东西你更应该早早地把它狠狠甩在屁股后面，并且不给一丝回旋的机会。(BCC 微博)

(78)翻了好多的评论，终于知道到底发生什么事情了。(BCC 微博)

(79)这幅讲的是忠诚的妻子为了救丈夫而不得已献身，而男人也知道到底发生了什么事，所以才悲哀。(BCC 微博)

以上例句都表示答案已知，但它们都暗含否定含义，"到底"表示局部辖域内问句答案的可及性极低。(75)暗示如果不是那么多白发就不知道原因在哪。(76)暗示要不是这个照片我不会知道是何方神圣。(77)暗示先前一直不明白什么才是值得真心对待的。(78)暗示未翻许多评论之前一直不知道发生了什么事情。(79)暗示别人还以为他被蒙在鼓里，不知道发生了什么事。"到底"在否定含义中获得允准，是否定含义使处于已获答案的语境中的"到底"得到拯救。

"到底""究竟"与 wh- the hell 可以互相对译是因为它们都可以暗示问话人因疑惑而感到愤怒，或者愤怒和疑惑相伴产生，互相衬托，它们在语境中通过含义实现对等。Huang & Ochi(2004)只是指出"到底"和 wh-the hell 表示讲话人的生气和不耐烦，没有指出它们表达问话人的疑惑。

5.4.3 暗示催逼语气

(80)“我再问你最后一次！你到底给不给我！”“有本事你开枪，我身上还有几百块钱，就全当施舍给你了。”(蝙蝠《鬼怪公寓》)

(81)当他竟然要张开嘴说话的时候，却什么声音都没发出来，我对他大喊，你快说啊，到底发生了什么？这时，我从梦中醒来了。(蔡骏《病毒》)

(82)“纪龙飞，你到底要不要说？不说我要走了。”蓉蓉被他看得浑身不对劲。(郝逑《雾影湖传说》)

(83)你与张三到底有什么仇隙，毕竟是如何死的，实供上来。(《红楼梦》第八十六回)

(84)在灯光昏黄的弯巷墙边，他看清了：十几名歹徒手执刀棒，威逼一个已被刺得浑身流血的中年男子：“你到底给不给钱？”(《人民日报》1994年第二季度)

(85)她痛得眼泪在眼眶里打转，可是，就是倔强地不肯求饶。“你到底说不说？”他不悦地抬高了声音。(乔轩《勾魂使者》)

(86)“你到底下不下来？”“不下来你能把我怎样？”(岑凯伦《爱情帖》)

在以上例句中，问话人没有获得满意的答案，他期待通过进一步追问给答话人最后一次考虑、回答和改口的机会，要求答话人三思而行，权衡利弊，改变先前的决定。在(80)中，问话人逼迫对方交钱。在(81)中，问话人完全不知道发生了什么情况，催促对方作答。在(82)中，问话人以离开相威胁，要求对方赶快答复。在(83)中，问话人要对方赶紧招供。在(84)中，问话人以继续施暴相威胁，要求对方乖乖交钱。在(85)中，问话人逼迫对方屈从和求饶。在(86)中，问话人暗示威胁，要求对方下来。扩域词在这里的功能仍然是增加问句答案的不确定性，提高问句的信息熵。张秀松(2014a、b)认为“到底”的话语功能是增强对问句答案的追问语气，故适用于追加问句，如果对方给出的答案是不准确、不充分或是推三阻四的、含糊的，就可以用“到底”来追问答案，直到获得新的满意的答案为止。其实，讲话人追问到底以获得自己满意的答案是特定语境提供的信息，并不是扩域词本身的意义，例如，在(80)中，问话人一直催逼对方给钱，问话人的潜台词是："如果不给，我就开抢"，追问到底是语境中的信息"问最后一次"提示的，"到底"并不表示问到底，而表示问话人不知道答话人在受到警告、催逼或威胁时会不会改变决定，做出不同的行为选择，给出不同的答复。这里威胁、逼迫的语气是语境传递的信息。"到底"表达的较强的疑问语气和语境暗示的催逼语气相结合，暗示问话人急切想知道答案，催促答话人做最后的决定。问话人不接受答话人先前的回答，再次威胁，欲迫使对方就范。答话人越感到恐惧，越有可能松口和妥协，所以恐吓行为增大了肯定回答的机会，辅助扩域词改善了问句答案的平衡性，提高了问句答案的不确定性。

5.4.4　暗示批评语气

(87)女人推开了耿亚尘，大声地骂着："撞了就撞了，这么多人在看，你还想赖吗？你到底是不是男人啊?!"(孟梵《猎夫》)

(88)"你到底有没有脑子？选这种时候在纽约游荡?"高大的身影随即旋过身来面对柳如絮，怒气冲冲地开口。(洛炜《痴心护卫》)

(89)你到底有没有一点人性？(沈亚《梦幻末世纪》)

(87)中的男子撞了别人非但不道歉，反而想抵赖，不像个男子汉。问话人用"到底"表达怀疑，谴责对方不像个男子汉。(88)中的问话人怀疑听话人糊涂，责备她不该在夜深人静的时候独自一人在纽约游荡。(89)中的问话人怀疑听话人没有一点人性。男子汉大丈夫本应该勇敢担当自己行为的后果，做事要像个男人，人应该有脑子和有人性，这些都是本不该被质疑的，问话人的质疑就暗示否定含义，即听话人没有道德、丧失理性和人性。于是，问话人能以扩域词表达的疑惑义暗示批评语气。

5.4.5　暗示抱怨语气

(90)宝玉哭道："我究竟不知晴雯犯了何等滔天大罪!"袭人道："太太只嫌他生的太好了，未免轻佻些。在太太是深知这样美人似的人必不安

静，所以恨嫌他，像我们这粗粗笨笨的倒好。”（《红楼梦》第七十七回）

（91）房价到底要涨到什么时候？（中国江苏网 2013/5/19）

（92）中国电影到底要自嗨到什么时候？（《新周刊》2015/12/19）

（93）两人疑似下半身贴在一起的举动，也引起网友疯狂讨论，有粉丝留下“你到底怎么了”“疯了吗”等失望留言。（人民网 2016/5/15）

（94）只是，你真的，从来都不看我吗？我在这里啊，我在这里啊！你听见了吗？我真想问一句，你到底是聋了还是瞎了啊？为什么就那么无动于衷呢？（BCC 微博）

以上例句都表达讲话人难以理解不合情理的事情，以扩域词表达的未知和怀疑的意义暗示对不合情理的事情的抱怨。在（90）中，宝玉的话的意思是他怎么也想不明白晴雯有何实际的过错，其中的“滔天大罪”是为了挖苦而说的反话。宝玉以自己的不明白暗示晴雯本无过错。由于晴雯天生丽质，品性高洁，追求独立人格，故遭人嫉妒和诽谤，被王夫人借故撵出贾府。此时，宝玉为晴雯鸣不平，发出满腔怨恨的呼喊。（91）中的讲话人无法预料房价要涨到什么时候，抱怨房价疯狂持续上涨。（92）中的讲话人不知道中国电影要自嗨到何时方休，抱怨中国电影长期自我陶醉，故步自封，不思进取。在（93）中，他们两人有失检点的怪异举止引起粉丝们的不解、失望和抱怨，并怀疑他们发疯了。（94）中的讲话人不知道对方是因为聋了或瞎了才对她视而不见，听而不闻，无动于衷，抱怨对方总是不理睬她。

扩域词的疑惑义与语境中的信息结合，可以表达惊讶、愤怒、催逼、责备、抱怨和鄙视等各种语气，以上的分析仅是管中窥豹。

5.5 小 结

区分扩域词的本义和含义具有重要意义。把扩域词的含义当作本义就会错失它的本义。深究、追究说，追问真相、结果说和追问到底说等都混淆了扩域词在问句中的本义和含义。扩域词的本义是表示疑惑义，其余的一切概念义和人际义都是由它的本义结合语境信息衍生出的特定含义，例如，扩域词还可以表示问话人自己很重视答案和很看重对方的回答，这些属于特定含义的推导。特定含义是结合话语信息与最佳相关的语境假设而推导出的言外之意。(Sperber & Wilson 1986/1995)人们深究、追问的目的包括获得真相、最终结果、最后的决定，但远非只是这些，语境是无限的，深究和追问的目的也是无限的，无法对所有的追问目的进行穷尽性概括，因此追究真相说和追究最终结果说都无法概括扩域词在追问语境中的各种用法。问话人深究和追问的目的随语境而变，他欲获得何种答案需要依据语境方能确定。在表示追问真相和结果等的案例中，扩域词仅是显示了问话人很难获知答案，对真相和结果等的追问是语境提示的。讲话人用扩域词暗示这是一个答案很难确定的问题，问句的信息熵极高。

第六章 英语扩域词的用法

6.1 引 言

我们提出的扩域增熵说可以得到英语中扩域词用法的佐证。英语中与“到底”和“究竟”相对应的表达可以佐证用疑惑度来解释扩域词在问句中的用法是合乎语感的。英语中用于问句的扩域词包括：表示整个范围的词语 on earth，at all，任选词语 any，ever，(w)h-ever。它们都能用于加强疑问语气，增大问句答案的不确定性，都可以从熵论得到解释。

李延林(2001)列举了 34 种“究竟”“到底”的英文翻译，但没有解释为何可以用这些英文去对译，也没有把它们进行分类。我们把它们分为六类词语：

①表示整个范围的词语：in the world，on earth，earthly，under heaven，under the sun，at all。

②表示任选意义的词语：ever，(w)h-ever，any。

③表示真实意义的词语：actually，really。

④表示准确意义的词语：exactly，precisely，just。

⑤表示愤怒的粗鄙语：wh-in hell，wh-the damn，wh-the devil，who the devilish，wh-the deuce，wh-the dickens，how the blazes，wh-the fuck。

⑥表示呼唤上帝的词语：in the name of God/Christ/Allah，in heaven's name, in Christian's name, wh-in heaven。

问话人实在无法得到答案，只好以上帝、基督、上天的名义表达自己的无奈、困惑和感叹等。

(1) When *in the name of God* will you go for his assistance?（李延林 2001:58）

你究竟何时去请求他帮助?（同上）

(2) Who *in the name of heaven* is Jack?（同上）

这个杰克究竟是谁?（同上）

(3) Who *in Christian name* did you betray to the enemy?（同上）

你究竟把谁卖给了敌人?（同上）

我们已经分析了③—⑥类，下文将解释①和②类词语。英语也用扩域词如 on earth，ever，wh-ever，any 来加强疑问语气，表示答案很不明确，问话人感到很迷茫、困惑、不解、怀疑、烦乱。从英汉对译的情况可以证明扩域增熵说和两种语言使用的共同的优选策略。问话人把寻找答案的领域扩大，暗示强烈的困惑不解和怀疑的语气。

6.2　In the world

In the world 的本义是：全世界，在世界上。In the world 用于强调，无极性特征，不是负极词，可用于肯定句、否定句、疑问句和最高级比较句。它在这些句法环境中表现出的强调功能可以用信息论做出统一的解释。

6.2.1　疑问句

《朗文当代高级英语辞典》（英英，英汉双解版）对 in the world 的解释是：（用于问句表示惊讶）究竟，到底。《牛津高阶英汉双解词典》（第 8 版）对它的解释是：（用于强调，表示惊讶或不悦）到底，究竟。《新牛津英汉双解大词典》对它的解释是：竟然，到底，究竟（用作疑问句的强调形式，表示惊讶、不信等），*Collins Cobuild English Dictionary* 对它的解释是：用于

what in the world，who in the world 中，加强疑问语气，尤其是表达惊讶、愤怒或绝望的语气。可见，以上辞典都认为 in the world 在问句中表惊讶语气，有的指出了它表示强调语气和加强疑问语气。我们认为它加强疑问语气表现在表示问话人的疑惑度较高，问话人很难获得问句的答案，它传递的惊讶、怀疑、愤怒、绝望等语气皆为语境含义，都是通过疑惑义与语境信息的结合而传递的意义。问话人搜索答案的范围越广，越有可能获得答案，那么在全世界的范围内搜寻答案就最有可能获得答案。当问话人感到很困惑、很难获得答案时才需要到这么广的范围内去寻找答案，于是问话人能以搜索答案范围的广度暗示和强调自己对答案茫然不知的程度。

(4) Where *in the world* (=wherever) could he be?（《朗文当代高级英语辞典》英英，英汉双解版）

他到底会在哪儿呢？

(5)"What *in the world* is the matter?" Rose demanded, running out to her in bewilderment a few moments later.(BNC)

几分钟后罗斯带着迷茫冲着她跑去，"到底是怎么回事？"罗斯要求回答。

(6)"What *in the world* are you two talking of?" interrupted Rose, whose perplexed gaze had been going from one to the other.(BNC)

"你们俩到底在谈论什么？"罗斯打断他们的谈话，她疑惑的目光在两人身上扫来扫去。

(7) He said, 'I wondered, what *in the world* is a man doing with a baby?'(《有道词典》)

他说："我当时纳闷：一个大男人怎么会身边带着一个婴儿？"

(8) What *in the world* is No Pants Day?（同上）

到底什么叫无裤日？

(9) What *in the world* does that mean?（同上）

这究竟意味着什么？

(10) What *in the world* was all that shooting in the woods for?（同上）

树林里打枪到底是怎么回事?

(11) I thought you were in Hongkong. What *in the world* are you doing here? (同上)

我想你应该去香港了。你现在在这里到底干什么?

(12) What *in the world* is he doing? (*Collins Cobuild English Dictionary*)

他到底在干啥?

(13) Where *in the world* were you when I was struggling for my life? (同上)

当我挣扎求生的时候你到底在哪里?

(14) Why *in the world* did you not reveal yourself sooner? (《新牛津英汉双解大词典》)

你究竟为什么没有早点表明你的身份?

(15) How *in the world* did they make a mistake like that? (*Macmillan Dictionary*)

他们究竟是如何犯了如此错误的?

(16) What *in the world* are you doing? (《朗文当代高级英语辞典》英英,英汉双解版)

你究竟在干什么?

(4)中的问话人怎么也无法猜出他所在的位置。在(5)中,罗斯感到很迷茫,不知道是怎么回事。在(6)中,罗斯怀疑他们,不知道他们悄悄地在谈论什么。(7)中的问话人对一个男人在身边带着一个婴儿感到很纳闷和惊讶,通常,一个女人身边带着一个婴儿才比较合乎常情。在(8)中,人都要穿裤子,怎么会有无裤日,这令问话人感到很惊讶和不解。(9)中的讲话人实在不明白那意味着什么。(10)中的讲话人听到树林里的枪声感到很诧异,不知道发生了什么事情。(11)中的讲话人本以为对方去香港了,而对方出现在这里令他感到很突然、惊讶和不解。(12)中的问话人因对方没有完成任务而感到很失望和生气,不知道这么长时间他在干什么。(13)中的问话人在急需听话人来救命的时候却不知道他躲到哪去了,问话人愤怒地谴责听话人见死不救。(14)中的问话人不明白为何听话人不及早表明身份。(15)中的问话人简直不相信也不明白他们怎会犯如此低级和粗心的错误。在(16)中,in the world 通过扩域义暗示问话人很不清楚对方在干什么,问句答案的熵值(不确定程度)较高,具有较大的求信效用,引出的答案能够解除极大的不确定性。以上例句中的 in the world 都表示问话人感到困惑不解,而它传递的惊讶、怀疑、失望和愤怒的语气是通过特定的语境信息暗示的。Krifka(2003)认为陈述句的信息力度可以用信息的蕴含力度来测量,问句的信息力度可以用熵来测量。两种情况都是扩域增加了信息度和话语的效用。

6.2.2 否定句

(17) There's nothing *in the world* I'd like more than to visit New York.(《牛津高阶英汉双解词典》)

访问纽约是我最想做的事。

(18) You look as if you haven't got a care *in the world*!(同上)

你看上去好像一丝牵挂都没有!

(19) He had no one *in the world* but her.(同上)

他在世上只剩下她了。

在(17)中,对比的范围越广,越可能出现更令她高兴的事情。命题否定了先验概率极大的事件,命题为真的概率极低,能传递极大的自信息。根据梯级推理,如果在全世界都不存在一件更令她高兴的事情,则在任何较小的范围内也不存在一件更令她高兴的事情。在(18)中,调查、统计的范围越广,越可能发现对方有牵挂的事情,命题也否定了先验概率极大的事情。根据梯级推理,在整个世界都没有一丝牵挂,则在任何更小的范围内也没有一丝牵挂。在(19)中,否定的范围越广,命题解除的不确定性成分越多,传递的联合自信息也越多,它蕴含同一命题框架中关于其他范围的命题的信息,即在较窄的范围内他也没有更多的亲人了。

6.2.3 肯定句

(20) Don't rush—we've got all the time *in the world*.(同上)(肯定

句）

别急急忙忙的，我们有的是时间。

(20)是夸张表达，字面意思是我们拥有世人全部的时间。夸张的程度越偏离常规量值的范围，命题为真的概率越低。这里，累加的人的范围越广，加和的结果越有可能超出我们拥有的时间，命题越不可能为真，命题传递的自信息量越大。根据梯级推理，如果我们拥有世人的全部时间，则也拥有世界上任何一个地方的人们的全部时间，即要多少时间就有多少时间。

6.2.4　比较句

(21) The saddest thing *in the world* is a little babe nobody wants…(*Collins Cobuild English Dictionary*)

世上最悲伤的事是没人要小宝贝。

(22) They produce some of the finest wines *in the world*.(*Mcmillan Dictionary*)

他们生产的是世界上最好的一些酒。

(23) We spent a night at the dirtiest hotel *in the world*.(同上)

我们在世界上最脏的旅馆待了一晚上。

In the world 可以与最高级连用，用作夸张，形容某个事物的极端程度。夸张的命题的信息蕴含力度极大，能传递强烈的语气。在(21)中，比较的范围越广，越可能出现更悲伤的事情，命题表达了先验概率极低的事件。根据梯级推理，如果没人要小宝贝是世上最悲伤的事，则在任何较小的比较范围内它也是最悲伤的事。在(22)中，如果他们生产的是世界上最好的一些酒，那么在相对较小的比较范围内，他们生产的酒也是最好的酒。在(23)中，如果他们呆的旅馆是世界上最脏的旅馆，则这家旅馆无论在哪个范围内作比较都算是最脏的旅馆。

可见，in the world 用于强调，在疑问句中强调问话人的疑惑度极高，起到加强疑问语气的作用，用在肯定句、否定句、比较句中强调命题的信息蕴含力度极大，起到加强语气的作用，信息论和基于概率的梯级逻辑能对 in the world 在各种分布语境中的用法做出统一的解释。

6.3 On earth

On earth 和 in the world 一样，本义为全球、全世界、人世间。*Collins Cobuild English Dictionary* 对它的解释是：可以用于疑问句、比较句和否定句，表示强调。

6.3.1 疑问句

（24）Shiona smiled shakily, as her shock turned to **bewilderment.** What *on earth* was Jake doing here?（BNC）

当她由震惊转为迷乱的时候，神奈慌张地微笑了一下。杰克到底在这儿干什么？

（25）We **felt puzzled.** What *on earth* did they want to do?（《有道词典》）

我们都感到纳闷儿，他们到底想干什么？

（26）She looked him over, **unable to figure out** who *on earth* he could be.（*Corpus of Contemporary American English*）

她审视着他，不知道他到底是谁。

（27）I swear I **don't know** who *on earth* would want to expose their lack of talent to millions of television viewers.（同上）

我发誓我不知道到底谁愿意在数百万电视观众面前暴露他们是庸才。

（28）Who *on earth* would venture out in weather like this?（《新牛津英汉双解大词典》）

究竟有谁会在这样的天气冒险出行？

（29）Why *on earth* would he want to go to such a place?（*Collins Cobuild English Dictionary*）

到底为何他想去这样一个地方？

(30) How *on earth* did that happen? (同上)

那究竟是怎样发生的?

(31) What *on earth* are you doing? (《有道词典》)

你到底在干什么?

《朗文当代高级英语辞典》指出 on earth 是非正式用语,用以加强疑问句的语气,表示"究竟""到底"的意思。《新牛津英汉双解大词典》给它的解释是:表示强调,表示"究竟""到底"。*Oxford Advanced Learner's Dictionary* 指出 on earth 用于问句时表达惊讶或愤怒,暗示问话人不能找到明显的答案。*Collins Cobuild English Dictionary* 对 on earth 的解释是:在问句中用于强调,通常暗示问句的答案不明显,问题不容易回答。我们认为正是因为问句的答案不明显,问题不容易回答导致了问话人的疑惑度升高。当 on earth 用于问句时,表示问话人把搜寻答案的范围扩大到全球,用域的宽度暗示问话人欲彻查和深究问句的真正答案。搜索的范围越广,越可能发现答案,因此扩域能增大答案出现的先验概率,到全球去彻查问句的答案就最有可能发现答案。当问句无明显的答案或问题不易回答时,问话人需要穷究世界上的所有事物以找出问题的答案,于是问话人以空间范围的广度来强调疑惑不解的语气。例(24)—(31)都表示问句答案的可及性极低,问话人感到很困惑。此外,例(24)—(27)中的黑体字部分也提示问话人感到很费解。例(24)表示问话人琢磨不透杰克在这儿的真实意图。例(25)中的讲话人感到纳闷儿,不知道他们想干什么。(26)中的女主人公不知道对方的真实身份。(27)中的讲话人不知道谁愿意向大众暴露自己的无知,暗示没人会干这么愚蠢的事情。例(28)表示讲话人感到很奇怪,他猜不到是谁会在这样的天气冒险出行。(29)中的问话人对他想去这样一个地方感到不可思议。(30)中的问话人不知道事件是如何发生的。在(31)中,老板叫某个员工干活时却找不见他,不知道他在干什么,感到很生气,on earth 在语境中既表示气愤又表示不解。

6.3.2　否定句

(32) There is no feeling *on earth* like winning for the first time.

(*Collins Cobuild English Dictionary*)

世上没有什么能够比得上首次获胜的感觉。

(33) Nothing *on earth* could make him change his mind.(《有道词典》)

无论什么也不能使他改变主意。

(34) They looked like nothing *on earth*.(《新牛津英汉双解大词典》)

他们显得非常奇怪。

(35) You look like nothing *on earth* in that ridiculous hat.(《朗文当代高级英语辞典》)

你戴着那顶可笑的帽子,真是难看极了。

(36) The smell from that drain is like nothing *on earth*.(《有道词典》)

那阴沟发出的气味难闻极了。

(37) When he heard the news, he felt like nothing *on earth*.(《有道词典》)

他听到这消息时感到很尴尬。

(38) The morning after the party he looked like nothing *on earth*.(《朗文当代高级英语辞典》)

聚会以后的那个早晨,他显得很不舒服。

On earth 出现在否定代词(nothing, nobody, no one)或否定名词词组后表示在最广的范围内都不存在某个事物,等于否定了先验概率最大的事件,因为域越广,事物存在的概率越大。否定的范围越广,被排除的事物越多,命题的信息蕴含力度越大,否定的语气越强。宽域的否定蕴含窄域的否定。(32)表示世上没有任何东西给人的惬意感比得上首次获胜的感觉。根据梯级推理,如果在最广的范围内都不存在使人更惬意的东西,则在任何较窄的范围内也不存在这样的东西。如果把否定句改成肯定句,就会增大事件发生的先验概率,因为域越宽,事例出现的概率或频率越高,这时扩域反而大大地降低了命题的自信息,与 on earth 用于强调的功能相冲突,语句就不合适,如例(39)。

(39) * There is a feeling *on earth* like winning for the first time.

(39)表示世上有一种感觉能够比得上首次获胜的感觉，命题指代的事件发生的先验概率极大，传递的信息几乎为人们的常识所蕴含，命题没有传递新信息，听话人不明白讲话人的扩域意图，语句显得怪异。扩域反而降低了信息度，窄域的信息蕴含宽域的信息，世界上任何一个局部地方有这种感觉都蕴含世界上有这种感觉。(33)表示世上没有任何东西能使他改变主意，说明他是多么坚定或固执。命题传递的梯级含义是：在任何较窄的范围内也没有能使他改变主意的东西。话语命题的信息蕴含力度极强，宽域命题的信息蕴含所有窄域命题的信息。Like nothing on earth(非正式)的字面意义是不像世上的任何东西，表示某事物显得很怪异。语境能提供具体信息，提示在哪些方面显得很怪异，如显得不自在或不健康等。(34)表示他们的行为很奇怪，说不出像世上的哪样东西。(35)表示他们戴着那顶可笑的帽子显得怪模怪样的，不像世上的任何东西，即难看极了。(36)表示阴沟发出的臭味难闻极了，说不出世上哪种东西的气味会像它那么臭。(37)、(38)都表示难受极了。

6.3.3　最高级

(40) He wanted to be the fastest man *on earth*.(*Collins Cobuild English Dictionary*)

他想成为世界上跑得最快的人。

(41) We have the most powerful military *on earth*, but that's not what makes us strong.(《有道词典》)

我们拥有世界上最强有力的军事，然而，让我们强大的，并非军事。

(42) She was the most beautiful woman *on earth*.(同上)

她是这个世界上最美丽的女人。

On earth 用于含有形容词最高级的名词短语后表示强调。在比较句中，对比的范围越广，越凸显事物的极端程度。对比范围越广，越可能出现例外，即在程度上超过某事物的事例，因此，在同等条件下，在最广的范围内都没有出现一个超过它的事例是最不可能发生的事情，命题叙述了概率极低的事件，传递极大的自信息。根据梯级逻辑，如果某物在最广的范围内进行比较时都处于最高值,则在任何较窄的范围内进行比较也是处于最高值,宽域的信息蕴含窄域的信息。在(40)中,如果他想成为全世界跑得最快的,则也想在任何局部区域进行比赛时成为跑得最快的。例(41)(42)也可进行相似的解释。

能用信息论对 on earth 的分布特征做出统一的解释。否定句、疑问句、比较句都能满足扩域加强信息度的需要,它们都是借助 on earth 指代的广阔范围表示强调和夸张,传递极大的信息量。On earth 在疑问句中强调疑惑的语气,在陈述句中加强命题的自信息。

On earth 不是负极词,当它位于名词或代词之后时,可以出现在肯定陈述句中。

(43) I believe that all things *on earth*, and in all of creation, move in circles.(《有道词典》)

我认为,地球上的一切物体,还有在所有的生物中,都是绕圈运行的。

6.4 其他空间范围词

In nature(在自然界,在世界上), under heaven(普天之下), under the sun(太阳底下,天下), *in the nations*(在世界各国)等词语用于疑问句时也同样是以范围的广度暗示问话人感到疑惑不解的程度。

(44) What *in nature* does she mean?(《有道词典》)

她究竟是什么意思?

(45) What *under heaven* have you told her?(同上)

你究竟告诉了她什么?

(46) What *under the sun* are you thinking about?(同上)

你究竟在考虑些什么?

(47) What *in the nations* are you doing?(Mark Twain)

你究竟在干什么?(李延林 2001:58)

6.5 At all

6.5.1 基本语义

At all 的字面意思是：在所有范围内、全都、全然。它表示全量意义，指代整个集合中的所有变量，如所有的方式、程度、事例和数量等。《新牛津英汉双解大词典》对它的解释是：表示强调，相当于根本，究竟，无论如何(in any way)，在任何程度上(to any extent)。《朗文当代高级英语辞典》给它的解释是：无论如何(都不)，一点(都不)；到底，究竟。Israel (2011：167)指出 at all 在现代英语中的用法不同于 entirely、altogether 的意义，只是它的早期用法体现全量意义，at all 现在不表示全称量化义，只是在与任选词语连用时起到加强语气的作用，如 anything at all(所有的任何东西)，at all 在这样的句法环境中保留了全量意义。他把 at all 归入微量负极词，认为它和 a wink(一眨眼)，an inch(一英寸)，the least bit(丝毫)一样表达微量和存在量化意义。根据他的解释，例(48)表示问对方是否有一点担心。

(48) Are you *at all* concerned? (Israel 2011：167)

你有点儿担心吗？

我们认为他的解释是错误的，at all 并不表示微量意义，而是表示全称量化意义，相当于"全然"。例(48)是问对方到底担不担心，而不是问对方是否有一点儿担心。我们认为辞典有时把 at all 解释为微量词语是因为 at all 在否定句中表达的全量否定意义和微量词语表达的梯级蕴含义相当。

(49) It was late, but they were not *at all* tired. (《朗文当代高级英语辞典》双解)

已经夜深了，但是他们<u>一点</u>都不觉得累。

(50) I didn't enjoy it *at all*. (《牛津高阶英汉双解词典》)

我<u>一点</u>也不喜欢。

(51)A:“Thanks very much for your help.”

“多谢你帮忙。”

B:“Not *at all*, it was a pleasure.”(《牛津高阶英汉双解词典》)

“别客气,不用谢。”

在(49)中,“完全不觉得累”表达全量否定的意义,而“一点都不觉得累”是通过否定微量=>否定全量的梯级蕴含义的推导而获得全量否定的意义,两者殊途同归,都表达完全否定的含义。同样,(50)表示完全不喜欢,“一点也不喜欢”也是通过否定微量而达到否定全量。(51)中的B表示完全不用客气。虽然表示全量意义的词语和表示微量意义的词语在否定的语境中都可以表达完全否定的意义,但不可把它们的本义和含义相混淆。

6.5.2 语境分布特征

《新牛津英汉双解大词典》《朗文当代高级英语辞典》都提示 at all 用于否定句和疑问句,*Collins Cobuild English Dictionary* 提示它用于否定陈述句、条件句和疑问句。Ladusaw(1979),Linebarger(1980,1987),Israel(2011)等都认为 at all 是负极词。他们的研究发现 at all 几乎能分布在负极词出现的所有语境中。但他们都没有注意到 at all 其实是一个具有浮现极性特征的词语,即在有些情况下它是自由的,可以出现在肯定陈述句中,而在有些情况下它不是自由的,不可以出现在肯定陈述句中。我们需要研究在什么条件下它具有负极词的分布特征,在什么条件下它失去极性特征。语料显示,当 at all 指代程度和数量时具有负极性特征,不能用于肯定陈述句,而当它表示让步方式意义和修饰任选词语时则无极性特征,可以用于肯定陈述句。

6.5.3 不显现极性特征的语境

At all 并未完全演变为负极词,而是具有浮现极性特征的词语。当它表示让步条件时可用于肯定陈述句,表达完全肯定的意义,表示无论如何

(anyway)、无论怎样、即使如此、竟然、仍然,这时它不显现极性特征。

(52)It's nice to sit at a table with a candle *at all*.(E. Lowson, conversation, 1997)(Israel 2011:36)

不管怎样,餐桌上有烛光本身就算是一种不错的感觉。

(53)I'm surprised you came *at all*.(= anyway)

无论怎样,你还是来了,这使我很惊讶。

(54)The most amazing thing about San Remo is that it still exists *at all*.(anyway)

无论怎样,圣雷莫[①]依然存在是最令人惊讶的事情。

Israel(2011)认为例(52)允准 at all 是因为语句中含有否定含义,即餐桌上只有烛光根本算不上是一种招待。但我们认为例(52)并不需要用否定含义来解释,用隐性的否定算子来解释 at all 可以出现在下例(55)—(59)中的理由是错误的,因为下例中的 at all 不显现极性特征。Langacker(2002)指出任选用法的 any 既可以表示种类,也可以表示数量。At all 可作为 any 的后置定语,出现在非极性语境时也不显现极性特征,可以出现在类指句、情态句、祈使句和用将来时表达的语句,在这些语境中 any 也不显现负极词的分布特征,因为它们并不指代确定的、有定的事例或数量。

(55)Any knife *at all* will do.(包含全部种类)

所有任何的刀都行。

(56)Any salt at *all will* help this stew.(包含全部数量)

无论多少盐都能辅助炖这个东西。

(57)I'll do anything *at all* to make you happy.(包含全部种类)

使你感到快乐的任何事情我都会做。

(58)To do anything *at all* would be to risk exposure.(*Sons of the morning*. Curtis, J. London:Corgi Books, 1992)(包含全部种类)

做任何事情都会有暴露的危险。

(59)I was ready to go anywhere *at all*.(《COBUILD 英汉双解词典》)(包含全部种类)

---

①意大利西北部港市,旅游胜地。

我随时都可以到任何地方去。

此外，at all 也可以修饰表示任选意义的词语 whatever（无论什么）。

(60) Whatever is worth doing *at all* is worth doing well.（《有道词典》）

任何一件值得做的事都应该把它做好。

以上例句说明 at all 并非是一个严格的负极词，它有时可用于肯定陈述句，是具有浮现极性特征的词语。

6.5.4 显现负极性特征的语境

6.5.4.1 否定句

(61) * Hillary is *at all* interested in continental philosophy.（Israel 2011：27）

* 希拉里对欧陆哲学全然感兴趣。

(62) Hillary isn't *at all* interested in continental philosophy.（同上）

希拉里对欧陆哲学全然不感兴趣。

(63) Aunt Jane was * *at all* upset by the news.（Israel 2011：166）

* 简阿姨根本受到消息的刺激。

(64) Uncle Bob wasn't *at all* upset by the news.（同上）

鲍伯叔叔根本没受到消息的刺激。

(65) I haven't go there *at all*.（《COBUILD 英汉双解词典》）

我根本没有到那儿去。

(66) No trouble *at all*.（《有道词典》）

一点都不麻烦。

(67) Some want no children *at all*.（《有道词典》）

有些人根本不想要孩子。

At all 指代整个集合中的所有变量，当它用于强调确定的、有定的程度和数量时，具有负极词的特征，不能出现在肯定句中，如(61)。At all 作副词，修饰否定成分时，表示完全否定，尽管它位于否定成分之后，却处于否定的逻辑辖域之外，如在(62)中，如果把它理解为在否定的辖域内，则表示否定全称得特称的意义。如果把 at all 视作微量负极词，则它位于否定的语义逻辑辖域内。我还可以从词语的本义和整个语句表达的意义的兼容性分析它的极性特征。(63)表示简阿姨受到整个集合中的各种程度的刺激，然而在已然事件中，她受到多大程度的刺激是有定的，不是可以在整个集合中进行任意选择的各种程度，因此词语指代的无定性和语句表达的有定性发生冲突，语句不合逻辑。但在(64)—(67)中，否定算子排除了整个集合中的所有变量，表达完全否定的意义，起到加强否定力度的效果，当然完全否定的强调效果是与部分否定的效果相对比而言。域越宽，事例出现的概率或频率越高，否定整个集合中存在某个事例就相当于否定了先验概率最大的事件，传递了极大的自信息。

6.5.4.2 含否定意义的副词

(68)She very rarely eats anything *at all* for lunch.

她午餐很少吃什么东西。

(69)I hardly know him *at all*!(《有道词典》)

我根本就不认识他!

Rarely 表示很少，hardly 表示几乎不。在(68)中，如果扩大选项域，在统计时把所有的东西都包括在内，发现她午餐很少吃什么东西，则在较小的范围内也可能发现她很少吃什么东西或者没有吃东西，宽域的信息蕴含窄域的信息，at all 用于强调数量很少。在(69)中，hardly 表达的程度略低于完全否定表达的程度，at all 表示任何、各种程度，用于加强否定的力度。

6.5.4.3 疑问句

(70)Is it *at all* possible that he alone can drink ten bottles of beer?

难道他<u>真的</u>能独个儿喝十瓶啤酒吗?

(71)Are you *at all* interested in what I'm saying?

你是不是<u>真的</u>对我说的感兴趣?

(72)Have you seen him *at all*?

你<u>真的</u>见到了他吗?

(73)Is it *at all* possible that you have made a mistake?(《朗文当代高级英语辞典》(双解版))

到底有没有可能你真的出了差错呢？（同上）

(74) Has the situation improved *at all*？（*Macmillan Dictionary*）

到底情况好转没有？

(75) You don't have any money *at all*？（同上）

你一点钱都没有吗？

(76) I doubt whether it is true *at all*.

我怀疑这件事究竟是否是真的。

(77) Haven't you got any *at all*？（《COBUILD 英汉双解词典》）

你手头到底还有没有呀？

(78) Did he suffer *at all*？（《新牛津英汉双解大词典》）

他究竟遭受痛苦没有？

(79) What is the matter with you *at all*？（同上）

你究竟怎么了？

(80) I want to know how long she's been there. I want to know what she's there *at all* for.（W. Howells）

我要知道她在那里待了多久了，我要知道她究竟为什么待在那里。（李延林 2001:58）

如果 at all 是微量词语，在问句中必然不表示求信，只能表示反问。例(70)—(80)究问真相实情，at all 用于问句暗示问话人不知道或不确定事件、消息是否真实，他把深究的范围扩大到全局以发现真实的情况，所以在以上例句中，at all 有时可以翻译为"真的"，暗示问话人对情况的真实性产生怀疑，或对先前的肯定回答、含义等发出新的质疑，加强问句的疑惑语气。在(70)中，一个人能喝 10 瓶啤酒，酒量惊人，问话人不太相信，想知道是不是真的。在(71)中，问话人想确认对方是不是真的对他说的感兴趣，他怀疑对方可能是出于礼貌或别的什么原因假装对他说的感兴趣。(72)中的问话人想核实消息的真实性。(73)中的问话人对听话人说自己绝对没错持怀疑态度。已知对方出错的可能性不大，或者对方已经否认他出过错(即已经知晓否定答案)，但问话人对此不放心，想知道他是否真的出了差错，于是提请对方认真回顾和重新思量所有可能犯过的过错。检视的范围越广，越有可能发现疏漏，于是扩域增加了肯定回答的概率，增加了问句答案的平衡性，增加了问句的熵，提高了问句的求信效用。(74)把所有好转的程度都包含在询问的范围内，哪怕是稍有好转就可以用肯定回答。(75)中的讲话人知道对方没有许多钱，但不相信他连一点钱都没有。(76)是间接问句，at all 配合 doubt 表达问话人的怀疑和不确定的语气。(77)—(80)都表示问话人很不确定问题的答案。

下列例句中的 at all 不表示问话人的怀疑，而表示问话人很难找到答案，答案的可及性极低：

(81) Which raises the following question: what is the point of using a language *at all* if the kind of thing it can be used to achieve can also be achieved without it? (Sperber & Wilson 2008:87)

这就产生了以下这个问题：如果用语言传递的信息可以不通过语言传递，那么使用语言<u>究竟</u>有什么意义？"

(82) Why am I alive *at all*?

我<u>究竟</u>为什么活着？

(83) What is the matter with you *at all*? (《新牛津英汉双解大词典》)

你<u>究竟</u>怎么了？

(81)中的问话人提出了一个很难解答的问题，暗示需要深究才能获得答案。(82)中的问话人对人生的意义进行思索和追问，at all 暗示问话人一时难以获得关于人生真谛的答案。(83)中的问话人实在不知道对方出了什么问题，感到很奇怪、困惑或着急，at all 加强追问的力度。

有时扩域把边界成员也纳入问询的范围，强调问话人考虑得很周到、很细致。

(84) Do you feel ill *at all*?

你是否感到<u>任何</u>不适？

(85) 'Are you dizzy *at all*?' he asked her. (*Collins Cobuild English Dictionary*)

"你是否感到<u>有点</u>头晕？"他问她。

在(84)中，问话人把所有的不适感都纳入关心和问询的范围，只要对方有任何的不适，都可以使用肯定回答，问话人暗示他很在乎对方。关心的范围越广，越凸显问话人照顾得很周到。在(85)中，问话人为了表达自己的关心，扩大晕眩程度的范围，只要对方稍微有点头晕都可以使用肯定回答。

扩域词语还可以暗示问话人的责备语气。

(86) Are you *at all* worried about the forecast?

对这项预报你不担点儿心吗？

(87) Do you have any shame *at all*?

你一点耻辱感都没有吗？

在(86)中，at all 把各种程度的担心都纳入问询的范围，假定对方听了预报表现得很镇定，对于他是否很担心或颇担心问话人没有疑惑，问话人已经知道他不太担心，但想知道他是否一点儿不担心，因此含有微量值的这个问题具有不确定性。在(87)中，at all 把各种耻辱感都纳入查问的范围，问话人眼见听话人表现出无所谓的态度，似乎没有太多的耻辱感，于是剩下是否有一点耻辱感这个问题的答案才是未知的，扩域增加了问句答案的不确定性，并暗示对方很不知羞耻。

6.5.4.4 比较句

(88) She would sooner die than appear *at all* drunk in public.

她宁愿死也不愿在公众面前露出一点醉态。

(89) He served me more food than I was *at all* keen to eat.

他给我的食物超过了我的任何食欲。

(88)的字面意思是她宁愿死也不愿在公众面前露出任何程度的醉态。用“一点”来翻译 at all 是对讲话人的强调意图的领会。(89)中的 at all 也指整个范围内的任何程度。比较的范围越广，越可能出现例外，命题为真的概率越低，at all 在比较句中表示在比较的任何范围内全都没有例外，例(89)表示无论我的食欲有多大，凡是他给我的食物都超过了我的食欲，全都没有例外，于是命题描述了先验概率极低的事件，传递了极大的自信息。

6.5.4.5 条件从句

(90) I'll be in my office all day, in case you have any problems *at all*.

我会全天待在办公室，以防你真有问题。

(91)He'll come before 12 if he comes *at all*.

如果他真的要来，肯定在十二点以前。

(92)I won't leave until Friday, if *at all*.

如果真要离开，我也要等到周五才离开。

(93)If you do it *at all*, do it well.

既然真要做，就要做好。

(94)He will eat little, if *at all*.

他即使吃也吃得很少。

(95)The meal would have been extremely late, if indeed it appeared *at all*.(《COBUILD 英汉双解词典》)

即使真的有饭送来，那肯定会很晚。

以上例句表示如果条件句的命题为真，则结果句的命题也为真。At all 指代整个范围内的各种程度、数量和事件发生的各种可能性，它在条件句表达的意义相当于：不管是何种程度、数量和可能性，只要条件句的前件为真，就能使后件的命题成立。因此，可以把 at all 翻译为"真""真的"。(90)中的 at all 加强 any，表示任何问题全都不例外，语句表示如果你有任何问题，都可以来办公室找我。(91)表示不管他要来的可能性有多大，无一例外会出现在十二点之前。(92)表示不管我要离开的可能性有多大，我都要等到周五才走。(93)表示无论你多大程度上想做这件事，只要做，就要做好。(94)表示无论他吃饭的可能性有多大，凡是吃饭，他都吃得很少。(95)表示无论送饭来的可能性有多大，送来的时间肯定很晚。

下列条件句中 at all 的语义的外延在含义推导中发生收缩，at all 由指代全量转为指代微量，因为微量才是讲话人的意图点，听话人在最佳相关语境假设的诱导下对 at all 的字面义进行调节。

(96)If Gladys is at all late, there may be trouble.

如果格拉迪斯稍微迟到，就有麻烦。

(97)Surely if the woman had any decency *at all*, she'd have withdrawn at once.(*Collins Cobuild English Dictionary*)

当然，如果该女士有一点羞耻感，她应该马上退出。

例(96)表示任何程度的迟到都会导致同样的结果。扩域把默认的例外的时间长度(如把稍微迟到)也纳入满足主句实现的条件中,微量值是最能体现讲话人的强调意图的一个量值,其他值都是被含有微量值的命题蕴含的,且无须明示,如迟到很久就会有麻烦是不言自明的。(97)中的any decency at all 指代任何程度的羞耻感,在语境中外延被调节,只有一点羞耻感才与讲话人的强调意图相关。

6.5.4.6 主语从句

(98)Whatever is worth doing *at all* is worth doing well.(《有道词典》)

凡是值得做的事,都值得做好。

At all 表达的全量意义加强 whatever 表达的任选意义,(98)表示整个范围内的任何值得做的事情都值得做好,全都没有例外。

6.5.4.7 定语从句

(99)Everyone who was *at all* interested in the truth read the report.(Israel 2011:29)

对真相真的感兴趣的每个人都读了报告。

(100)All the people who bathed *at all* developed a skin ailment.

所有真的洗了澡的人都得了皮肤病。

(101)Most catholics who also went to mass *at all* voted for Kennedy.

大多数真的去做了弥撒的人都投了肯尼迪的票。

(102)For investors who feel *at all* mauled by the bear market, fighting back with a spot of training could be the answer.

对于那些真的遭受熊市伤害的投资者而言,用一点培训来反击可能是一条出路。

在以上例句中,at all 所在的定语从句修饰全称量词、表示大多数意义的词语和复数名词。后置的定语从句的功能是充实中心词的内涵,划定和缩小中心词指代的范围,暗示一种条件,类似于条件句的功能,如可以把例(99)理解为条件从句,即如果每个人对真相有任何兴趣,他们都读了报告。既然条件句中的 at all 可以翻译成“真的”,则定语从句中的 at all 也可以翻译成"真的"。

6.5.4.8　否定含义

(103)She persisted for years after she had any hope *at all* of succeeding.(Linebarger 1987:370)

在毫无成功希望之后,多年来她仍然在坚持。

(104)We're surprised that anyone bought anything *at all*.(Ladusaw 1979:135)

有人买了什么东西,我们感到很意外。

(105)I'm amazed that Elly is *at all* interested in birdwatching.(Israel 2011:29)

艾莉竟然对观鸟感兴趣,我感到很吃惊。

(106)Only Hugo was *at all* impressed by her convoluted arguments.

只有雨果才被她那晦涩的辩论所打动。

(107)We've very little in those fields *at all*.(《COBUILD 英汉双解词典》)

我们在那些区域几乎什么也没有。

Linebarger(1980, 1987)认为负极词能被否定或否定含义允准。Israel(2011)认为允准语境的多样性和复杂性无法用允准语的语义特征来解释,由于语境能够激发否定含义,即使当负极词出现在不显现允准语的语境也能获得允准。Horn(2001:176—177)曾把启动否定含义的词语称为福楼拜启动词(Flaubert triggers),正如上帝在神的宇宙中无处不在一样,作者在福楼拜的小说中也无处不在但又是隐身的。在以上例句中,负极词能被语句暗含的否定含义允准。在(103)中,at all 加强 any hope 的意义,表示所有的任何希望都不例外。在领属句中的 any 具有极性特征,不能被肯定陈述句允准,并且 after 从句表达的是已然事件,按理是不允准 any 和 at all 的。语句传递的否定含义是在有一点成功的希望之后就没有成功的希望了,语句表示尽管没有任何成功的希望,但她多年来仍在坚持。例(104)(105)中表示惊讶的词语都暗示与期待相反。(104)传递的否定含义是我们以为没有任何人会买任何东西。(105)传递的否定含义是我们以为艾莉对观鸟全然不感兴趣。(106)中的 at all 把被打动的人,无论他们在多大程度上被打动,都纳入统计的集合中,结果发现只有雨果一人。它传递的否定含义是除了雨果,没人会被打动。(107)表示在整个区域内我们拥有的东西都很少。

At all 在语境中起到加强语气和信息度的作用,都可以用信息论做出统一的解释。

6.6 Ever

Longman Dictionary of Contemporary English 把 ever 解释为 at any time(任何时候),指出它大多用于疑问句、否定句、比较句、if 条件句、最高级。Ever 在语句中强调任何时候都不例外,有时相当于曾经、永远、总是、始终、究竟的意义。Leuschner(1996)指出,与"any"相比,"ever"在语言学的研究中未得到重视,人们主要从极性敏感性的角度来讨论它的用法(*cf*. Klima 1964,Ladusaw 1979,Linebarger 1987,van der Wouden 1997,Krifka 1995,Israel 2011)。Ever 的极性特征表现在两个方面:

①它具有浮现极性特征;

②它的某些允准语具有数量特征:否定词语和表示较少量意义的词语能允准 ever,而表示较大量意义的词语和不确定量意义的词语不能允准 ever。

Ladusaw(1979)认为,ever 必须在句子的语义表征的逻辑形式层面处于下向蕴含算子的辖域内才合法,但他没有解释下向蕴含条件与 ever 的语义和功能有何关联,因此下向蕴含条件只不过是一个任意性的规定。这里,我们将运用函数映射论和信息论解决以下三个问题:

①为何 ever 具有浮现极性特征?

②为何 ever 的允准语具有数量特征?

③ever 在问句中的功能是什么?

6.6.1 Ever 的浮现极性特征

Haspelmath(1993/1997)通过调查发现了一个跨语言的蕴含通性现

象:在他调查的150多种语言中,大部分语言中表示任选意义的词语(如“ever”“any”和“任何”)都具有浮现极性特征。当ever用来描述事物的持续状态时隐匿极性特征,既可以出现在肯定陈述句中,如例(108a),也可以出现在否定陈述句中,如(108b);当用于存现句或叙事句[①]时,它显现出负极词的特征,能出现在否定陈述句中,不能出现在缺少允准语的肯定陈述句中,如例(109)(110)。

(108) a. For those in pain your mighty strength is *ever* constant. (Levin, Gabriel. 2011. *Galilean Centos*. Raritan.)

b. Nothing is *ever* constant. (Chou, Hsiao-Ching. BEST of the WEST For one hectic evening, chefs get together and show their stuff. *Denver Post* 1998/2/25; Pg. E—01)

(109) Alcohol is forbidden, but there has* (n't)[②] *ever* been any equipment at the four halfway houses operated by the department to detect whether anyone has been drinking. (Keith A. Harriston, Halfway to Freedom, D.C. Inmates Escape. *Washington* Post 1993/10/19)

(110) Muammar Qaddafi and the other two would have to travel to a third country to be arrested and that has* (not) *ever* happened. (CBS_Early 2011/6/27)

当ever用于存现句和叙事句时,除了能被否定词语允准外,还可被这些句法环境和允准语允准:否定提升句、条件句、直接和间接疑问句、比较句、最高级、修饰全称量词的定语从句、隐含否定意义的词语(如surprised、amazed、astonished、doubt)和表示少量义的量化词语。表示较少量或主观较少量的词语,如few、less than、at most、seldom、hardly、scarcely、barely能够允准ever,而表示较大量或主观较大量的词语,如all、many、more than、at least、often、always和表示不确定量的词语如

---

①叙事句(episodic sentence)表达在特定时间已然发生或正在发生的事件,表示处于过去时、完成体和进行体中的事件的语句皆属叙事句。

②“*”在括号之前表示括号内的成分不可或缺,标记为本书所加。

some、sometimes 不能允准 ever[①]。

(111) a. Few *ever* defined this amorphous thing, or scrutinized it. (*Lives, lies and the Iran-Contra affair*. Wroe, Ann. London: I B Tauris & Company Ltd, 1991)

b. * Many *ever* defined this amorphous thing.

(112) a. Less than half of app users have *ever* paid for an app. (CNET UK-Crave-Mobile Phones 2011/11/14)

b. * More than half of app users have *ever* paid for an app.

(113) a. At most three of my friends have *ever* robbed a liquor store. (Israel 2011:35)

b. * At least three of my friends have *ever* robbed a liquor store.

(114) a. In my home I only have one fork, seldom *ever* used. (《有道词典》)

b. * I only have one fork, often *ever* used.

(115) a. We hardly *ever* used it, but it's a great standby, and very quick. (*Stormy petrel*. Stewart, Mary. London: Coronet Books, 1992)

b. * We always *ever* used it.

(116) a. He was born and died in Essex and scarcely *ever* left the region, apart from his notably productive years of eastern travel as a war artist. (*Guardian, electronic edition of* 1989/11/23)

b. * He was born and died in Essex and usually *ever* left the region.

(117) a. She does open up at home, but she barely *ever* talks about her paintings. (Four-Year Old Abstract Artist Discussed, Jes-

①当 ever 出现在修饰全称量词的定语从句中时是合法的,如下例(1),但它在主句中不能被主语位置上的全称量词允准,如例(2)。这里所谓的数量特征是指谓语部分的否定词语和主语部分表示否定和较少量的词语对谓语部分的 ever 的允准。

(1) Every customer who had ever purchased anything in the store was contacted. (Ladusaw 1996:328)

(2) * Everyone who was contacted had ever purchased anything in the store. (ibid.)

se James Profiled. CBS_SixtyII. 2005/2/23)

b. * She sometimes *ever* talks about her paintings.

6.6.2 语义学对 ever 的负极性特征的解释

Klima(1964)把所有允准负极词的语境统称为"敏感语境"(affective contexts),但他既没有给敏感语境下定义,也没有解释为何敏感语境就能允准负极词,这两个问题一直是近五十年来语言学界试图破解的谜题。

Ladusaw(1979)认为,ever 是一个负极词,可用下向蕴含(downward entailing)特征来概括负极词的敏感语境共同的语义逻辑特征,负极词必须在句子的语义表征的逻辑形式层面处于下向蕴含算子的辖域内才合法。下向蕴含算子准许从母集的情况衍推子集的情况,即对于任何 X 和 Y,当 $X \subseteq Y$ 时,$f(Y) \subseteq f(X)$。于是,无须单独为某些允准语,如表示少量义的量化词语假定一个深层否定成分就能概括几乎所有负极词的允准语共有的语义逻辑特征。以下黑体部分是下向蕴含算子,它们能颠倒 walk slowly $\subseteq$ walk 之间的蕴含方向。

(118)Mary **didn't** walk. $\subseteq$ Mary **didn't** walk slowly.

(119)**No** woman walks. $\subseteq$ No woman walks slowly.

(120)**Few** walk. $\subseteq$ **Few** walk slowly.

(121) **At most** three women walk. $\subseteq$ **At most** three women walk slowly.

(122)**Less than** three women walk. $\subseteq$ **Less than** three women walk slowly.

(123)Mary **seldom** / **hardly** / **scarcely** / **barely** walks. $\subseteq$Mary **seldom** / **hardly** / **scarcely** / **barely** walks slowly.

Ladusaw 认为,某些肯定陈述句和 all、many、some、at least、more than、usually、always、sometimes 等的辖域内的谓词部分属于上向蕴含语境,它们维持母集蕴含子集的关系,不能允准负极词。

(124)Mary walks slowly. $\subseteq$ Mary walks.

(125) All/Many/Some people walk slowly. $\subseteq$All/Many/Some peo-

ple walk.

(126)At least three men walk slowly. ⊆ At least three men walk.

(127)More than five men walk slowly. ⊆ More than five men walk.

(128)Mary usually / always / often / sometimes walks slowly. ⊆ Mary usually / always / often / sometimes walks.

Ladusaw 的描述也给后来的研究者提出了一个至今尚难破解的谜题:为何下向蕴含算子就能允准负极词而上向蕴含算子就不能允准负极词? 下向蕴含论仅仅用具有种属关系的词语代换下向蕴含算子辖域内的负极词,从未用含有负极词的命题去直接说明语用含义的推导,这与话语理解者实际的语用推理过程相去甚远,因为尽管 ever 的某些允准语具有下向蕴含的语义逻辑特征,话语理解者未必需要通过下向蕴含推理才能理解含有 ever 的语句和判断它的用法的合适性。因此,下向蕴含论不过是给负极词的某些允准语贴了一个语义标签,最终无法说明允准语的下向蕴含的逻辑特征与 ever 本身的语义和语用功能有何联系。

6.6.3 语用学对 ever 的负极性特征的解释

Baker(1970)把负极词的所有允准语境递归为否定语境,指出负极词要么受否定成分允准,要么受否定含义允准。Linebarger(1980,1987)接受他的观点,并认为负极词与允准语境的下向蕴含特征无关。Israel(2011:Chapter 9)也持同样的观点。例如,有些非单调算子如 only 和 exactly 也能允准负极词,如例(129)(130),而有时下向蕴含算子如 at most 并不一定能允准负极词,如例(131)。

(129)Only young writer *ever* accept suggestions with any sincerity. (Klima 1964:311)

(130)Exactly four people in the whole world have *ever* read that dissertation:Bill, Mary, Tom, and Ed.(Linebarger 1987)

(131) * At most 99 out of 100 students *ever* said anything.

von Fintel(1999)指出,除非给例(132)添加一个预设,即“Sam ate kale for breakfast”,否则 only+专名结构无法引导谓词部分的下向衍推,因为 Sam 在进早餐时也可能吃了其他蔬菜，他把因顺应语境的需要而添加预设的衍推称为 Strawson 衍推(Strawson entailment)[①]。

(132) a. Only Sam ate vegetables for breakfast. ↛

b. Only Sam ate kale for breakfast.(von Fintel 1999:101)

例(133)显示 exactly 既非下向蕴含算子也非上向蕴含算子，但它能允准例(130)中的 ever。

(133) a. Exactly four people in the whole world have heard a dolphin recite poetry:Bill, Mary, Tom, and Ed. ↮

b. Exactly four people in the world have heard a dolphin recite Greek poetry: Bill, Mary, Tom, and Ed.(Linebarger 1987:273)

Linebarger(1987:373),Jackson(1995:196)和 Hoeksema(2010:195)都曾指出，虽然 at most 是下向蕴含算子，但只有其后接的数量在总量中占很小的比例时才能允准负极词，如例(113a)。由于例(131)中发言的学生占很大的比例，故不合法。Linebarger 认为，only、exactly 和 at most 都能传递否定含义，暗含"大部分都不……"的意思，故它们能够允准负极词。Horn(1996,2002),Giannakidou(2006),Israel(2011)也曾沿用 Linebarger 的解释方法分析负极词被否定含义允准的案例。然而，Linebarger 等的解释中也留下了一个关键问题有待解决：为何只有表示"大部分都不……"的否定含义才能允准 ever，而表示"少部分不……"的否定含义就不能允准 ever? Many 含有"少部分不……"的否定含义，在新格莱斯会话含义理论(Levinson 2000)中，sometimes 可以表示 not always 的等级含义，为何在例(111b)(117b)中它们却不允准 ever?

6.6.4　对浮现极性特征的解释

Ever 是具有浮现极性特征的词语，即在有些语境显现出负极词的分布特征，不可以用于肯定陈述句，而在有些语境不显现极性特征，可以用

①Strawson(1952)曾指出自然语言中的量化词在量化域中携带存在预设，例如，"Every S is P"蕴含"Some S is p"，要使蕴含关系成立，必须引入预设"S 是存在的"，如果预设不能获得满足，则无法判断句义的真假。

于肯定陈述句。

6.6.4.1 不允准 ever 的语境

人们不是依据 ever 的允准语的下向蕴含特征来衡量它的合适性，而是从含有 ever 的命题为真的可能性来判断它的合适性。Ever 不能被肯定存现句或叙事句允准。Ever 表达的任选意义与肯定存现句或叙事句预设的有定性发生冲突，导致命题不可能为真。

(134)* He *ever* smoked.

他任何时候都抽过烟。

语句表示的是过去发生的事件，已然事件发生在特定的时刻，受到语境中时间域的限定，即使抽烟的事件多次发生，也无法保证命题为真。同样，在上例(109)中，如果移除例句中的否定成分，这时语句表达的意思是：在任何时候都有任何设备。在某个时候拥有的设备是有定的，范围是受到限定的，不管已经拥有的设备的种类有多少，只要我们举出一件在某个时候不为公司拥有的设备，命题就不成立。同样，在例(110)中，如果移除否定，语句表达的意思是：卡扎菲和他的两个随从在第三国被捕的事件在任何时候都发生过。因此，当 ever 用于上向蕴含语境时，语句会显得乖戾，其原因是语句表达的信息不可能为真。

6.6.4.2 允准 ever 的句法语境

(135) I didn't *ever* suppose they were happy.(《有道词典》)(否定句)

我从来也没有认为他们是幸福的。

(136) And if you *ever* hunted frogs in your childhood, you know how softly you had to tread! (《有道词典》)(条件句)

如果你在童年抓过青蛙，你应该知道要多么轻柔地走动。

(137) Do you *ever* go to the concert? (《朗文当代高级英语辞典》)(疑问句)

你有时会去听音乐会吗?

(138) Oliver was gently carried into a bed, and received more care and kindness than he had *ever* had in his life.(《有道词典》)(比较级)

奥利弗被轻轻地抬进去安置在一张床上，在这里他得到了一生中从未有过的关心和爱护。

(139) That's the biggest fish I've *ever* seen.(《朗文当代高级英语辞典》)(最高级)

这是我见过的最大的鱼。

(140) Show me a politician who *ever* cares for his constituency.(定语从句)

给我举出一位曾关心他的支持者的政客。

(141) The Republican nominee earlier this year released a brief memo from the same physician asserting he would be "the healthiest individual *ever* elected to the presidency".(BBC News US & Canada, US election 2016, 2016/9/16)(修饰最高级的后置定语)

今年早些时候,共和党总统候选人发布了一个从同一名医生那里得来的简短备忘录,说他将是"曾经当选总统的人中最健康的一位"。

(142) But his grandfather passed away before he *ever* got to see Copperfield do it for people.(《有道词典》)

但是他的爷爷还没来得及欣赏科波菲尔向世人展示他的才华就去世了。(含否定意义的介词 before)

(143) John thinks he is too smart to *ever* be caught.(Chierchia 2013: 55)(表否定意义的构式 too…to…)

约翰认为他太聪明了,不会被抓。

除了(138)是领属句,以上例句都是叙事句,ever 在叙事句、存现句和领属句中显现极性特征,需要获得否定句、条件句、疑问句、比较句等的允准,不能被缺少允准语的肯定陈述句允准。学术界把任选词语在这类语境中的用法称为负极性(negative polarity)用法,而把任选词语在类指句、情态句、表示将来情况的语句和祈使句等语境中的用法称为任选(free choice)用法。任选词语的负极性用法表示存在量化意义,任选词语的任选用法通常表示全称量化意义。任选用法的提法虽然容易让人误解为任选词语在极性语境中不表示任选意义,但这一提法由来已久,已经约定俗成。在表达已然事件、正在进行的事件或已然存在的事物时,涉及的选项具有"存在闭包性"(existential closure)。"存在闭包性"这一概念是 Heim (1982)提出的,它是指变量(variables)被句中的一个存在算子(existential operator)所约束的现象。在存在闭包语境中,自由变量的作用域被绑定,特定事件的参与者、被拥有的事物和已然存在的事物的范围是有定的和有限的。

(144)前面有个人。

$\exists x$(人(x)& 前面(x))

"$\exists x$"表示 x 的存在量化意义,变量"人"被存在算子"有"绑定,是被语境限定的集合中的一个变量。存在闭包语境无法满足听话人任意选择变量的要求,如果听话人选择的变量跨越集合的边界,命题就不可能为真,因此,在肯定的已然事件句、领属句或存现句中使用任选词就违反了合作原则中的真值准则。Haspelmath(1997:49)也指出,由于任选词的语义是表示不定指称的、任选的个体,因此在个体已经被确定的肯定句中不能使用任选词,如任选词不能用于表示计划或请求的肯定句,或用于以过去时、完成体、进行体表达的肯定叙事句,或用于表示必要性的肯定句。由于叙事句是指代在特定时刻发生的一个事件,其中所涉选项的范围受时空的限定,选项的数量是既定的和有限的,不允许有无限的、任意选择的自由,因此 Giannakidou(2001)指出,任选词是反离散事件性的(anti-episodic),而在类指句、或然情态句、否定句、假设条件句、疑问句、指令句和以将来时表达的叙事句中,它们不含有实情性预设,存在闭包被打开,其中的自由变量被释放,无论听话人选择哪个变量,命题都能成立。(Hsieh 2012:175)指出,因为条件句含有可能情态,允许选择,所以可以允准 ever 和 any。在(138)中,比较句表示与过去曾发生过的事件的属性进行对比,允许在有限范围内进行任意选择,语句表示他得到的关心和爱护比以往任何时候得到的都多。如果比较句的内嵌句单独使用,就无法表达有限范围内的任选,语句就不可能为真。同样,在(139)中,最高级也允许在有限范围内进行任意选择和对比。例(140)(141)也都表示允许在有限范围内任意选择。(142)中的 before 表示事件尚未发生,蕴含否定意义。(143)中的短语表示否定意义。因此否定含义允许(142)(143)中的 ever。

6.6.4.3 Ever 不显现极性特征的语境

Ever 用于表示事件、行为和事物的存在时具有负极词的特征,用于表示持续状态时没有极性特征。

(145) I will love you for *ever*.(《朗文当代高级英语辞典》)

我将永远爱你

(146) God Almighty bless your honour for *ever* and *ever*, Amen! (BNC)

全能的上帝保佑阁下,直到永远,阿门!

(147) The company is making *ever* larger profits.(《朗文当代高级英语辞典》)

这家公司的利润不断增加。

(148) He's still as cheerful as *ever* in spite of all his disappointments.(同上)

尽管他遭遇了那么多失望的事,他仍然情绪高涨。

(149) It's *ever* so cold.(同上)

天气很冷。

(150) She's *ever* such a nice girl.(同上)

她是一个如此可爱的姑娘。

(151) It remains as popular as *ever*.(《新牛津英汉双解大词典》)

它和以往一样仍然很受欢迎。

(152) The danger is *ever* present.

危险总是存在。

以上例句中的 ever 用于描述状态的持续,不显现极性特征,表示事物在任何时候都保持同样的状态,如(151)表示一直受欢迎,语境满足 ever 的任选意义。Leuschner (1996)指出,在古英语的早期,ever 就可以用于表示"总是"的意义,凸显恒定性。时间越长,状态越有可能发生改变,越有可能出现例外,因此以上命题都表达了概率极低的,令人十分惊讶的事情,通过基于概率的梯级推理得出在内包的时段内状态也同样保持不变,宽域的信息蕴含窄域的信息。

6.6.4.4　Ever 在某些任选语境中不合法的原因

Ever 和 any time 都表示任何时候,在叙事句、存现句和领属句中显现负极词的特征,在表示状态时不显现极性特征,这是两者的共同点。但它们有用法的分工。虽然情态句、祈使句、类指句和表示将来情况的语句是满足自由任选的语境（称为任选用法），但在这些语境中要表达任何时候的意思时 ever 被 any time 占了先，这已经成为规约。

(153) a. I can quit smoking any time.（Israel 2011：197）（情态句）

b. * I can *ever* quit smoking.（同上）

(154) * Sally would *ever* enjoy walking in the rain.（同上：196）（情态句）

(155) a. Bad luck may befall to anyone at *any time*.（《有道词典》）（情态句）

b. * Bad luck may *ever* befall to anyone.

(156) a. Drop in on me at *any time*.（《有道词典》）（祈使句）

b. * Ever drop in on me.

(157) a. The college admits students *anytime* during the year.（《有道词典》）（类指句）

b. * The college *ever* admits students during the year.

(158) a. Under the two clauses, the Federal government will *at any time* help the two East Malaysian states in their development and economy uplifting.（《有道词典》）（将来时）

b. * The Federal government will *ever* help the two East Malaysian states.

Haspelmath(1993/1997：68)的语义地图也把 ever 排除在任选用法(free-choice)之外。他的归纳是正确的，但这并不意味着 ever 就是一个纯负极词，只能出现在负极性语境（否定句、间接否定句、疑问句、条件句和比较句）。

图 1 显示语义地图只归纳了 ever 表事件或行为时的用法，遗漏了表状态时的用法，没有显示它的浮现极性特征。我们认为，Haspelmath 设计的语义地图忽视了任选词语的浮现极性特征与动词的时体特征的关系，没有考虑到动词表达的事件、行为和状态对极性特征的影响。

Chierchia(2013)认为，ever 是一个纯负极词。他忽视了 ever 用于表示持续状态时是没有极性特征的，表示任何时候都保持延续的状态，既可以表示从过去到现在的一直状态，也可以表示将来的状态。Israel(2011：

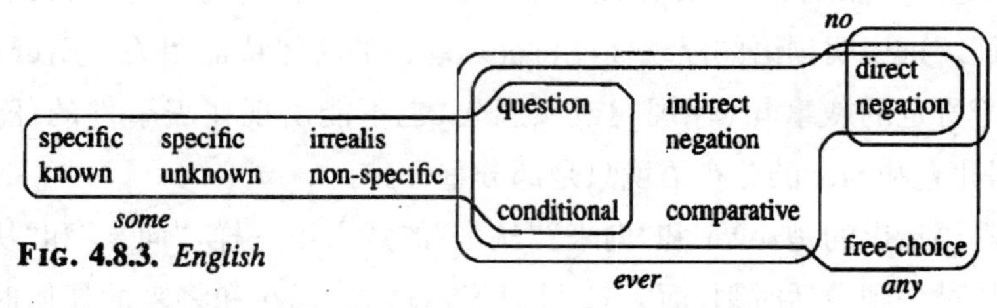

图 1　Any,ever 的语义地图(摘自 Haspelmath1993/1997:68)

196)指出,如果 ever 表示“任何时候”,为何“ever”在例(153b)中不合法?他否认 ever 表示任选意义。Israel 认为 ever 至今仍然表示 “所有的时候”“一直”,从来没表示过“任何时候”。(Israel 2011:197)他的解释与词典对 ever 的解释相冲突。《朗文当代高级英语辞典》和《新牛津英汉双解大词典》等就把 ever 解释为 at any time,即“任何时候”。事实上,ever 表达的“始终”(at all times)“总是”(always)“一直”“从来”“向来”等全称量化意义就是由任选意义推导出来的一种含义,不是 ever 的本义。听话人把时间轴上的任意时间点的状态进行加和运算就自然得出全称量化意义。

(159)They lived happily *ever* after.(《新牛津英汉双解大词典》)

从此以后他们一直过得很幸福。

(160)*Ever* the man of action, he was impatient with intellectuals.(同上)

他向来就是一个实干家,对空谈家很不耐烦。

(159)表示从某个时间点算起,幸福的状态在任何时间点都不变,通过加和运算得出他们在整个时间段都处于幸福的状态。(160)表示在过去的任何时候他都是实干家,通过加和运算得出他向来就是一个实干家。Israel 只是认识到 ever 用于描述状态时表示“总是”“一直”的意义,忽视了它本身的语义就表示“任何时候”的意义。Israel(2011)和 Chierchia(2013)都是以偏概全。我们认为(153)－(158)中不合法的例句表示的是行为、事件而不是表示状态,这说明 ever 和 any time 的语用分工不同:ever 在肯定句中不能用于表示任意选择行为或事件的时间,这也是一种语言的规约,是功能的固着。而 any time 在肯定句中可以表示对行为、事件的时间进行任意选择。Ever 和 any 一样,是具有浮现极性特征的词语

Ever 表示状态的持续时无极性特征，表示事件和行为时具有负极词的极性特征。这说明词语的浮现极性特征与动词的时体特征相关。Ever 既不能用于肯定的叙事句、存现句或领属句，也不能出现在表事件的任选语境，因此它和 any 的分布语境只是部分重合。

需要指出的是，ever 和“向来”“从来”的意义不一样，“向来”和“从来”表示从过去到说话时刻，而 ever 可以表示过去、现在和将来的任何时候，相当于“永远”，可以用于表示状态一直持续到永远。

(161)I hope we'll be together for *ever*.(《有道词典》)

我希望我们能永远在一起。

6.6.5 对允准语的数量特征的解释

6.6.5.1 扩域论的启示

Kadmon & Landman(1993)指出任选词语具有扩大选项域的功能，简称为扩域(domain extending)功能。通常，事情常有例外，而含有任选词语的语句表示事情无一例外，如在例(111a)中，如果去掉 ever，语句就排除例外，表示在语境默认的某个具体的时间或时段的情况。而 ever 具有扩域功能，能扩大时间域覆盖的范围，表示任何时候都没有例外。如果在所有的时候(宽域)都很少有人解释或钻研过这一非晶形物质，则在较短的时间段(窄域)内也很少有人这样做过。Kadmon & Landman 指出，无论是肯定句还是否定句，只要它们能确保宽域的信息蕴含窄域的信息，能顺应讲话人加强语气和增强命题的信息蕴含力度(即一个命题的信息大于和蕴含另一个命题的信息)的意图，任选词语就能获得允准。Ever 在肯定句中把任何例外的时候都包含在内，在否定句中把任何例外的时候都排除在外。

①肯定句

(162)She's been there *ever* since you left!

自从你离开后，她一直都在那儿!

(163)He's got a great voice and is singing better than *ever*.

他有一副好嗓音，比以往任何时候都唱得好。

(164)It's colder than *ever* today.(《朗文当代高级英语辞典》)

天气从没像今天这样冷过。

(165)That's the biggest fish I've *ever* seen.(同上)

这是我见过的最大的鱼。

(166)If you're *ever* in Spain, do come and see me.(同上)

不管什么时候,如果你来西班牙,一定来看我。

(167)I will love you *for ever and ever*.(同上)

我将永远爱你。

(162)表示自从你离开时算起,她一直都在那儿,不存在她不在那儿的时候,即使在下雨、打雷的时候,在该吃饭或上厕所的时候都不例外。(163)表示他比以往任何时候都唱得好,即使拿以往唱得最好的时候来对比,都不如现在唱得好。(164)表示今天比以往的任何时候都冷,即使拿最冷的时候来比,也达不到今天这么低的温度。(165)把以往我所见的大鱼都包括在内,它们都没有这条鱼大。(166)表示即使在我最忙、最不方便的时候也不例外,对方都不要客气,显示讲话人的热情好客。(167)表示我任何时候都爱你,相当于表达永远爱你,即使在你遇到不幸的时候也不例外,我都不舍弃你,扩域加强了诺言的力量。

②否定句

(168)Nothing *ever* makes him angry.(《朗文当代高级英语辞典》)

从来没有任何事情会使他生气。

(169)I don't remember *ever* seeing him before.(同上)

我不记得以前任何时候曾见过他。

(168)将所有可能使他生气的时候都排除。(169)将所有可能见到他的时候全都排除。

扩域论用宽域的信息蕴含窄域的信息这个道理解释了为何任选词语能够加强语气。然而,扩域论尚需说明扩大时间域与事件发生的累计次数之间对应关系,缺少这个关键环节就无法说明宽域中事件不发生或很少发生蕴含窄域中事件也不发生或很少发生的道理。

6.6.5.2 时间与事例出现次数的函数映射关系

时间域的宽度和事例出现的累计次数构成函数映射关系,人们可以凭借时间长度大致估算和比较事例出现的累计次数。时间域的宽广度和事例出现的累计次数存在单调递增的函数映射关系:随着时间域的扩大,事例出现的累计次数增多,例如,时间越长,交通事故发生的累计数越多,战争发生的累计数越多,陨石坠落的累计次数越多,等等。在相等条件下,事例在较长的时段中出现的累计次数大于或等于它在较短的时段中出现的累计次数。

6.6.5.3 Ever 的信息效用

Vendler(1967)认为,应把听话人的选择纳入到任选词语的语义分析中,讲话人使用任选词语就是想给对方提供最大的选择自由,就好像给了对方一张空白的保单,对方填充任何内容他都予以认可。

(170) No one can *ever* take that from you. (*The spice of life*. Anderson, Caroline. Richmond, Surrey: Mills & Boon, 1993)

永远不会有人吃你那一套。

例(170)表示任随对方选择什么时候,结果都没有人接受他那一套。Hand(1999)认为,在分析任选词语的量化义时,可从证明和证伪的博弈角度来分析言语双方的互动过程。在例(170)中,讲话人在用 ever 论证自己的观点时假想对方欲证伪自己观点,他放纵对方在最宽阔的时间域中寻找反例,即证明存在有人会接受他那一套的时候。时间越长,反例出现的累计次数越多①,命题被证伪的风险也就越大。但讲话人的陈述一旦能得到验证或认可,就能使话语产生极大的信息蕴涵力度和说服力。Ever 能把所有例外的时候都纳入时间域中,从而把时间域扩充到最大,这样不仅能解除事情在窄域(排除了例外的、与当前最相关的时段)中的不确定状态,而且能解除事情在宽域(包含例外的时段)中的不确定性状态,传递最大的信息量。Ever 的使用体现了讲话人以极大的风险来换取极大的信息收益和说服力的博弈策略,讲话人以敢于冒风险的态度来衬托和显示他对某种看法的自信。

---

①虽然时间越长,正例出现的累计次数也越多,如时间越长,人们能够接受他那一套的累计次数也越多。但在同等条件下,正例和反例的数量对论辩双方的效用是不对称的,听话人只需要找到一个反例就可以推翻讲话人的观点,而讲话人要证明自己的说法,则需要证明所有的事例为真。可见,域越宽,对讲话人越不利,讲话人的说法被证伪的风险越大。

6.6.5.4　对 ever 在下向蕴含语境中的合适用法的解释

整合博弈论和函数映射论就可破解为何表达否定和少量义的词语能够允准 ever 这个难题。Ever 的使用体现了讲话人欲擒故纵的策略，他为了强调事例没有出现或者极少出现，故意做出最大的让步，放纵对方在最宽阔的时间域中收集和统计事例出现的次数。由于事例在较长时间段中出现的累计次数大于它在其中较短时间段中出现的累计次数，如果在最宽阔的时间域中事例都没有出现过或者非常少见，则可推知它在任何相对较窄的时间域中也不会出现或者更加罕见。Kadmon & Landman (1993)提出的宽域信息蕴含窄域信息的原理可以运用单调函数映射原理做出更深入的解释。例(109)、(110)和(111a)－(117a)体现了讲话人的纵予策略。在例(109)中，讲话人强调那个部门管理的位于中途的四间房屋中任何时候都未配备任何检测醉酒的设备。该部门最有可能临时配备一些检测醉酒设备的时候包括：有上级主管部门来检查安全作业时，公司经费充足时，公司的防范措施很严格时，或者以前员工因醉酒发生事故而使公司汲取了惨痛教训时。讲话人用 ever 暗示他允许对方把这些例外的时候都包括进去，放宽时间域的限制，任随对方选择其中的哪个时候。由于事例在较长时间段中出现的累计次数大于它在较短时间段中出现的累计次数，如果事例在最长时间段中都没有出现过，则它在任何较短的时间段中也可能没出现过，所以例(109)表示即使在包含例外的时候，该部门都没有配备任何检测醉酒的设备，那么当排除这些例外时候，该部门也不可能配备任何检测醉酒的设备。讲话人用 ever 扩大时间域是为了加强批评和谴责的力度。同理，在例(110)中，在卡扎非受到反对派和盟军的猛烈攻击而无招架之力的时候，在士兵哗变、卡扎非欲与其党羽在最后关头独自脱身的时候，在卡扎非被绑架的时候，或者在卡扎非因胆怯而准备接受盟国劝降的时候，在诸如此类例外的时候，卡扎非及其两个帮凶在第三国被捕的事件最有可能发生，但记者用 ever 否认了人们的这些猜测，暗示即使在这些非常例外的时候这样的事件也没有发生过，即这样的事件从来就没有发生过。在例(111a)中，通常在思想非常自由和活跃的时代，在科技和文化高度发达的时代，或者在文化和学术交流非常频繁的时代，在种种诸如此类的时代，极有可能涌现出许多解释，或有人钻研过这一非晶形物质。讲话人用 ever 表示他允许对方把所有时代中的研究者都纳入统计的范围内,并进行总和,结果仍然很少有研究者解释或钻研过这一非晶形物质。根据时间长度和事例出现的累计次数构成的单调递增函数关系,如果排除了以上例外时代后则更少有人甚至没有人解释或钻研过这一非晶形物质。讲话人利用 ever 的扩域功能强调和反衬其间的研究者甚少。例(112a)允许对方把凡是用户付过费的时候都计算在内,结果付费者的人数还不到使用者人数的一半,暗示排除了一些例外后,付费者的人数会更少。例(113a)表示把任何时候的情况都统计在内时,我的朋友中最多三个人抢劫过酒店,暗示在其他时候也不会超过三个,扩域词凸显数量少。例(114a)暗示在其他较短的时间范围内也极少使用过这个餐叉。例(115a)暗示如果排除例外的时间后,我们也几乎甚至从来没用过这个备用设备。例(116a)强调他很少离开过这个地方。例(117a)表示她几乎从没谈论过她的绘画。可见,ever 的允准语的数量特征与允准语的逻辑单调性无关,而与讲话人的梯级修辞目的相关,表示否定和少量义的词语能配合 ever 表达强烈的语气,讲话人利用 ever 本身的任选义所起到的扩域功能来强调所述事例从来没有出现过或出现的次数极少。又如:

(171) He rarely, if *ever*, (probably never) loses his tempor.(《朗文当代高级英语辞典》)

他几乎从不发脾气。

(172) The method seldom, if *ever*, fails.(*Macmillan Dictionary*)

该方法很少或几乎从不失效。

(173) It was the only serious question he had *ever* asked me.(同上)

这是他曾问过我的唯一严肃的问题。

(174) Trevor Boulton is celebrating his first victory *ever* in the tournament.(同上)

特雷弗·博尔顿正在庆祝他在比赛中的第一次胜利。

在(171)中,表示很少意义的词语+if ever 这一构式的意义表示很少或从不,if ever 表示即使把例外的时候都统计在内,结果他也很少发脾气;如果排除一些例外的时候,也许没有发过脾气,扩域衬托主句的强调意义。在(172)中,如果该方法在较长的时间范围内很少失效过,则在较短的时间范围内也很少失效过或从没失效过。在(173)中,把他以前任何时候曾问过我的问题都纳入统计,结果发现他只问过一个严肃的问题,那么在较短的时间段内也许他没问过一个严肃的问题。在(174)中,如果这是他参赛以来的第一次获胜,那么在较短的时段内也没有更多的获胜次数。

在人们的背景知识中,扩大时间域会增加事例出现的频率,如果表示在宽域中有许多事例出现或者事例频繁出现就无法引起人们的惊奇,扩域虽然增加了命题为真的概率,但妨碍了人们从先验概率较低的命题衍推先验概率较高的同类命题,无法实现任选词语的强调功能,即宽域的信息蕴含窄域的信息。例(111b)表示的意思是:把所有曾经解释或钻研过这一非晶形物质的人数统计起来,有许多人。人们无法据此推论出在较短的时间段中也有许多人。(112b)－(117b)的情形也是如此。任选词不能用来强调事例的数量多或出现频繁。

6.6.5.5 对 ever 在下向蕴含语境中不合适用法的解释

在例(113a)中,at most、ever 与 three 配搭能突出数量很少的意思,而在例(131)中,at most 修饰的量化短语指代较大的比例,这与讲话人用 at most 和 ever 来凸显极少数量的意图相冲突,故语句显得乖戾。可见,即使 at most 是下向蕴含算子,如果它后接的数量短语不是表达较少的数量,它也不能允准 ever。Ever 的允准语的下向蕴含特征不是 ever 能被允准的充分条件。

6.6.5.6 对 ever 在非单调语境中的用法的解释

例(132)和(133)显示 only 和 exactly 所在的非焦点部分不是下向蕴含语境,但它们能允准例(129)、(130)中的 ever。在例(129)中,讲话人不是想说明宽域中仅有真心接受建议的年轻作家蕴含窄域中也仅有真心接受建议的年轻作家,而是想强调真心接受建议的作家实在太少。如果宽域中仅有真心接受建议的年轻作家,则窄域中真心接受建议的作家也许连一个都没有。在例(130)中,如果在宽域中全世界刚好只有四个人读过那本论文,则在窄域中全世界读过那本论文的人数也不会超过四个,讲话人暗示对那本论文感兴趣的人实在太少了。这里,语用含义的推导涉及对讲话人意图的揣测,它和下向蕴含推理不完全重合。允准语的非下向单调性并不一定阻碍 ever 的允准。这说明允准语的下向蕴含特征不是 ever 能被允准的必要条件。

6.6.5.7 Ever 的某些允准语具有下向蕴含特征的原因

Ladusaw 提出的下向蕴含论用简单的数学定义就把负极词的允准语境几乎一网打尽，显示了高度的概括力和简明性，这就是下向蕴含论至今仍然拥有众多支持者和继承者的原因（参见 Atlas 1996；von Fintel 1999；Giannakidou 2001，2006；Zwarts 1996；van der Wouden 1997；Condoravdi 2010；Gajewski 2011；Hoeksema 2010，2012；Richter & Radó 2013）。Ever 的许多允准语（虽然不是所有的允准语）都具有下向蕴含特征已是不争的事实，但我们尚需解答为何许多词语既能允准 ever 又能引导下向衍推这一问题。我们认为，ever 的许多允准语的这两种功能相互间不构成因果关系，就如同两个亲兄弟，它们的诞生不构成因果关系，他们既体现出差异性，也体现出家族相似性。它们的相似性体现在它们都利用了域与事例出现次数之间构成的函数映射关系，引导人们从宽域的信息衍推窄域的信息。一方面，否定词语和表少量义的词语与 ever 结合时表示即使把选项域扩至最大，事例也没有出现或很少出现，暗示在实际的窄域中事例也极不可能或极少出现，ever 起到加强否定的力度和强调事例极其罕见的作用；另一方面，否定词语和表少量义的词语与有属种关系的词语结合时也能表达事例在母集中没有出现或很少出现蕴含事例在子集中也没有出现或很少出现。试对比：

(175) a. None of them walks. $\subseteq$ None of them walks fast.

b. None of them *ever* left.（*Time of the assassins*. MacNeill, Alastair. London: Fontana Press，1992）

(176) a. Few people walk. $\subseteq$ Few people walk fast.

b. I don't know why our man in Madrid came to see me; just idle curiosity, perhaps — so few people have *ever* met me, so many seem anxious to do so.（*A poet could not but be gay*. Kirkup, James. London: Peter Owen Publishers，1991）

且用维恩图来表达它们相似的集合运算：

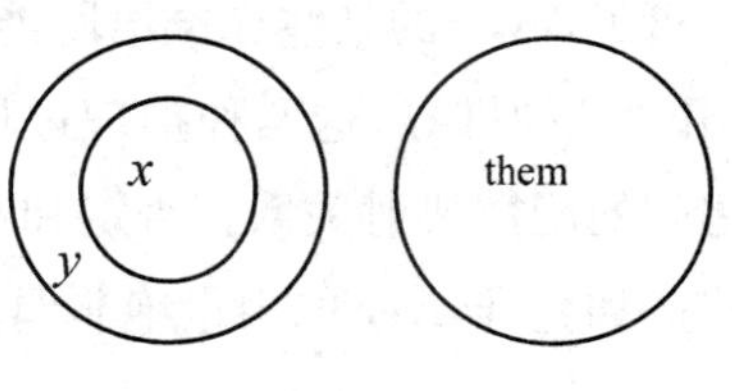

图 2　None

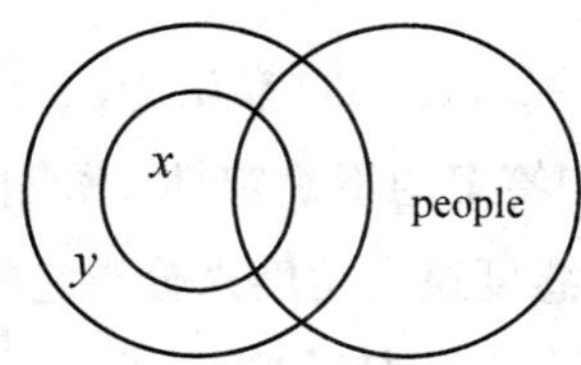

图 3　Few

图 2 中的 none 表示命题的两个论元各自代表的集合的交集是空集。在例(175a)中,设 x 代表快步走的人,y 代表步行者,步行包括快步走和漫步走,步行者的人数多于快步走的人数,根据人数与出现行为者的次数构成的函数映射关系,母集中出现行为者(步行者)的次数大于或等于(至少不少于)子集中出现行为者(快步走的人)的次数,因此集合 y 比 x 更可能与集合 them 相交,如果母集中都没有出现行为者,则在子集中也可能没有出现行为者。广义量词理论中论述的基于范畴的单调衍推实则是基于函数映射的推理。在(175b)中,设图 2 中的 x 代表在较短的时间离开的人,y 代表在较长的时间离开的人。时间越长,离开的人数越多,如果在较长的时间范围内都没有人离开,则在其中较短的时间范围内也有可能没有人离开。图 3 中的 few 表示它的两个论元各自代表的集合的交集是非空集,且相交的部分较少。在(176a)中,设图 3 中的 x 代表快步走的人,y 代表步行者,同样根据人数与出现行为者的次数构成的函数映射关系,集合 y 与集合 people 相交的部分大于集合 x 与 people 相交的部分,在母集中很少出现行为者蕴含在子集中也很少出现行为者。在(176b)中,设图 3 中的 x 代表在较短的时间内遇见我的人,y 代表在较长的时间内遇见我的人。在较长的时间内很少有人遇见我蕴含在其中较短的时间

内也很少有人遇见我。可见,ever 的某些允准语既能启动下向蕴含推理,又能辅助 ever 引导语用含义的推导,这两种推理过程都利用了时间域与事例出现的累计次数之间的函数映射关系。否定和某些表示少量义的词语同时兼具下向蕴含特征和允准 ever 的力量绝非偶然。

6.6.6 Ever 在一般疑问句中的增熵功能

Krifka(2003)和 van Rooy(2003)都认为,ever 在问句中能够改善问句答案的平衡性,增加问句答案的不确定性,增大问句的求信效用。但他们未从扩域增大问句的疑惑度这个角度来分析它的求信功能。Ever 在一般疑问句中的作用大致相当于"到底""究竟""真的"的意义,表示问话人不确定事件是否真实或有可能发生。

(177) Aging is inevitable. We can slow it down a little, but could we *ever* bring it to a grinding halt? (Ted Talk 2015/5/22)

衰老不可避免。我们可以稍微延缓它的速度,但我们究竟能不能使它骤然停止?

(178) Do you think we could *ever* have a relationship? (《有道词典》)

你觉得我们到底有不有可能在一起?

(179) Have they *ever* kissed anyone? (《有道词典》)

是否他们曾经真的接过吻?

(180) Well, did you *ever*?

哦,真的吗?

(181) Don't you *ever* regret giving up all that money? (《新牛津英汉双解大词典》)

难道你从来都没有对完全放弃那笔钱感到过后悔吗?

(182) Have you *ever* seen anything like it? (《柯林斯高阶英汉双解学习词典》)

你可曾见过像它这样的东西?

(183) Did you *ever* have the common cold? (Krifka 2003)

你到底患过感冒没有？

(184)Have you *ever* been to Paris?（《朗文当代高级英语辞典》(双解版)）

你去过巴黎没有？

(185)Have you *ever* experienced failure?（*Collins Cobuild English Dictionary*）

你真的经历过失败没有？

(186)Don't you *ever* get tired?（《牛津高阶英汉双解词典》）

难道你从来不累吗？

时间越长，事件发生的先验概率越大，所以扩域能够增大问句的肯定回答的概率。在(177)中，已知人是不太可能停止衰老的，如果不用 ever，凭常识就可以猜到答案是否定的，问句的答案的不确定性(即信息熵)极低，问句没有求信效用。问话人想问是否真有可能让衰老过程骤然停止，他把时间延长，扩大时间域就能增大肯定回答的概率，只要有一线希望阻止衰老，听话人都可以使用肯定回答，ever 暗示问话人希望获得肯定回答和他的疑惑度升高。(178)预设他们在一起的可能性不大，问话人扩大时间域，增大事件发生的概率，暗示他是多么期盼对方能够给出肯定回答。(179)中的问话人不太相信他们没有吻过别人，他把时间域扩大，增大事件发生的概率，想确认他们是否曾经吻过别人。在(180)中，问话人不完全相信对方的话，半信半疑，不知道是否是真实的。在(181)中，对方放弃了这么大一笔钱本会感到后悔，而问话人发觉他竟然没有感到后悔，这令问话人感到很惊讶，于是问他是不是从来都没有后悔过，ever 暗示肯定答案是有可能的，问句的答案是不确定的。*Collins Cobuild English Dictionary* 提示 ever 在问句中表示惊讶和震惊，并期待人们赞同，这可解释例(182)的情况，讲话人问别人在最长的时间范围内是否见过此物，暗示此物非同寻常和罕见，预设在较短的时间段中人们不可能见到过，不带 ever 的问句的答案是否定的，讲话人以 ever 的扩域义暗示它的怪异、稀少，并表示惊讶。Krifka(2003)指出 ever 只能用于询问先验概率极低的事件是否发生过，这可以解释例(183)、(184)、(185)中的情况。在(183)中，问句只适合用来问不容易患感冒的人，如运动员，不能用来问体弱多病的人,因为后者患感冒的先验概率极大,即使不问人们也能猜到他们患过感冒。在(184)中,问话人预设对方去过巴黎的概率较低,问句适合用来问外国人、外地人或不太可能去巴黎的人到底去过巴黎没有,若用来问一个当地人或很有可能去过巴黎的人是不可以的,因为扩大时间域就增大了本来发生概率就大的事件的先验概率,增加了肯定回答的概率,降低了答案的概率平衡性,人们凭借概率的常识就可以知道问句的答案是肯定的,问句的答案没有不确定性,问句也就失去了求信效用.扩域词在问句中就无法表达问话人困惑不解和渴求信息的认知状态。扩域词在问句中必须用于增加问句答案的平衡性,不能用来降低问句答案的平衡性。同样,(185)暗示对方很强大,很少经历失败,问话人把时间域放宽,增大肯定回答的可能性。(186)也暗示对方耐力很强,感到累的可能性很低。可见,ever 在一般问句中能暗示问句的答案很难猜测,问话人感到很困惑,实在不确定问句的答案是否真实或者怀疑问句已有的答案。此外,ever 还暗示多种语气,如惊讶、怀疑、乞求、感叹等语气。

6.6.7 (W)h-ever 的用法

6.6.7.1 Wh-ever 的语义结构

当 ever 与疑问代词或疑问副词组合时,它的意义变得更概括,舍弃了"任何时候"中的"时候"的意义,保留了任选意义,表示"无论""任""如何"的意义,大致对应于 any 的意义,如 whoever(无论谁)相当于 anyone(任何人)、anybody(任何人)的意义。

whoever:无论谁

whatever:无论什么

whenever:无论什么时候

wherever:无论哪里

however:无论怎样

why ever:无论什么理由

Why 和 how 后接 ever 表示强调时,正式的写法是两词分开写,而其他疑问代词带 ever 时分开写和合写没有区别(见《新牛津英汉双解大词典》对 however 的用法提示)。

Haspelmath(1997)通过调查,发现了疑问词语有一个跨语言的蕴含通性现象:在许多语言中,表示任指和虚指意义的不定代词来源于疑问词语。光杆疑问代词(bare interrogatives)在一些亚洲语言(汉语、韩语、日语、吠陀梵语)和欧洲语言(拉丁语、德语、哥特语、立陶宛语、古希腊语、大多数斯拉夫语)中用作不定词,表示任指和虚指。(Haspelmath 1997: Chapter 7)汉语和印欧语系在这一点上的相似性无法用偶然的联系来解释。Kratzer and Shimoyama(2002)认为,疑问词能够自由成为任选词,东南亚语言和印欧语皆用疑问词表示任选义。但 Haspelmath(1997)、Giannakidou & Cheng(2006)、Coyaud(1972, 1976)、König(1991:67)、Gil(1993)等指出,在有些语言中,光杆疑问词单独使用不能表达任选义,它们有时需要带上一个焦点小品词才能表达任选义。在汉语、日语、希腊语等语言中,疑问语素需要带上有定标记或任选标记。例如,在希腊语中需要在疑问不定词之前加上"o"才能表达任选义(既可以表示有定任选义,也可以表示无定任选义)。(Giannakidou & Cheng 2006:136)

希腊语

[o-pjos]-dhipote 有定标记—谁—情态任选标记

[o-ti]-dhipote 有定标记—什么—情态标记

[o-pote]- dhipote 有定标记—何时—情态标记

[o-pu]- dhipote 有定标记—哪里—情态标记

"o"是有定标记语素,相当于英语的定冠词"the"的功能,它是不自由语素,不受性、数、格的影响,疑问不定词需要与"o"配合构建自由关系小句,去掉"o"后疑问不定词在关系从句中不能表达任选意义。"dhipote"是情态标记,相当于英语中"-ever"("无论")的作用,它们组成"有定标记—疑问词—无论"的构式。语义或形态的有定性是某些语言中疑问词成为任选词的先决条件。在某些语言中,疑问不定词与情态标记或表递进意义的焦点小品词(表示"也""甚至""并且"等意义的词)联合表达任选意义。以下引自 Giannakidou & Cheng(2006:136):

荷兰语(Rullmann 1996)

wier dan ook

谁—就—也

加泰隆尼亚语(Quer 1999)

qual-sevol

谁—情态标记

西班牙语(Quer 1999)

qual-quiera

谁—情态标记

北印度语(Lahiri 1998)

jo-bhii

什么—甚至

日语(Nishigauchi 1986)

dare-demo

谁—甚至

韩语(Lee 1997)

nwukwu-na

谁—或者

nwukwu-to

谁—并且

汉语

谁/什么/哪里/怎么/任何 NP+都/也

下引自 Haspelmath(1997:157—158):

塞尔维亚语/克罗地亚语

i-ko

和、也/甚至—谁

印度尼西亚语

siapa-pun

谁—也/甚至

(菲律宾)塔加拉族语

kahit na sino

甚至—谁

(印)坎那达语

yaar-uu

谁—和/也

(南美)安卡什盖丘亚语

ima-pis

什么—和/甚至

任选词语具有扩域功能(Kadmon & Landman 1993),能把所有的例外或界外成员都纳入论域中。这里以 whatever 为例。根据《新牛津英汉双解大词典》的解释,whatever 用于强调对所指的事物的种类或数量不加限定,相当于无论什么、不管什么(no matter what,regardless of what),有时在语境中表示全称量化意义,即“所有的”。它有如下用法:

①用作关系代词,引导宾语从句。

(187)Do whatever you like.(《新牛津英汉双解大词典》)

你想干什么就干什么。

②用作限定词,引导宾语从句。

(188)Take whatever action is needed.(同上)

采取一切必要的行动。

③用作关系代词,引导条件状语从句。

(189)You have our support, whatever you decide.(同上)

无论你做出什么决定,都会得到我们的支持。

④用作限定词引导状语从句。

(190)Whatever decision he made I would support it.(同上)

无论他作什么决定,我都支持。

⑤用作副词,修饰否定名词短语、否定代词和任选词。

(191)I have no money *whatever*.(《朗文当代高级英语辞典》)

我一点钱也没有。

(192)I know nothing *whatever* about him.(《有道词典》)

我对他什么都不了解。

(193)You won't be able to find anything *whatever*, from head to heart, that truly belongs to him.(《有道词典》)

从他的头脑到他的心灵，你确实找不到一样属于他自己的东西。

⑥用作副词，单独作状语，表示不管怎样。

(194)We told him we'd back him whatever.(《新牛津英汉双解大词典》)

我们告诉他，无论如何我们都将支持他。

⑦用以表明不愿讨论某事，常暗示不感兴趣，相当于"随便"。

(195)'I'll call you later.' I shrugged. 'Whatever.'(同上)

"我以后会给你打电话的，"我耸耸肩说。"随便。"

⑧用作疑问代词，在问句中替代 what，是 what 的强调形式，典型的意义是表示惊讶或困惑。

(196)*Whatever* is the matter?（同上）

究竟是怎么回事？

6.6.7.2 Wh-ever 的语境分布特征

①否定句

(197)They received no help *whatever*.(同上)

他们没有得到任何帮助。

②条件句

(198)The building must be saved, *whatever* the cost.(《朗文当代高级英语辞典》)

不管费用多高，这幢大楼都必须设法抢救。

(199)*Whoever* it is, I don't want to see him.(同上)

不论他是谁，我都不想见。（同上）

(200)*However* cold it is, she always goes swimming.(同上)

不管天气有多冷，她总是去游泳。（同上）

③祈使句

(201)Do *whatever* you like.(*A Modern English-Chinese Dictionary*)

喜欢作做什么就做什么。

(202)Take *whatever* magzines you want to read.(同上)

任何你想读的杂志都可以取阅。

④疑问句

(203)What *ever* are you doing here?(《有道词典》)

你究竟在这里干什么?

(204)*However* did you find it?(《朗文当代高级英语辞典》)

你到底是怎样找到它的?

虽然 wh-ever 作代词时可作宾语,但不容易单独作主语,只能作从句的主语。

(205)a. {Anybody/Any student can solve this problem.(Giannakidou & Cheng 2006:148)

b. {* Whoever/* Whichever student} can solve this problem.(同上)

(206)a. Whoever saw a fly in his soup complained to the manager.(同上:155)

b. * {Whoever/whichever customer} complained to the manager.(同上)

c. {Anybody/any customer} can complain to the manager.(同上)

6.6.7.3　Ever 的语义贡献

①表达未知性和差异性

Dayal(1997)要求 wh-ever 指代的变量具有未知性(ignorance)和差异性(variation)。在 whatever 引导的从句中,它指代的对象具有未知和无论什么样(即与种类和身份无关)的预设,ever 暗示讲话人不知道所指物的身份,如在(207)中,讲话人不知道她正在煮什么,同时陈述无论她煮什么,都放许多蒜。而不含任选词语的语句(如(208))不暗示未知意义。

(207)There's a lot of garlic in *whatever* (it is that) Arlo is cooking.

(208)There's a lot of garlic in what Arlo is cooking.

(209)There's a lot of violence in *whatever* Parker writes.

(207)表示全称量化意义,在所有认知可及的世界中,Arlo 正在煮的都含有大蒜。而(208)不表示全称量化意义。此外,(207)和(209)都表示讲话人所指对象的身份未知,whatever 量化的是讲话人认知世界中的变量。Whatever 用于断言在每个认知世界的选项中，不含 ever 的命题也为真。

(210) There's a lot of garlic in *whatever* it is that I am cooking.

这个句子具有歧义：讲话人不知道他正在煮的是什么，他只是严格按照指令办事，给什么东西都放上许多蒜。或者表示讲话人知道他正在煮的东西，只是对听话人保密。Dayal 用选项替代认知可及的世界，关系从句中的选项可以和现实世界的选项不一样。她又指出，如果讲话人知道关系从句中任选词语指代的对象，则量化失效，因为扩域是对未知的个体的扩展。如果扩域只包含实际的个体，则命题无信息度，传递了已经知道的信息。她认为关系从句中的 wh-ever 总是表示有定任选意义，传递全称量化意义，有定性暗示独特性。如果关系从句是对空集的量化，语句就不合法，于是 Dayal 提出一个预设条件：关系从句中的任选词语指代的选项域不能是空集。

②表达不在乎意义

von Fintel(2000)提出了预设不确定性(uncertainty)是 wh-ever 的使用条件。他认为 ever 贡献的是讲话人不在乎的预设。Whatever 除了预设讲话人不能指认关系从句中任选词语所指对象的身份外，还暗示讲话人不在乎所指的身份，任选词语表示任何选项在讲话人的认知和道义世界中都具有主句中的谓词所述的特征。以下都表示讲话人不在乎变量的身份，不管它是什么：

(211) I grabbed *whatever* tool was handy.

(212) Zack simply voted for *whoever* was at the top of the ballot.

以上两例都表示讲话人不在乎所指个体的身份，尽管实际上讲话人知道所指个体的身份。(211)表示只要是在我手边的我都抓住，我不管、不在乎它是个什么东西(尽管很有可能我知道它是什么东西)。(212)表示 Zack 不管对方是谁，只要是选票最高的，他都投，尽管他知道谁的选票最高。Whatever 可以表示讲话人、当事者的未知，或者当事者的不在乎，这就是 von Fintel 对 whatever 的新解。而 Dayal 只是把它解释为暗示未知性。

(213) I had no time to play around, so I grudgingly used *whatever*

email program was installed on the computer.

尽管讲话人对装在电脑里的程序有使用偏好，这里只是暗示讲话不在乎用哪个程序。表示结果不因变量而不同，真值条件都一样。这就能解释这类表示讲话人知道但不在乎的例子。(W)h-ever 到底是表示未知意义还是不在乎意义，需要根据语境而定。下例(214)允许两种解释。

(214)Pick *whatever* apple you want.

未知意义：讲话人不知道对方将选什么苹果，喜欢什么苹果。不在乎意义：随便对方选什么苹果，讲话人都不在乎，都认可。我们认为未知意义和不在乎意义都是在任选意义基础上获得的语境含义，不是 wh-ever 的本义，它的本义只是表示任选意义。Condoravdi(2015)指出，wh-ever 表达的未知义和不在乎义都是在不定指义的基础上推导出的语用含义。讲话人使用不定指意味着他无法对选项做进一步区分，或不愿意泄露更多的信息。

③表达有定任选

Giannakidou & Cheng(2006)指出，任选分为有定任选和无定任选。有定任选指代的是限定范围内的最大数量的个体。叙事句与特定的事件相关，它指代在特定时刻发生的含有特定的、有定的个体的事件。任选词语表达的不受限制的选择的自由与叙事句表达的有定性相冲突，因此任选词语是反事件性的(anti-episodicity)，与反表真性(antiveridicality)有关，必须对任选的范围加以限定，不然命题传递的信息太强，不符合常理。Jacobson(1995)，Rullmann(1995)，Giannakidou & Cheng(2006)，Heller & Wolter(2011)都认为如果带有关系从句，则任选词可以用于叙事句，表示有定范围的任选。

(215)a. * Last night at the party, Bill talked to *any* woman.(Giannakidou & Cheng 2006:141)

b. Last night at the party, Bill talked to *any* woman who seemed interested.(同上)

(216)a. *Whoever* saw a fly in his soup complained to the manager.(同上:156)

b. * *Anyone* complained to the manager.(同上)

在英语中无定任选用不加限定语的 any 来表达，有定任选用后置的定语从句限定 any 或用 wh-ever 引导的关系从句来表达。

(217) a. I will order *whatever* is recommended by the chef. (Giannakidou & Cheng 2006:136)

b. I will order *anything* that is recommended by the chef. (同上)

Giannakidou & Cheng(2006)指出：从句法上看，any 和 wh-ever 不同，any 后接名词短语或单独做代词，而 wh-ever 需要后接补语(Horn 2000b)；从表达的意义上看，any 修饰名词短语，表示无定任选，而 wh-ever 用于关系从句，表示有定任选。有定性含有存在性预设，Giannakidou & Cheng(2006)由有定性推出(w)h-ever 不能用于指代空集，这是它与 any 的区别。

(218) a. If any student calls, I am not here. (同上:157)

b. Whichever student calls, I am not here. (同上)

(218a)中的 any student 是表示无定任选的名词短语，可以指代空集，对学生的来电无期待。(218b)中的 whichever student 偏向于有定任选解释，暗示讲话人期待有些学生会打电话来。Horn(2000b)和 Jacobson (1995)也都指出了 any 和(w)h-ever 的这一用法区别。

在非主语的位置上，可以使用独立的 wh-ever。Whatever 可以作代词单独使用。

(219) Anyone seen carring bags, boxes, or whatever, was stopped by the police. (《朗文当代高级英语辞典》)

谁要是带袋子、盒子<u>什么的</u>，被警察看见了都要被叫住。

Giannakidou & Cheng(2006:155, note 8)也指出，wh-ever 作名词时在非主语位置可以单独使用。

(220) Q: What should I do?

A: Whatever / ?? Anything

(221) You can leave whenever.

(222) She complains to the manager about whatever/anything.

她们认为以上用法是一种成语用法而非典型的简省的自由关系从句

的用法。此外，wh-ever 单独用时表示讲话人的负面评价，表示不需要加以区分的意义或贬义(Horn 2000a)，缺乏中性的意义。

(223)Q：Who did he talk to at the meeting?

A：! Whoever.

Whoever/Anyone who was willing to talk to him.

(223)中的 whoever 单独用表示随便什么人，普普通通的人。通常用从句表达更加自然，从句能限定叙事句中指代对象的范围。下列例句中的叹号表示语句缺乏限定语显得不自然：

(224)! He left whenever.

(225)He left whenever he was asked to.

(226)At the party，Mary gave the gifts to ! whoever / whoever she liked.

(227)! She complained to her mother about whoever/anything.

Giannakidou & Cheng(2006)认为，应把 wh-ever 的单独的用法当作非典型的、不同的词汇意义的用法。(W)h-ever 一般不单独用，只能用于自由关系从句。从句具有限定词和形容词的功能，能充实内涵属性，缩小指称的外延。从句能起到限定范围的作用，指代有定任选。Giannakidou & Cheng (2006)认为，(w)h-ever 表示有定性(definiteness)、穷尽性(exhaustivity)、内涵性(intentionality)和最大加和性(maximal sum)。

④表达疑惑

以上研究者们分析了 wh-ever 和 any 的用法区别，都忽视了 ever 和(w)h-ever 用于问句中表示问话人的疑惑，只是有的词典指出了这一用法。《新牛津英汉双解大词典》等词典指出 ever 用于疑问代词或疑问副词之后，在问句中表示惊讶、困惑或愤怒的语气，译为“到底”，“究竟”。《朗文当代高级英语辞典》(双解版)对 ever 的一种用法的提示是接在特殊疑问不定词 how、what、when、where、who、why 之后加强疑问语气，也把 ever 译为“究竟”“到底”，在解释 whatever 时提示表示惊讶，并用 wh-ever 来解释 in the world 在特殊问句中的意义。

(228)Where in the world (= wherever) could he be? (《朗文当代高级英语辞典》(英英，英汉双解版)

他到底会在哪儿呢?

(229)What in the world (= whatever) are you doing?(同上)

你究竟在干什么?

Oxford Advanced Leaner's Dictionary 和 *Collins Cobuild English Dictionary* 也都指出,ever 与特殊疑问词组合表示惊讶或震惊。例如,*Collins Cobuild English Dictionary* 对 whatever 的用法的解释是:以强调的方式追问你感到诧异的事情。

当(w)h-ever 出现在问句中代替(w)h-词时,既表示强调,又可以表示惊讶、困惑、愤怒等语气,暗示事物或事件令人惊奇,问话人怎么也不明白问句的答案是什么,所以需要穷尽某些领域以获得问题的答案。因此,可以用汉语中表示困惑度较高的词语"究竟"和"到底"来翻译这类词语。

这里关键的问题是要解释 ever 在(w)h-ever 的复合结构中本来表示任选义,相当于"无论"的意义,为何可以用任选词语表示问话人的困惑,任选义和疑惑义有何关联?这是至今尚未有人解答的问题。我们认为问话人利用任选词语的扩域意义暗示他的疑惑度极高。寻找答案的范围越广,越可能找到答案。当答案很难获得,问话人感到很茫然和疑惑时,就需要扩大搜索域,于是问话人追寻答案范围的广度就显示他有较高的疑惑度,因此域的宽度对应疑惑度。

⑤表示困惑

(230)*Whatever* is the matter?(《新牛津英汉双解大词典》)

究竟是怎么回事?

(231)Whoever would want to make up something like that?(同上)

究竟会是谁想捏造出那种事来?

(232)*How ever* shall we get there?(同上)

我们到底怎样才能到达那里?

(233)*Wherever* can he have gone to?(同上)

他究竟能去哪里呢?

(234)*Whatever* can you mean? (*Collins Cobuild English Dictionary*)

你到底是啥意思?

(235)*Whatever* do you want? (*A Modern English－Chinese Dictionary*)

你究竟想要什么?

以上例句除了表示问话人欲求取信息,还表示问话人困惑不解的程度极高。问话人无论如何也找不到问题的答案,于是扩大追寻答案的范围,把任何事件(如(230)),任何人(如(231))、任何方法(如(232)),任何地方(如(233),任何意思(如(234)),任何意图(如(235))都纳入推测、追忆和调查的范围,进行穷尽性思考和搜索,说明这个答案是多么难得和不易确定,问话人无法靠自身的力量获得答案,于是任选词语就暗示问话人感到很困惑。

⑥表示怀疑

(236)Such a lovely girl! *Whoever* would want to kill her? (*Macmillan Dictionary*)

这么可爱的女孩!究竟谁想杀害她?

(237)*Whoever* heard of a politician admitting he was wrong? (*Macmillan Dictionary*)

究竟有谁听说过一个政客会承认自己的过失?

(236)中的问话人听说有人要杀害那个女孩,他对该传闻感到惊讶和怀疑,因为他认为不太可能有人会杀害这么可爱的女孩。在(237)中,有人以为政客们会承认他们自己的过失,但问话人对这一看法表示怀疑和提出异议,表示不知有谁听说过这种不太可能的事情。

⑦表示惊讶

(238)Look at that strange animal! *Whatever* is it? (《朗文当代高级英语辞典》(双解版))

瞧那只奇怪的动物,究竟是什么呀?

(239)I've been looking all over the place for that letter. *Wherever* did you find it? (*Macmillan Dictionary*)

我一直在到处找那封信。你到底是哪儿找到的?

(238)中的问话人从未见过长得如此怪异的动物,任选词表示扩大检索动物的范围,暗示问话人感到陌生、不解和惊讶的程度。(239)中的听话人找到了那封信令讲话人感到很意外，因为他到处都找遍了都没找到，所以他不知道听话人是在哪里找到的。

⑧表示愤怒

(240)*Why ever* did you do it?（《新牛津英汉双解大词典》）

你究竟为什么要那么做？

(241)*What ever* are you doing?（《朗文当代高级英语辞典》(双解版)）

你到底在干什么？

(242)'The original documents got lost.' '*However* did that happen?'(*Macmillan Dictionary*)

"原文件弄丢了。""到底是怎么弄丢的？"

假定在(240)的语境中，讲话人不知道听话人为何要背叛他，他对听话人毫无理由的背叛行为感到很愤怒。假定在(241)的语境中，家长听说他的儿子很长时间都没去学校上课，不知他干什么去了，他感到非常恼怒。假定在(242)的语境中，讲话人不知道听话人如何把非常重要的原文件丢失了，讲话人对听话人发火。

⑨表示抱怨

(243)*Whenever* shall we get there?（《新牛津英汉双解大词典》）

我们究竟什么时候才能到那里？

(244)*Whenever* will I make you understand that smoking is bad for you?（*Macmillan Dictionary*）

到底什么时候我才能让你明白吸烟对你有害？

假定(243)中的讲话人和他母亲第一次去拜访他的外祖父，走了很长的路，感到很累，想表示不知道什么时候才能到达，向他母亲抱怨路程太远。(244)中的讲话人不知道什么时候才能让对方明白吸烟有害健康，抱怨对方老不听劝。

⑩表示责备

(245)*Why ever* did not you telephone?（《有道词典》）

你究竟为啥不打电话？

(246)*Why ever* didn't you tell me?（*Collins Cobuild English Dic-*

tionary）

你到底为何不告诉我？

(247)*Why ever* did you agree?（*Oxford Advanced Leaner's Dictionary*）

你到底为啥要同意？

(248)*Whatever* is the matter with you both?（*Collins Cobuild English Dictionary*）

你俩到底咋回事？

(249)*Who ever* heard of a grown man being frightened of the dark.（《新牛津英汉双解大词典》）

究竟有谁听说过一个成年男子会害怕黑暗？

(250)*Whatever* are you doing indoors on such a lovely day?（*Macmillan Dictionary*）

这么好的天气你究竟待在家里干啥？

(251)*Wherever* did you get that idea?（《朗文当代高级英语辞典》(双解版)）

那个念头你究竟是从哪儿得来的？

(252)*Wherever* did you leave the bag?（*A Modern English－Chinese Dictionary*）

你究竟把书包落在哪里啦？

假定(245)中听话人见到有人行骗时没有立刻打电话报警，而是上前揭穿骗子，结果被骗子刺伤。事后他的朋友批评他，表示对他的莽撞行为感到很不理解。假定(246)中的问话人和听话人是两兄弟，听话人没有及时通知他的兄弟他们的父亲病重，错过了送父亲最后一程的机会。问话人表示对听话人的做法很难理解，这里，越是感到不理解，责备的语气越强烈。假定(247)中的听话人为骗子提供高利贷担保，被骗了钱，他的爱人责备他，说实在不明白他为何会同意为骗子担保。假定(248)中的问话人是老师，他正在讲课，而两名学生在下面窃窃私语，老师表示实在不明白他们怎么了，任选词加强了责问语气。在(249)中，问话人表示不知道有谁听说过一个成年男子会害怕黑暗。通常，很少有成年男子会害怕黑暗的,因此问话人对听话人害怕黑暗的行为感到惊讶和奇怪,责备他不应该如此胆小。在(250)中,问话人惊讶地发现听话人在天气这么好的时候却闷在家里,不明白听话人为何这么做,责怪他懒惰,暗示他应该出去走走。在(251)中,问话人对听话人提出的荒诞主张很难理解,责备他太脱离实际。(252)中的讲话人不知道听话人把书包落在哪里,责备他粗心大意。

⑪表示嘲讽

(253)Joe's getting married? *Whatever* next!(《朗文当代高级英语辞典》(双解版))

乔要结婚?下一件又不知道是什么新鲜事呢!

例(253)中的问话人觉得乔要结婚简直不可思议,扩域词暗示他无论如何也猜不到将来乔又有什么惊人之举,透露出他鄙夷不屑和嘲讽的语气。从译文中补充的信息可以看出译者领会到讲话人表达惊讶、疑惑和嘲讽的语气。

⑫表示赞扬

(254)*Whenever* did you find time to do all that?(《朗文当代高级英语辞典》(双解版))

你哪儿来的时间做完这些事情的?

(255)*However* did you find this place in such a weather?(*Collins Cobuild English Dictionary*)

在这么恶劣的天气你到底是怎么找到这个地方的?

在(254)中,讲话人越是不明白听话人所用的方法,越是说明听话人有非同寻常的本事,讲话人以自己的疑惑暗示他对听话人的佩服。在(255)中,在这么恶劣的天气是不容易找到这个地方的,讲话人以自己的疑惑暗示对方很了不起。

⑬表示伤感

(256) When *ever* am I going to see you again?(*Collins Cobuild English Dictionary*)

到底什么时候我才能再见到你?

假定是一对恋人在机场道别,女方表示不知道何时再相见,显现她在痛苦的分别时的伤感。

⑭表示着急

(257)*Whatever* shall I do without you? (*Macmillan Dictionary*)

没有了你,我到底该怎么办?

讲话人失去了帮手,不知道该怎么办,感到很着急。

表示关心

(258)What *ever* happened to that artist friend of yours? (*Macmillan Dictionary*)

你那位艺术家朋友到底出了什么事情?

讲话人一方面表示不知道出了什么事情,另一方面表示十分关心,因为只有关心的人才会去费心地推测发生了什么事情。

可见,问话人利用(w)h-ever 表达的任选意义把例外也纳入域中,扩域对应询查答案的广度,扩大了深思、反思和详查的范围,以增大答案出现的概率。扩域词也暗示问话人的疑惑度,暗示答案的不确定性较大,因此扩域词能增加问句的信息熵,同时还可以在语境中表达困惑、惊讶、责备、嘲讽、着急、关心、伤感、赞扬等语气。Sperber & Wilson(1986/1995)指出话语必须获得相关的语境假设的辅助才能获得理解。惊讶、愤怒等语气都是疑惑意义和语境信息相互作用而得出的含义,在问句中,惊讶、愤怒的意义并非始终伴随任选词语,但疑惑意义始终伴随任选词语。语境是无限的,任选词语传递的语气也是无限的,表示惊讶、愤怒仅是其中的两种用法而已,无法概括所有的用法。我们可以把词典对它的解释看作例释而已。舍弃语境,用惊讶和愤怒的语气来概括只会挂一漏万,因此需要结合语境信息才能判断任选词在问句中表达的具体的语气。(W)h-ever 表达的各种语气都是在语境中产生的含义。

6.6.8　小结

Ever 不能用于肯定的叙事句。Ever 的允准语的数量特征与它本身的任选义和基于函数映射的计算相关。Ever 因其本身的任选义而携带扩域功能,表示任何时候都不例外。当 ever 与否定词语和表示少量义的词语搭配时,它们暗示讲话人放纵听话人在最宽阔的时间域中寻找和统计反例,结果反例都没有出现或者很少出现。听话人根据时间与事例出现的累计次数构成的单调递增函数关系计算和比较事例出现的次数,从宽域的信息衍推窄域的信息,把握讲话人的强调意图。下向蕴含特征只是ever的部分允准语的属性,ever的某些允准语之所以具有这一属性,是因为它们能启动函数映射关系,引导人们从母集的信息衍推子集的信息。Ever接在特殊疑问词后,在问句中能加强疑问语气,并传递各种含义。

6.7 Any

Any可以作限定词、代词和副词。Any修饰可数名词单数时表示任何种类(如any colour),修饰可数名词复数(如any shoes, any stamps)或不可数名词(如any salt)时既可以表示任何种类也可以表示任何数量。

(259)*Any* colour will do.(《牛津高阶英汉双解词典》)(表示种类)

什么颜色都行。

(260)You can't go out without *any* shoes.(同上)(表示种类)

你不能不穿鞋就出门。

(261)Are there *any* stamps? (同上)(表示种类或数量)

有邮票吗?

(262)*Any* salt will do. Lightly sprinkle all over.(《有道词典》)(表示种类)

什么盐都可以。轻轻地撒在上面。

(263)Take my advice and don't put *any* salt in it.(《有道词典》)(表示数量)

听我的劝告,不要在里面放盐。

6.7.1 Any的浮现极性特征

Haspelmath(1993/1997:117)通过调查发现了一个跨语言的蕴含通性现象:在他调查的40种语言样本中,大约有一半语言使用同一任选形态表达两种用法:负极词用法和任选用法。英语的 any 和德语的 irgend 就有负极词用法和任选用法(又见 Chierchia 2013),而另一半使用不同的不定代词系列。见图 4 中的 any、ever 和图 5 中的 irgend 的语境分布特征。

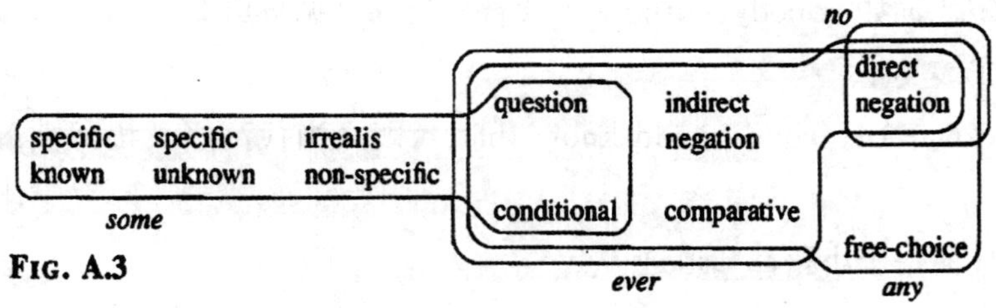

图 4 Any 和 ever 的语境分布特征(摘自 Haspelmath 1993/1997:249)

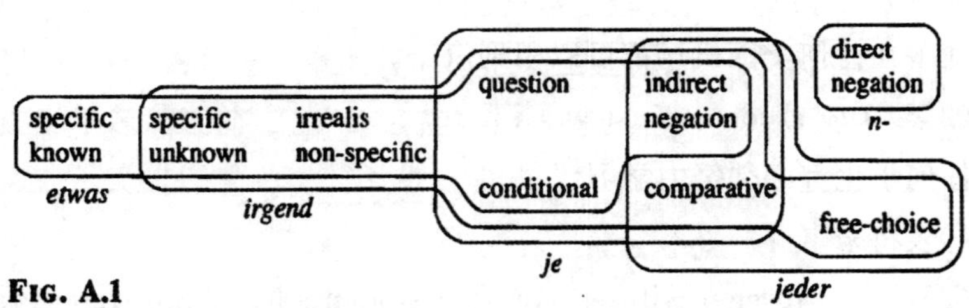

图 5 德语不定代词的语境分布特征(摘自 Haspelmath 1993/1997:245)

当然,任选词语的用法也有规约性的一面,有些表示任选意义的词语如意大利语的 mai 只能用于极性语境,也有些表示任选意义的词语如意大利语的 qualunque 不允许用于极性语境。(Chierchia 2013)

我们把表示任选义的不定代词在极性语境显现出负极词的极性特征,而在非极性语境隐匿极性特征的现象称为词语的浮现极性特征现象。Any 和由它构成的系列词语如 anything、anybody 等含有任选义,它们也都具有浮现极性特征。当 any 不显现极性特征时被称为任选的 any(free choice any),记为 FC any。当 any 显现负极词的特征时,它被称为有极性敏感性的 any(polarity sensitive any),记为 PS any。当然,FC any 和 PS any 的称法不是表示有两个同形异义的 any,而是为了方便指称两种语境中的 any 而已。(见廖巧云、蒋勇 2015)

6.7.1.1 FC any①

Any②在下列句法语境中不显现极性特征，可以出现在肯定陈述句中（当然也可以出现在否定陈述句中，只是“any”短语不能作否定陈述句的主语，因为在英语的主语位上要求“any”吸纳谓语中的否定成分，用否定性不定代词如 nobody，nothing 等代替任选词）（见蒋勇 2015a）。

①表类指

(264) *Any* child would know that.（《朗文当代高级英语辞典》双解版）

任何一个小孩都知道这一点。

②表情态

(265) Cars can be rented at almost *any* U.S. airport.（《Cobuild 英汉双解词典》）

几乎在任何美国机场都可以租到汽车。

(266) *Any* student must work hard.

任何学生都必须努力学习。

③表将来事件

(267) *Any* teacher will tell you that students learn at different rates. (*Oxford Advanced Learner's Dictionary*)

任何老师都会告诉你学生学习的进度不一样。

④表允许

(268) They're all free—take *any* (of them) you like.（《朗文当代高

---

①FC any 可以用于回声否定，表示否定某事物或人是任意选择的、普通的，强调其是特殊的、不一般的。（见 Horn 2000a）

(1) You can't wear any (old) clothes if you're going there—you have to dress smartly.（《朗文当代高级英语辞典》双解）

如果你去那里，你不能穿普普通通的（旧）衣服，你必须穿得很整齐漂亮。

②Any 做副词时是 PS any，因为语句是表示事件，any 显现负极性特征，不能用于肯定陈述句，只能用于否定句、条件句、疑问句（Israel 2011）。

(1) I didn't hurt you any.（《新牛津英汉双解大词典》）（否定句）

我压根没有伤着你。

(2) If it were any further we wouldn't be able to get there. (*Oxford Advanced Learner's Dictionary*)（条件句）

要是再远一点，我们就不能到达那儿了。

(3) Do you fell any better?（《朗文当代高级英语辞典》）（疑问句）

你觉得好一点吗？

级英语辞典》双解版)

所有东西都是免费的,你喜欢哪个就拿哪个。

(269) *Anyone* is welcome at the meeting tonight.(Dayal 1995:17)

欢迎任何人出席今晚的聚会。

⑤表祈使

(270) Go and clean *any* room.

去打扫所有的房间。

(271) Ariadne insisted that I allow anyone in.(Giannakidou 2001:16)

阿利尔尼坚决要求我把任何人都放进来。

⑥表习惯

(272) She usually read *any* book very carefully.(同上)

她通常读什么书都很仔细。

(273) Aridne always read *any* book very carefully.(同上)

阿利尔尼总是读什么书都很仔细。

6.7.1.2 PS any

在存现句(existential sentences)、领属句(possessive sentences)和叙事句(episodic sentences)等语境中,any 显现出负极词的特征,能被否定陈述句、条件句、疑问句和比较句允准,不能出现在缺少允准语的肯定陈述句中。

——否定句

(274) There isn't *any* food in the fridge.(《有道词典》)(存现句)

冰箱里没有任何食物。

(275) I don't have *any* friends here any more.(同上)(领属句)

我在这里再也没有任何朋友。

(276) I never make *any* big decisions.(*Collins Cobuild English Dictionary*)(叙事句)

我从没做出过任何重大的决策。

——条件句

(277) If there is *any* left throw it away.(《新牛津英汉双解大词典》)

如有余留，一概扔掉。

——比较句

(278)Mary did better in the exam than *any* of us had expected.

玛丽考得比我们任何人期待的还好。

——疑问句

(279)Do you have *any* tips to pass on?（同上）

你有什么点子吗？

6.7.2 PS any 的允准语的数量特征

PS any 除了能被否定词语允准外，还可被表示少量义的量化词语允准，但不能被表示较大量或一般量的量化词语允准。

(280)a. Few have *any* real control over their own bodies.（《有道词典》）

几乎没有几个能真正控制自己的身体。

b. * Many have any real control over their own bodies.

许多人能真正控制自己的身体。

(281)a. I am the only one child in my family. So my parents seldom ask me to do *any* help on housework.（《有道词典》）

我是家里的独子，所以我父母很少要求我帮助干任何家务。

b. * I am the only one child in my family. So my parents sometimes ask me to do any help on housework.

* 我是家里的独子，所以我的父母有时要求我帮助干任何家务。

6.7.3 相关研究概述

Klima(1964)把允准 PS any 的语境统称为“敏感语境”(affective contexts)，认为 PS any 受允准语的成分统制(c-command)。根据 Klima 的定义：如果第一个直接统辖 A 的节点也统辖 B，则 A 和 B 处于同一构式。Klima 的定义大致对应于生成语法中的成分统制(c-command)这一概念。

成分统制是阐释管辖的一个重要概念，统制主要涉及的是成分间的线性关系，统制以领先和居上这两个概念为基础。在成分统制范围内所有的东西都同某个成分有密切的关系。英语句子用右支分支结构，最高节点直属的最左边节点统制其他一些节点（徐烈炯 1988:246）。一个节点能够统制的所有的节点的范围叫作这个节点的统制范围（c-command domain）。在图 6 中，节点 YP 统制 XP 支配下的所有节点（包括 YP 自身），节点 X’统制 X 支配下的所有节点，EP 也统制 ZP 支配下的所有节点。节点 YP 的统制范围是整个 XP。

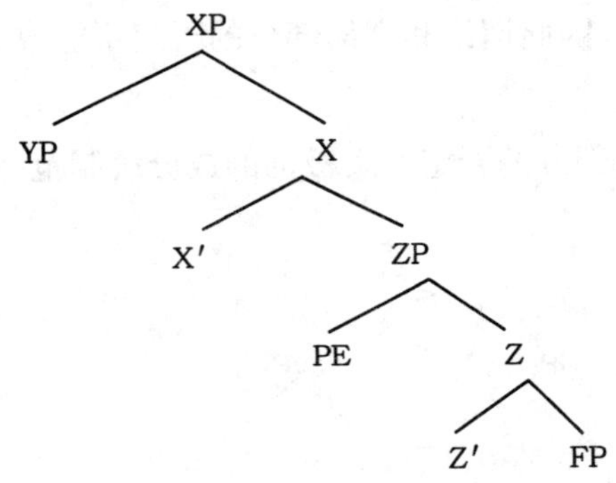

图 6　成分统制的范围

统制是相互的，X’统制 ZP，ZP 也可以统制 X’，这两个成分之间没有支配关系。同样地 Z’和 FP 之间也存在相互统制的关系。

成分统制可用来解释主语和谓语部分的否定能统制宾语部分的负极词，如例（282）、（283），而谓语和宾语部分的否定不能统制主语部分的负极词，如例（284）、（285）。

（282）No one has hit *anybody*.（Klima 1964:274）

（283）Jack did not meet *any* of us.（Hoeksema 2000:123）

（284）* *Any* of us did not sleep.（ibid.:118）

（285）* *Any* of us said nothing.

图 7 显示主语部分的否定对负极词的成分统制范围。在图 7 中，None 统制 VP 的所属节点 V 和 NP，因此主语位上的否定成分统制谓语和宾语部分的负极词。None 和 VP 相互统制，V 和 NP 相互统制，V 和

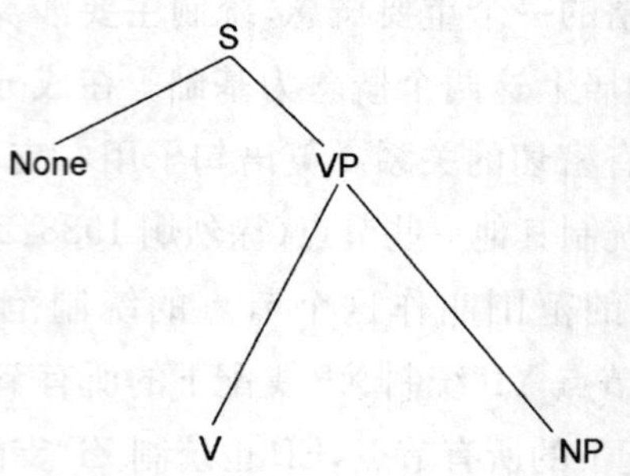

图 7 主语部分的否定的成分统制范围

NP 都不统制 none，因此谓语和宾语部分的否定不能成分统制主语位上的负极词。

图 8 显示谓语部分的否定对负极词的成分统制范围。

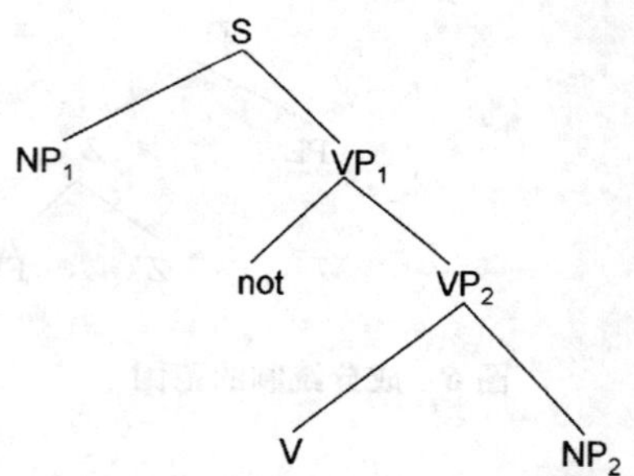

图 8 谓语部分的否定的成分统制范围(摘自 Hoeksema 2000:118)

在图 8 中，NP_1 和 VP_1 相互统制，not 和 VP_2 相互统制，V 和 NP_2 相互统制，NP_1 统制 VP_1 的所属成分 not 和 VP_2，也统制 VP_2 及其所属成分 V 和 NP_2，但 not 不统制 NP_1。

Jackendoff(1969)和 Lasnik(1972)也都指出了负极词和表层结构的交互作用，认为否定词需要先于负极词，且成分统制负极词，负极词需要处于否定的语义辖域内。否定的辖域包括它右边的所有成分。可见，成分统制要求否定词出现在负极词的左边[①]，故能解释"any"在否定句中显现出的主宾不对称性。(Hoeksema 2000：122—123)它也能说明任选词缺少了否定的成分统制就不合法的情况。

(286) There is* (n't) *any* dish left.

然而，成分统制说存在这些不足：

①Linebarger(1980)指出：疑问句、条件句和具有否定意味的谓词无明确的否定词但能允准负极词。

②Linebarger(1980)指出主句中的否定对宾语从句中的负极词的允准取决于意义而不是取决于表层的结构。下例主句中的否定的辖域如果是后面的所有成分，则应该都合法，而事实上并非如此。

(287) * I did not add/yell that I had *ever* been to Istanbul.

③成分统制说无法解释为何汉语、希伯来语、北印度语、日语、韩语、巴斯克语等语言中任选词可以作否定句的主语的现象。为何这些语言中的任选词可以违反成分统制规则？

(288)关于老舍之死，你是第一个找我谈的。其他任何人没和我谈过，大家众说纷纭，不知道到底是怎么回事。(人民网 2009/2/10)

(289)小赵喝酒是自愿行为，任何人没强迫小赵，被告的行为与小赵之死无关。(人民网 2013/4/2)

---

①但汉语的副词性负极词(如：绝、决、断、断断、全然、从、迄、毫、压根、根本)可以出现在否定成分的左边，副词和否定属于相互统制。

(1)蒋介石毫不气馁，继续咬字眼作文章，纠缠不放。(《蒋氏家族全传》)

(2)他说，我以前从不认识他。(《女记者与大毒枭刘招华面对面》)

(3)不消说，侠安压根没信他半句。(李馨《笑面娇娃》)

(4)公司根本没下文件不准他们报考。(池莉《烦恼人生》)

(5)当时，女儿就斩钉截铁地说，不！她决不改名。(《从普通女孩到银行家》)

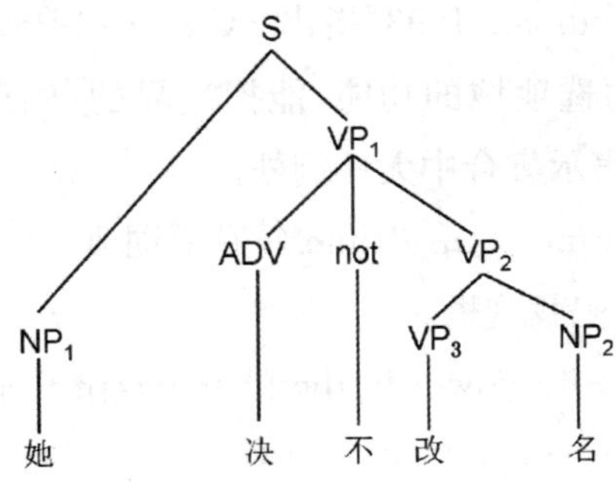

Wang & Shieh(1996)也曾用成分统制说分析“任何”的用法，他们的解释也存在同样的问题。

④汉语的任选词不一定需要允准语，即使缺少了否定的成分统制也合法。汉语的任选词可以作肯定叙事句的主语(如例(290))和宾语(如例(291))。

(290)俄官员对于俄入世的时间表则避而不谈，因为此前任何人的预测都落了空。(新华网 2012/5/12)

(291)实在无奈了，任何办法都试过了，求有心人帮忙。(魔兽世界 2010/11/26)

Hoeksema(2000:143−144)指出，没有证据显示存在一个普遍的、纯粹的限制负极词分布的条件，即要求负极词被允准语成分统制；不同的负极词与否定的语序关系不尽相同，即使在同一语言内不同的负极词与否定的语序关系也不一样。此外，Klima 没有解释为何敏感语境能允准 PS any。近五十年来语言学界试图破解这个谜题，负极词的研究史几乎是一部研究 PS any 的博物学史(Hoeksema 2012)。

6.7.3.1 下向蕴含论

Ladusaw(1979)吸收了 Fauconnier(1975a、b)提出的蕴含颠倒的概念和 Barwise(1979)的广义量词理论，归纳出负极词的敏感语境的共同语义逻辑特征，即下向蕴含(downward entailing)的特征，认为 PS any 必须在句子的语义表征的逻辑形式层面处于下向蕴含算子的辖域内才合法。下向蕴含论最终也无法说明允准语的语义逻辑特征与 any 本身的语义和语用功能有何联系。

6.7.3.2 扩域论

Kadmon and Landman(1993)指出 FC any 和 PS any 都具有扩大其所修饰的普通名词的选项域的功能，能把边界的、例外的成员也纳入域中，含有 any 的语句表示集合中无一例外。

(292)Drop in on me at *any* time.(《有道词典》)(FC any)

什么时候都可以来我这里。

(293)I have not *any* power in the firm except to recommend.(《有道词典》)(PS any)

我在公司里除了有建议权外,什么实权也没有。

(294) * I have *any* power in the firm.

我在公司任何实权都有。

Kadmon and Landman(1993)认为 any 表示宽域中的一个或某个,相当于不定冠词 a 的意义。(292)表示讲话人随时欢迎对方来访,即使在他不方便的时候(如开会、休假等)也不例外。(293)表示除了建议权,其他任何权力都没有了,即使连一点小权力也没有。在(294)中,假如我们把权力的定义域扩大,把很小的权力都纳入到域中,语句表示我有最宽的域中的某种权力,扩域反而使信息变得更加模糊,宽域的信息低于窄域的信息,无法满足任选词语加强信息度的要求,故语句不合适。扩域论对合适的用法的解释比较有说服力,但对不合法例句的解释不太令人信服。(294)并非表示讲话人有公司的某种权力,而是说他有公司的所有权力。

6.7.3.3　等级含义论的解释

等级含义论在扩域论的基础上用合作原则中的足量准则诱导的等级含义来解释任选词语的不合适用法产生的病因。

(295) * She found anything in the refrigerator.

(296) She didn't find anything in the refrigerator.

Krifka(1995)和 Chierchia(2013)都认为任选词语表示穷尽意义,根据他们的观点(295)表示在她在冰箱里发现了某个东西。在上向蕴含语境中,子集的信息高于和蕴含母集的信息,如她在冰箱里发现了一个鸡蛋蕴含她在冰箱里发现了某个东西,(295)的命题传递的信息比激活的具体选项的信息度都低,无法满足穷尽选项域以增强信息度的目的。Krifka (1995)指出,根据合作原则中的足量准则,讲话人应该使用有依据的信息度最强的表达,(295)中的“anything”相当于 something 的意义,它激活了语义更加具体的选项,如鸡蛋、面包、猪肉等,讲话人没有说出她发现的具体东西的名称就意味着她没有发现某样具体的东西,如没有发现鸡蛋、面包和猪肉等,通过等级含义的推导逐样排除所有的东西,最终得出她没有发现任何东西,这与命题表达的她发现了某样东西相互矛盾,故语句不合法。Chierchia(2013)用子集和母集代替宽域和窄域的说法,他认为任选词语指代母集,它包含最大数量的子集,是在常规语境论域之上的扩充。

假定共有三个元素{a, b, c},它激活的相对比的子集包括以下 6 个:

D1{a},D2 {b},D3 {c},D4 {a, b},D5 {b, c},D6 {a, c}

任选词语的扩域功能体现为由所有选项组合构成的最大的母集与由单独一个或多个选项构成的子集的对比。根据等级含义,(295)表示她发现母集中存在一个东西,这个东西只能存在母集中,在任何的子集中都不存在,如果它在某个子集中存在,讲话人就会根据足量准则说出子集中的东西,因此,扩域反而制造了信息度更弱的表达。又根据常识,母集是由各个子集构成的,如果母集中存在某个东西,则其中的某个子集中必然存在这个东西,因此等级含义和常识性推理产生逻辑矛盾,就如同说"天在下雨和天没下雨"一样互相矛盾,语句不合法。不合法的用法都可以用等级含义来屏蔽。在否定命题中,蕴含关系发生颠倒,扩域就能制造最强的陈述,如果母集中都不存在一个,则所有子集中也不存在一个。合适的用法不产生等级含义。我们认为 Krifka 和 Chierchia 用等级含义论来解释任选词语的不合适用法的病因不合理。首先,任选词语 any 并不等于不定冠词 a 和虚指词语 some 的意义,一个、某个和任何一个的意义相差太远。其次,语句不合法并不是因为传递了太弱的信息而是传递了太强的信息,(295)表示她在冰箱里找到了所有的东西,而不表示她在冰箱里仅找到某个东西。冰箱容纳的东西毕竟有限,需要受到范围的约束,假如反对者举出一件冰箱里没有的东西,命题就不成立。最后,等级含义论无法解释为何任选词语有时可用于肯定的叙事句和存现句。有时讲话人为了取得夸张效果或者预料到听话人知道他指代的范围,可以在肯定的叙事句、存现句和领属句中使用任选词语。

(297) Hoyle says the residents are using *any* means to stop the project, simply because they don't want it.(Corpus of Contemporary American English,COCA)(夸张)

(298) There are *any* number of ways to engage voters.(COCA)(夸张)

(299)守丹的嘴唇张了一张,终于没说出来,"我什么都有。"(亦舒《心扉的信》)

(300)我跟他生活了这么多年,他什么都没给过我,我却把什么都给

了他，这公平吗？（皮皮《比如女人》）

（301）那夜谁都见到了严堂的下场，断其臂而送老家。（于晴《浪龙戏凤》）

（297）和（298）分别突出方法多和数量多而使用了夸张表达。（299）—（301）中所涉及的任选变量是受到语境约束的，讲话人预料听话人会自动补出范围限定语，任选词语指代有定范围内的任意选项。

6.7.3.4　梯级含义论的解释

Fauconnier（1975 a，b），Haspelmath（1993/1997），Israel（2011）等用梯级模型来解释两种用法的关联，any 和量化最高级表达的存在量化义是指全量否定的意义，即集合中不存在某个事物，如例（302a）、（302b）。它们表达的全称量化义是指全量肯定的意义，如例（303a）、（303b）。

（302）a. Ernie did not hear *any* noise.

b. Erne did not hear *the loudest* noise.（Fauconnier 1975b：366）

（303）a. *Any* noise bothers my uncle.

b. *The faintest* noise bothers my uncle.（ibid.：361）

Any 有时相当于形容词最高级表达的量化意义。例（302a）、（302b）几乎是同义的，可以互相替换。Fauconnier（1975b：373）指出："如果我们把 any 的功能解释为暗示任意梯级上的低位点，那么 any 的逻辑和句法属性也产生于梯级原则……"Fauconnier（1975b）又指出：any 与形容词最高级具有相似的量化力量，它们都可以用梯级原则（scalar principle）加以解释。他认为梯级原则使 any 和形容词最高级在语境中发挥了全量肯定或全量否定的量化功能。他把用来表达量化意义的最高级称为量化最高级（quantifying superlatives）。梯级原则与命题框架（propositional schemata）、语用梯级（pragmatic scale）、梯级衍推（scalar entailment）和梯级颠倒（scalar reversing）等一系列概念相连。命题框架是表示一组变量之间的函数关系的命题表达式，例如刺激信号（如声音的大小）和感知效果之间的单调函数关系可由含有两个变量 x 和 y 的命题来表达：x bothers y。语用梯级是指由同一命题图式生成的一套命题选项集，它们按照某一语义纬度（如质与量）形成一个梯级排列。设命题图式的形式化公式为 $R(x, \cdots)$，R 代表命题函数（propositional function），x 代表函数中的一个变量,省略号代表有可能增加的自由变量,诸如 x *bothers* y 中的 y。例(303b)表达的全称量化意义可以用图 9 来表达。

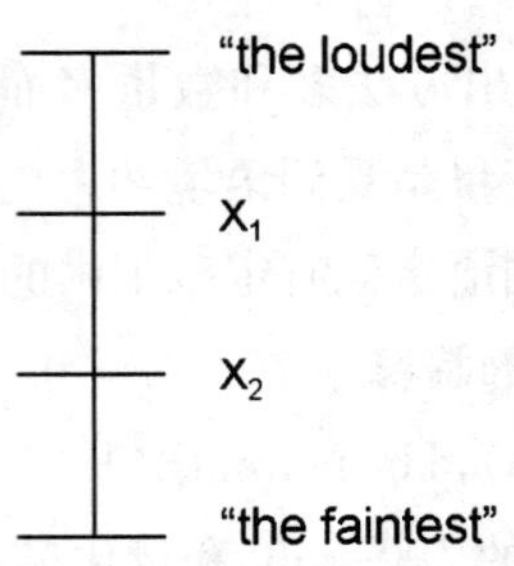

图 9 语用梯级(摘自 Fauconnier 1975b:361)

图 9 表示由命题框架"x bothers y"生成的一套命题构成的语用梯级,x 指噪音,x_1 的分贝高于 x_2,由 $x_1 > x_2$ 和 x_2 bothers y 可推知 x_1 bothers y。梯级推理的方向是由低端的情况推知高端的情况,底端的命题的信息蕴含力度最大,它蕴含其上所有命题的信息。例(303b)的命题位于语用梯级的底端,通过梯级推理表达全量肯定的意义。而在例(302b)中,梯级推理的方向发生颠倒(即蕴含关系发生颠倒),由高端的情况推知低端的情况。如果 Ernest 的耳朵聋得连最大的声响都听不到,则意味着他听不到任何声响,如图 10 所示。

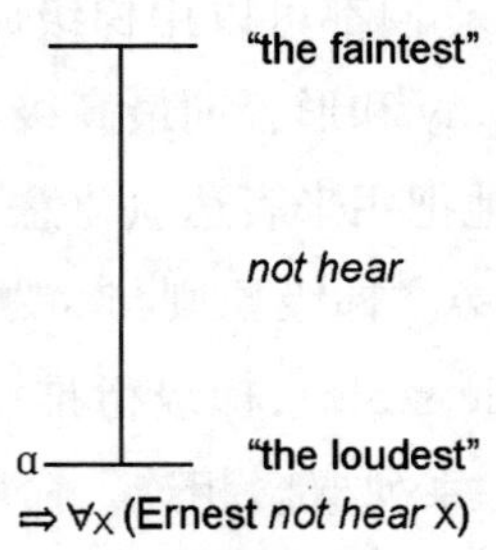

图 10 梯级义与全量否定义的关系(摘自 Fauconnier 1975b:366)

图 10 表示由命题框架"Ernest did not hear x"生成的一套命题构成的语用梯级。否定宏量就相当于否定全量,图中的式子 $\forall x$(Ernest *not hear x*)表示对于语用梯级中所有的变量 x，Ernest 都听不到。设 x_2 所在的命题在语用梯级 S 中比 x_1 所在的命题的位置低，则 $R(x_2, \cdots)$的信息蕴含 $R(x_1, \cdots)$的信息。在图 9 中，他将最微弱的声响放在语用梯级的底端，而在图 10 中，他将最大的声响放在语用梯级的底端，图 10 颠倒了图 9 的梯级。Fauconnier 把概率较低的命题排列在语用梯级的较低位置。因此，梯级推理在空间上的表征始终是自下而上，从语用梯级中概率较低的命题衍推概率较高的命题。遗憾的是 Fauconnier 没有明确地把这个道理表示出来。推导梯级含义的梯级原则是：如果 x_1 在语用梯级中的位点比 x_2 低，则 $\mathrm{R}(x_1)$蕴含 $\mathrm{R}(x_2)$。即由概率较低的梯级命题衍推同一语用梯级中概率较高的梯级命题。如果梯级中位置最低的命题可能为真，则梯级中所有的命题皆可能为真，这符合信息论的基本原理。信息论是用事件的先验概率来计算信息量的。先验概率较小的事件传递较大的信息量，先验概率较大的事件传递较小的信息量，先验概率为 1 的事件是必然性事件，人们不需要接受信息就可以凭常识推知事件一定发生，故必然性事件传递的信息量为零。然而，由于 Fauconnier 未明确指出命题所包含的量值与概率之间的函数映射关系，没有说明他是按照概率而不是按照量值来排列梯级命题的，所以读者不明白为何在图 9 中他把微量放在底端，而在图 10 中又把宏量放在底端。梯级衍推分为维持梯级的推理(scalar preserving reasoning)和颠倒梯级的推理(scalar reversing reasoning)。肯定命题是维持梯级的推理，如果能够根据 $x_1 \supset x_2$ 推导出 $R(x_2) \supset R(x_1)$，这时是维持梯级的推理，如图 9 所示。否定命题是颠倒梯级的推理，如果能够根据 $x_1 \supset x_2$ 推导出 $\neg R(x_1) \supset \neg R(x_2)$，这时是颠倒的梯级推理，如上图 10 所示。

Fauconnier(1975a, b)指出，任选词和量化最高级都具有浮现极性特征，例如，它们在下面的叙事句中都显现负极性特征，不能被肯定陈述句允准。

(304)a. * Ernie heard *any* noise.

　　b. * Erne heard *the loudest* noise.

Fauconnier 认为任选词和量化最高级都表示梯级最低点。例(304a)和(304b)都表示 Ernie 听到了最大的声响，由于能听到最大的声响无法说明 Ernie 的听觉能力，凡是有听觉的人都具有这种听力，因此命题无法传递梯级含义，所以都不合法。而否定陈述句能产生梯级颠倒的效果，能把信息度最弱的表达变成信息度最强的表达。Fauconnier 通过对比分析指出任选词和量化最高级之所以具有相似的量化力量和浮现极性特征是因为任选词和量化最高级都是指代梯级极点(scalar endpoint)。他认为一种语言的讲话人共享的语用假设(pragmatic assumptions)对某类语句的逻辑属性会产生影响，由于听话人能利用语用假设中的梯级蕴含关系进行梯级推理，推导任选词的全称量化和存在量化含义，所以讲话人能以一指万，用梯级极点暗示梯级中的所有选项。极性允准语境和非极性允准语境中的任选词和量化最高级都暗示含有它们的命题处于语用梯级的极点。

但 Fauconnier 的解释存在的问题是任选词在有些语境中并不暗示梯级上的极点，也不传递完全肯定或完全否定的意义。我们认为(304a)不合法是因为已然事件的参与者的有定性与任选词语表达的无定性发生语义组合的冲突。此外，任选词语不能既表示极点义，又表示任意选择的意义。

(305) These constellations are visible at *any* hour of the night.(《新牛津英汉双解大词典》)

这些星座在晚上任何时候都能看见。

(306) Pick *any* design you want——they're all the same price.(*Macmillan Dictionary*)

挑选你想要的任何图案——它们的价格都一样。

以上例句中的 any 不指代极点，(305)指代任何时候，(306)指代任何种类，它们都不指代极大量或极小量。(306)中的讲话人并不是叫对方把所有的图案全部买下，要买多少取决于对方的需要。蒋勇(2015c)分析了任选词语在语境中表示极点义的关联条件，指出任选词的梯级解释是听话人在识别了讲话人的意图后对任选词的语义的外延进行收缩和重新定位。

(307) In he came, proud like *anything*.(proud as you please)(Bolinger 1972:27)

他走进来，傲慢得不得了。

(308) The thief ran like *anything* when he saw the police.

小偷见到警察，溜得飞快。

(309) They're always slagging me off like *anything*.(《牛津高阶英汉双解词典》)

他们经常把我骂得狗血淋头。

(307)中的 anything 后面省略了后置定语，anything 表示任何显示傲慢的东西，Bolinger 给语句补出的成分表示"你愿意拿来比较的(任何东西)"。我们可以从讲话人提供的任选自由和听话人的选择两个方面来解释任选词语的语义的定位过程。一方面，anything 起扩域和加强语气的作用，讲话人放宽选择的范围，允许听话人有任意选择的自由，任由听话人选取一个傲慢的人来对比。另一方面，听话人会根据语境识别讲话人的意图，选取最佳相关的梯级位点，这里，讲话人欲表达某人趾高气扬，十分傲慢的意思，因此选择极端点作对比参照点才与讲话人的强调意图相关，而量值较低或一般的参照点与讲话人的强调意图无关。于是听话人根据讲话人的意图选取最傲慢的人作为对比参照点，proud like anything 就被理解为：十分傲慢。在(308)中，anything 表示跑得特别快的任何东西。小偷见到警察，为了逃脱，总是拼命地奔跑，在一语境假设的作用下，听话人根据讲话人的意图(强调跑得快)而把跑的速度调节和定位到最快的级别上，如溜得像一道烟或跑得像箭一样快。当然对速度的定位必须适合常理。以下例句也是强调极高的程度。

(310) She said it out loud, clear as *anything*.(《新牛津英汉双解大词典》)

她高声把话说出来，再清楚不过了。

(311) They would probably worry like *anything*.(同上)

他们可能会非常担心。

(312) It's as dark as *anything* outside.(《朗文当代高级英语辞典》双解)

外面一片漆黑。

(313) She waved to us and we waved back like *anything*.(《CO-

BUILD 英汉双解词典》)

她向我们挥手,我们也拼命向她挥手。

(314)I immediately ran cold water over the burn as it hurt like *anything*.(《有道词典》)

由于被烫伤的伤口很疼,我立刻用冷水冲洗它。

(315)The wheel was going round like *anything*(《COBUILD 英汉双解词典》).

轮子在疯狂地旋转。

(316)Tom only left last week and I already miss him like *anything* (*Longman Dictionary of Contemporary English Online*)

汤姆上周才离开,但我们已经非常想他了。

从讲话人使用扩域手法和听话人的语义调节两个方面来解释可以解决任选词语既表示自由选择的本义又传递极点义的含义。如果把任选义和极点义同时视为词语的本义,则无法克服逻辑矛盾,也无法解释任选词语有时不表示极点义的情况。

6.7.4 对 any 的语境分布特征的统一解释

6.7.4.1 Any 的语用合适性条件

事件在宽域中发生的先验概率大于它在所有窄域中发生的先验概率。讲话人使用 any 就是利用了它本身的任选义所起到的扩域功能来暗示所述之事发生的先验概率极小,事件具有令人惊讶的特点。凡是含有 any 的核心命题都具有最大的信息蕴含力度。Kadmon and Landman (1993)提出的宽域的信息蕴含窄域的信息的原理可以运用基于概率的梯级逻辑做出更深入的解释。Any 在语境中被允准必须满足以下两个条件(廖巧云、蒋勇 2015):

(M)选择限制条件:句义组合不与 any 表达的任选语义相冲突。

(N)概率条件:语句必须表达先验概率极小的事件。

任选词语的两种用法之间的关联不是偶然的,负极性用法和任选用法之间具有深层的系统的联系。但对这种联系的理解尚未取得一致的意见(见 Horn 2000a 对各种观点的评论)。为何有些语言中的任选词语具有浮现极性特征？这跟任选词语的本义有何关联？我们将用以上两个条件来解答。

6.7.4.2　对 FC any 的解释

例(264)—(273)都满足 any 使用的两个条件。首先，它们都是内涵性语句，即是用来描述事物的内涵特征而不是用来指称特定的、既已存在的事物或已然发生的事件的语句，这样的肯定陈述句能满足 any 的任选义。其次，由于宽域是包含了例外的、边界的成员，而窄域是排除了例外的成员，关于宽域的肯定命题为真的概率低于关于窄域的肯定命题为真的概率。如在(264)中，宽域包含聪明和不聪明的小孩，不聪明的小孩有可能不知道这一点，而窄域中只包含聪明的小孩，在宽域中出现不知道这点的小孩的概率大于它在窄域中出现的概率，如果宽域中的小孩全都知道这点，则窄域中的小孩(即聪明的小孩)也全都知道这一点。在(265)中，“任何美国机场”扩大了机场的指称范围，把偏远的、设施简陋的、小型的机场都包括在内，在这些机场有可能租不到汽车。命题表示连这些机场也不例外，那么，紧邻大城市的、设施配套齐全的，大型的机场也能租汽车。在(267)中，“any teacher”(任何老师)扩大了老师指代的外延，包括懂教学法和不懂教学法的老师，窄域中只包含懂教学法的老师，不懂教学法的老师更有可能不懂得学生学习的个体差异，所以宽域中更有可能出现不知道学生学习速度有个体差异的老师，宽域命题为真的概率低于窄域，如果宽域中都没有出现例外，所有的老师都知道这个道理，则窄域中也不可能出现例外，所有的老师也都知道这个道理。在(268)中，宽域中的东西包含无价值的和有价值的东西，价格低廉的和昂贵的东西，质量差的和质量好的东西。窄域中的东西只包含人们愿意免费赠送的东西，即价值和价格较低，质量较差的东西。讲话人为了显示自己的慷慨和豪爽，把最有价值的、很贵的、质量很好的东西也纳入听话人的选择范围，对听话人的选择不加限定。人们一般不愿意把好的东西免费赠送给别人，所以宽域命题为真的概率比窄域命题为真的概率低。如果讲话人允许听话人在宽域中进行任意挑选，则也允许听话人在窄域中进行随意挑选。(269)—(273)也可进行相似的分析。

6.7.4.3 对 PS any 的解释

①对否定句的解释

首先从选择限制条件来看，PS any 不能用于具有存在封闭(existential closure)性的肯定陈述句。Jayes & Tovena(2005)提出限制 any 的非个体性(non-individuation)条件，认为 any 不能用于指代特定的个体。Dayal(1995)提出 any 的使用必须遵守语境模糊性限制条件：Any 短语的量化域是模糊的、可能的个体的集合，而不是具体个体的集合。

(317)* Mary talked to any angry students.

Any students 在句中指代特定的个体，违反非个体性条件和语境模糊性限制条件。*Oxford Advanced Learner's Dictionary* 等词典在解释 any 和 some 的用法差异指出在否定句中通常用 any，而在肯定句中通常用 some。

(318)I've got some paper if you want it.(*Oxford Advanced Learner's Dictionary*)

语句表达的是已经拥有的纸张，它们的数量和种类是既定的，不是可以自由选择的，句义与 any 表达的不加限制的数量和种类相冲突，此时(318)就不能使用 any。但在表示类指、情态、祈使和习惯等语句中，any 可以用于肯定句，如上例(264－273)。在上例(274)和(275)中，如果去掉否定成分，语句表示既已存在和已经拥有的事物，使用 any 也是不合适的。在例(276)中，如果用肯定陈述句表示过去发生的事件，由于事件是叙事性的，事件所涉及的变量“决策”是已定的，不允许自由选择，故 any 也不能出现在此类肯定句中。相反，例(274)－(276)中的否定陈述表示无论对方选择哪一个选项，集合中都不存在这样的事例或发生过这样的事件，因此否定陈述能够打开存在封闭，它们允许任选，故语句是合法的。

其次，从概率条件来看，由于 any 能把事件涉及的选项域扩充到最大，既包括常规的选项，也包括例外的选项，所以宽域中存在一个事例或发生某件事的可能性大于窄域。如果连最大范围内都未出现过某个东西或发生某个事件，则所有相对较小范围内也可能没出现过某个东西或发生某个事件。在(274)中，命题否定了在最广范围内存在食物，食物的种类和数量的范围越广，冰箱里有某种或某些食物的先验概率越大，命题否定了先验概率极大的事件，与人们的常规期待相反，命题为真的概率极低，它蕴含在相对较小的食物范围内也不存在食物。在(275)中，人生至少应该拥有几个必不可少的知心朋友，所以为情理所默认的语境命题一般不排除常规数量的朋友。而 any 扩展了朋友的数量范围，话语(宽域)命题扩大了否定的数量范围，把最起码应该拥有的几个朋友都加以排除，产生令人惊讶的效果，话语命题为真的概率低于语境命题为真的概率，话语命题的信息蕴含语境命题的信息。在(276)中，人的一生至少需要做出几个重大的决策，如选择学校、职业和配偶等，如果某人说“我从没做出过重大决策”，他的话通常不否定以上几个重大的决策。而(276)中的话语命题把这些为情理所默认的重大决策都一概排除，与人们的常规期待相对立，命题为真的概率较低，它蕴含“我从没做出过重大决策”。

②对条件句的解释

条件句是假设的情况，能取消表真和实情预设，允许自由选择。(277)表示无论是有价值的还是没有价值的东西，只要是剩下的东西全都扔掉。窄域只包含无价值的东西，宽域包含无价值和有价值的东西。通常有价值的东西就不该扔掉，人们愿意扔掉宽域中所有东西的先验概率低于愿意扔掉窄域中所有东西的先验概率，如果能够执行指令，扔掉宽域中所有的东西，则也能执行指令，扔掉窄域中所有的东西。

③对比较句的解释

在比较句中，用作对比的事物既可以是有定范围内的事物，也可以是无定范围内的事物。Giannakidou(2001)认为 any 受表真算子的反准许，即不能出现在表真性的语境。然而比较句却是表真性的，这是她的理论无法解释的反例。无论是有定范围内的任选还是无定范围内的任选，比较句都能够给予任意选择的自由。

(319)Ann runs faster than *anybody* in her class.

安比她班上的任何人都跑得快。

(320)Scarlett: Oh, Mother, you're sweet to me, sweeter than *anybody* in the world.(*Gone With the Wind*)

斯佳丽：噢，妈妈，你对我真好，是世界上对我最好的人！

(319)表示有定范围内的任选，而(320)表示无定范围内的任选，或者说极广范围内的任选。如果讲话人想要通过夸张来表示强调，可以用无定范围内的事物来比较。人们是根据语句的合情性来判断任选词语的合适性的，不是根据逻辑算子如非表真算子或下向蕴含算子等来判断任选词语的合适性的。(278)叙述的是已然事件，表示有定范围内的任选，讲话人可以确认他说的是实情，故语句是表真性的，其中的"any of us"指代语境中特定的人群，是有定范围内的任意选择。假定窄域仅包含对玛丽抱有合情期待的人，宽域包含对玛丽抱有合情期待和更高期待的人，比较的范围越广，越可能出现一个对玛丽抱有更高期待的人，命题为真的先验概率就越低。如果玛丽考得比宽域中所有人期待的都好，则她也考得比窄域中所有人期待的都好。

④对疑问句的解释

(ⅰ)问句允准 any 的理据

Ladusaw(1979)提出的下向蕴含论可以解释任选词语出现的语境逻辑特征。

(321)I don't have potatoes ⊢ I don't have cooking potatoes

我没有土豆 ⊢ 我没有食用的土豆

但下向蕴含论无法用来解释问句的语境特征。

(322)Do you have any potatoes?

你有没有什么土豆?

尽管(322)的否定回答可以允准下向蕴含推理，即没有土豆⊢没有食用的土豆，而肯定回答就无法通过下向蕴含：有土豆－/→有食用的土豆。

问句也满足任选词语使用的两个条件。首先，问句中的任选词语遵守语义与句义组合时的选择限制条件。

(323)Have you got *any* cheese I can have with this bread? (*Collins Cobuild English Dictionary*)

你有没有什么奶酪? 我想用它来拌面包。

在(323)中，由于问句的答案是不确定的，所以问句并不预设和保证对方有奶酪，变量未受存在封闭的阻挡，问话人给予答话人任选的自由，只要答话人有任何种类或数量的奶酪，他就可以使用肯定回答。

其次，任选词语能够实现讲话人欲使信息量达到最大的意图。van

Rooy(2003:251)提出用信息论来对否定句和疑问句允准任选词语的原因做出统一解释。在陈述句中,在同等条件下,每当A的信息排除的不确定世界的数量大于B时,A的信息高于和蕴含B的信息。任选词语不但能解除常规量域(窄域)中所有选项的不确定性,而且能解除宽域中所有选项的不确定性。他认为应该这样来解释问句的信息蕴含和疑问语气的加强:当窄域问句Q已经有了答案,而宽域问句Q′尚无答案时,问句Q′加强了问句Q的求信效用和疑问语气(即不确定度)。如前所述,陈述句可以用自信息来计算它的信息量,而疑问句需要用信息熵来计算它的答案的平均信息量。问话人用问句表达疑惑,期待问句引出的答案能够解除他的疑惑,问句的效用体现为它的所有答案的平均效用。问句的答案的概率分布越均衡,问话人越不确定哪个答案为真,问话人越感到疑惑,问句的信息熵越高,答案的效用也越大。Any在问句中的作用就是暗示问话人的疑惑度较高,它能增加答案的不确定性,提高问句的信息熵。对比(323)和(324)的效果差异。

(324)Have you got cheese I can have with this bread?

你有没有奶酪?我想用它来拌面包。

由于答话人知道问话人一顿要吃很多新鲜的奶酪,所以(324)中的奶酪被理解为足量的、新鲜的奶酪。假定问话人预先估计对方不太可能有足够的、新鲜的奶酪,这时如果用例(324)来询问,问句的答案很可能是否定的,问句的答案就没有不确定性,问话人问了一个答案可以预知的问题,问句无求信效用。(323)中的any扩大了奶酪的种类或数量的范围,把不新鲜的或者少量的奶酪都包括在内。域的宽度与事例出现的先验概率具有单调递增的函数关系,扩域能够增大事例出现的先验概率,于是any能增大肯定回答的先验概率,降低了问句否定回答和肯定回答之间的概率的偏向性,增加了它们的平衡性,增加了问句答案的不确定性和信息熵,使(323)的信息熵高于(324)的信息熵,提高了问句答案的信息效用,使问句的答案能解除最大的熵值。以下问句中的any都暗示问话人难以做出判断,疑惑不解的程度较高。

(325)Did *any* of her friends come? (*Macmillan Dictionary*)

到底她的朋友来没有?

(326) What happened, is *anything* wrong? (*Collins Cobuild English Dictionary*)

怎么回事,到底有没有问题?

(327) What do you want from me, *anyway*? (同上)

你究竟想从我这儿得到什么?

(328) Where the hell was Bud, *anyhow*? (同上)

巴德到底在哪?

(329) 'What are you phoning for, *anyway*?'

"你打电话来到底是为了什么?"

'To see if you need a visa.'(《COBUILD 英汉双解词典》)

"想问问你是否需要办护照。"

(330) What are you doing here, *anyway*? (《新牛津英汉双解大词典》)

你到底在这儿干啥?(同上)

(331) What did you come here for *anyway*? (*Macmillan Dictionary*)

你到底来这儿干啥?

Collins Cobuild English Dictionary、《新牛津英汉双解大词典》、*Macmillan Dictionary* 都指出 anyway 用于疑问句,强调说话者想知道事实或真正的原因的愿望。我们认为询问真实的情况或原因是语境提示的,anyway 在问句中只是表示问话人的疑惑。Anyway 在问句中表达问话人对真实的情况或原因等感到疑惑。Anyway 义同 anyhow,本来表示无论如何,不管怎样,在问句中表示扩域寻找原因,暗示问话人感到很疑惑。

(ⅱ) Any 在问句中传递的含义

和所有的扩域词一样,any 在问句中结合语境信息,可以表达惊讶、怀疑、期待、热情等含义。

表示惊讶

(332) Did you ever hear *anything* like it? (*Oxford Advanced Learner's Dictionary*)

你可曾听说过这样的事情？

(333) How can *anyone* look sad at an occasion like this? (*Collins Cobuild English Dictionary*)

到底为何大家在这样的场合都哭丧着脸？

(334) Why would *anyone* want that job? (ibid.)

究竟为何人人都想要那份工作？

只有在事件发生的先验概率较小的情况下，通过扩域增大事件发生的先验概率才能改善问句答案的概率平衡性，所以任选词语 ever 和 any 适用于询问先验概率较小的事件。在(332)中，问话人尽量扩大时间域和事例的选项域，时间越长，听话人越有可能听说过类似的事情，同时，包含各种事例的范围越广，也越有可能出现听话人听说过的类似的事情，问话人尽量增大肯定回答的概率，想以此暗示他们从来都没有听说过这样的咄咄怪事，足见这件事情是多么离奇、罕见和令人震惊。在(333)中，讲话人本来期待大家在这个场合会高高兴兴的，结果每个人都哭丧着脸，这令问话人感到很是惊讶和不解。在(334)中，求职者的范围越广，越有可能出现不愿意要这份工作的人，问句表示讲话人感到很惊讶和奇怪，不知道为何那份工作有如此大的吸引力。

表示怀疑

(335) Are you sure that Mildred will drink absolutely *any* whiskey? (Israel 2011：175)

你敢肯定米尔德里德什么威士忌都一定能喝吗？

“Are you sure”表示问话人的怀疑。问话人不怀疑米尔德里德能喝某些威士忌，但怀疑他什么威士忌都能喝的说法。由于威士忌包含的种类越多，越有可能出现他不能喝的威士忌，所以 any 暗示问话人的怀疑语气。

表示期待

根据 *Collins Cobuild English Dictionary*，当 any 用于问句时，暗示也许存在某个、某些人或东西。我们认为这是从扩域能增加事例出现的先验概率推导出来的含义。扩域增加了获得肯定回答的机会，只要在宽域中出现一个事例就可以用肯定来回答，而且在某些语境中肯定回答比否定回答对问话人更有用，故问话人有时使用 any 暗示他期待获得肯定回答。

(336)I need some nails—have you got *any*?（《朗文当代高级英语辞典》双解）

我需要一些钉子，你有吗？

(337)Have you got *any* money?（同上）

你有没有钱？

(338)Are there *any* biscuits left?（*Macmillan Dictionary*）

有没有什么饼干剩下？

(339)Have you seen *anything* of a little black dog?（ibid.）

你见过一只小黑狗吗？

(340)Do you have *any* tips to pass on?（《新牛津英汉双解大词典》）

你有什么点子吗？

(341)Are you feeling *any* better today?（*A Modern English－Chinese Dictionary*）

你今天觉得好些吗？

(342)Was he *any* {good/use/fun/* bad/* blue}?（Israel 2011:168）

他到底有没有点{善心/用/情趣/* 坏/* 情绪}？

在(336)中，问话人期待能从对方那里得到一些钉子，他把钉子的数量范围加以扩大，增大肯定回答的概率，即使对方只有很少的钉子也可以用肯定来作答。同样，(337)中的问话人期待能从对方那里借到钱，(338)中的问话人期待对方有一些剩下的饼干给他充饥，(339)中的问话人期待对方能够提供走失的小黑狗的信息，(340)中的问话人期待对方能够提供一些建议。在(341)中，问话人预设听话人在短期内不可能有较大的好转，于是把好转的程度放宽，只要对方有任何程度的好转，哪怕稍有好转都可以用肯定来回答，反映了问话人特别关心对方和期待对方有所好转的急迫心情。在(342)中，any 不能与表达负面意义的词语搭配，不能用来表达问话人期望别人有点坏或有点情绪等，因为人们通常期待别人有点善心、用处和情趣，不期待别人有点坏或有点情绪，因此是语用异常导致这些说法不合适。Israel 只是举出了这个发人深省的案例，但未加任何解释。然而问话人使用 any 并不总是期待获得肯定回答,是否期待获得肯定回答依赖于特定的语境。

(343) Were you in *any* danger?(《COBUILD 英汉双解词典》)

你遇到什么危险吗?

如果把(343)理解为问话人期待对方有危险则误解了问话人的关心意图,反而认为问话人居心不良。问话人扩大危险包括的范围,把对方遇到的一点点危险都放在心上,暗示他的关心程度。

表示热情

(344) a. Is there something I can help you?

b. Is there anything I can help you? (Kadmon & Landman 1993:367)

当然,服务员与顾客非亲非故,一般不可能帮顾客很大的忙,帮很大的忙在(344a)和(344b)中都被排除,所以 any 是对例外的有限包容(reduced tolerance of exceptions)(同上:354),域的扩充受到合情性的限制。(344a)和(344b)中指代的帮忙的范围不一样,(344a)表示问话人愿意帮顾客一些忙,而(344b)中的 anything 扩大了帮忙的范围,把某些例外的事情(如琐碎之事)也包括在内,表示无论什么忙,只要对方需要,她都乐意帮,这既暗示她对肯定回答的期待,也更显得服务周到、热情和礼貌,凸显她乐于助人的品质,容易博得顾客的好感。Any 在问句中既能提高问句的肯定回答的概率,增加了问句答案的不确定性,也能同时传递特定的会话含义。

6.7.4.4 对 PS any 的允准语的数量特征的解释

在例(280a)中,扩域词表示把凡是能控制自己身体的人,无论他们在多大程度上能控制自己的身体都无一例外地纳入到统计的集合中,结果发现人数很少。由于宽域中出现的人数多于或不少于窄域中的人数,所以宽域中人数很少的概率应低于或不高于窄域中人数很少的概率,可从宽域的信息衍推窄域的信息,如果在最宽阔的域中人数都很少,则在排除例外的窄域中人数会更少,甚至连 1 个也没有。在例(281a)中,任选词表示把讲话人的父母要他干的家务活无论大小全都进行统计,结果发现他的父母很少叫他帮忙干家务活,那么在统计时去掉某些可以忽略不计的家务活后，会发现他的父母也很少甚至没叫他帮忙干家务活。讲话人使用任选词是为了突出父母溺爱独生子。由于扩域会增加事例出现的频率，当 any 与表达较大量的词语搭配时，扩域会增加命题为真的概率，事例在窄域中经常或有时出现蕴含它们在宽域中也经常或有时出现，这时窄域的信息反而蕴含宽域的信息，这与讲话人使用 any 以降低命题为真的概率、增加命题的信息蕴含力度和语气的意图相背离，违背语用合适性条件(N)，故(280b)和(281b)皆属于语用乖戾的语句。在(280b)中，宽域中的人数本来就应该多，扩域增加了命题所述事件为真的概率，无法引导从宽域的情况衍推窄域的情况，语句不合适。在(281b)中，在宽域中发现他的父母有时叫他帮忙干家务活是最自然不过的事情，扩域增加了命题为真的概率，无法让人推知实际上他的父母叫他干得多还是干得少，与上文无法产生关联联系。Klima(1964:311)认为 only 可以允准 PS any。Only 和 few 一样，都用于表示主观较小量，能允准任选词语。

(345)Only his sister will expect him to write *any* more novels.(同上)

只有他的妹妹才会期待他写出更多的小说。

把凡是期待他写的小说全都纳入统计，结果只有他的妹妹期待他写小说，那么在窄域中也不会有别的人期待他写小说。此外，表示较少数量意义的词语和 if any 搭配时也反映了讲话人用扩域手法强调数量很少的意思。

(346)Very few people, *if any* still support this idea.(=there may be no one who supports it)(《朗文当代高级英语辞典》双解，见“any”词条)

支持这种观点的人可能已不多了。(=或许无人赞成)

(347)Few *if any* pianists have performed the Grieg concerto with such sensitivity.(*Macmillan Dictionary*，见“any”词条)

几乎没有钢琴家能如此细腻地演奏格里格的协奏曲。

(348)The new leaders have little *if any* control.(《新牛津英汉双解大词典》，见“if“词条)

新任领导们很少或许根本没有控制力。

Longman Dictionary of Contemporary English 指出有时插入 if any 短语能补充说明某事物的实际数量也许比所说的还少。《新牛津英汉双解大词典》对 if any 的解释是:表示有所保留,暗示或许没有。*Macmillan Dictionary* 对 few if any 结构的解释是:不多,也许连一个都没有。*Webster's Collegiate Dictionary*(见"if"词条)对 if any 的作用的解释是:暗示也许没有。可见,讲话人使用这一构式的目的是为了表示不存在的意思,但为了不要把话说得太绝对,采用保守的说法,说成即使有一些,数量也很少。讲话人用宽域中只有很少的事例暗示窄域中也只有很少的事例,甚至连一例也没有,如在(346)中,条件句表示如果把任何支持这种观点的人全都纳入统计,如把摇摆不定的支持者,有某种私利打算的支持者,或受到他人威胁和欺骗的支持者等全都包括在内,结果人数很少,那么排除这些例外的人数后,真正的支持者会更少,甚至无人真正支持这种观点。

6.7.5　小结

Any 的浮现极性特征和其允准语的数量特征与它本身的任选义和事件发生的先验概率相关。事件参与成分的选项域的大小与事件发生的先验概率构成单调递增的函数关系,讲话人放纵听话人在最大的选项域中寻找反例,通过肯定概率极小的事件和否定概率极大的事件来传递梯级含义,实现增强命题的信息度的目的。当 any 用于内涵语境时,它不显现极性特征,否定和肯定陈述句都能表达概率极小的事件。当 any 用于存在封闭性的指称语境时,下向蕴含算子能配合它表达概率极小的事件,如果用上向蕴含算子替换下向蕴含算子或把语句变成肯定陈述句,含有 any 的语句有的就会表达不可能的事件,命题无法成立,有的就会指代既有的存在物或具体事件中的事物,句义就会与 any 的任选语义相冲突,语句就会成为病句。人们不是依据允准语的单调逻辑特征,而是依据选择限制条件和概率条件来衡量 any 的语用合适性。词义(即 any 的任选义)、句义(时体信息等)、语用含义(即 any 引导的梯级含义和特定含义)、语用功能(any 加强信息度的功能)和认知(梯级推理)这几个界面交互作用,共同制约 any 的语境分布特征。下向蕴含特征只是负极词的部分允准语的属性，负极词的某些允准语之所以具有这一特征，是因为它们能启动基于概率的梯级推理，引导人们从母集的信息衍推子集的信息。

英语中的扩域词语 in the world、on earth、at all、ever、any 在问句中都能起到汉语扩域词语“到底”和“究竟”的功能，有时甚至可以用“到底”和“究竟”来翻译。这说明英、汉语用扩域词来暗示问话人的疑惑度的策略是相同的。

第七章　结　语

让我们回到在绪论中提出的四个关键问题：

①如何概括扩域词在问句中的各种意义和用法并对它们做出统一解释？

②扩域词为何能提高问句答案的效用？

③如何解释疑问语气的加强？

④在问句中使用扩域词的适切性条件是什么？

我们认为这四个问题紧密相关：

扩域词在问句中的各种用法都含有疑惑义，它们的其他意义都是疑惑义和语境信息相结合而衍生出的语境含义。可以用疑惑义和含义来对扩域词的各种意义和用法做出统一的解释。

当问句答案的不确定度较高时，问句答案的效用较大，能解除较多的不确定成分，因此扩域词标记问句答案的信息效用的增加。扩域词不表示深究，不表示问话人欲获得满意的答案，也不表示问话人对先前获得的答案不满意，而是暗示问话人的疑惑度极高。

疑问句主要是用于表达问话人的疑惑的，扩域词加强问句的疑问语气表现在加强问句表达的疑惑语气。

在问句中使用扩域词的适切性条件是增加问句的信息熵，即带扩域词的问句的信息熵大于不带扩域词的问句的信息熵。

我们用扩域增熵的原理对“到底”“究竟”“端的”、wh-ever、at all、on

earth、in heaven、under heaven 等词语在疑问句中的各种意义和用法做出了统一的解释。扩域词能加强肯定和否定的力度，也能加强疑问语气。我们用信息论解答了为何问话人需要扩域。在陈述句中，扩域词能增加命题传递的自信息。在疑问句中，扩域词通过扩大寻找答案的范围暗示问句答案的不确定性较大，问话人感到很费解或怀疑，对答案没有把握，或者表达问话人的责备、愤怒、惊叹、反驳、怀疑、不耐烦等语气。可以用关联论中的最佳相关语境假设解释扩域词在语境中表达的含义和语气。

参考文献

爱迪生·维斯理·朗文出版公司辞典部(编),朱原等(译),1998,《朗文当代高级英语辞典》(英英·英汉双解),商务印书馆。

北京大学中文系1955、1957级语言班(编),1996,《现代汉语虚词例释》,商务印书馆。

蔡罗一,2014,《针对"毕竟、到底、终究、终归"的对外汉语教学研究与设计》,华东师范大学硕士学位论文。

曹雪虹,2009,《信息论与编码》,清华大学出版社。

陈秀明,2006,《评注性副词"毕竟""到底""终究""究竟"的对比研究》,暨南大学硕士学位论文。

陈运,2009,《信息论与编码》,电子工业出版社。

陈志安、文旭,2001,论言语交际中的回声话语,《解放军外国语学院学报》第4期。

冯端,冯少彤,2005,《溯源探幽:熵的世界》,北京:科学出版社。

傅祖芸,2007/2010,《信息论——基础理论与应用》,北京:电子工业出版社。

霍恩比(编),赵翠莲、邹晓玲等(译),2014,《牛津高阶英汉双解辞典》(第8版),商务印书馆。

姜殿玉,2008,《带熵博弈论及其应用》,北京:中国社会科学出版社。

蒋欣,2013,《语气副词"到底""毕竟""究竟"的对外教学》,华中师范大学硕士学位论文。

蒋严,潘海华,2005,《形式语义学引论》,北京:中国社会科学出版社。

蒋勇,2015a,"Any"与"任何"允准差异的优选论解释,《语言研究集刊》第十四辑。

蒋勇,2015b,“都”允准任选词的理据,《当代修辞学》第5期。

蒋勇,2015c,任选词表极点义的关联条件,《语言研究集刊》第十五辑。

李延林,2001,“究竟”“到底”的英译,《中国科技翻译》第2期。

廖巧云、蒋勇,2015,任选词语的隐现极性特征的概率模型,《外语教学》第1期。

陆谷孙(主编),《英汉大词典》(第2版),上海译文出版社。

吕萍、戴秀干,2009,评注性副词“究竟”的语用考察,《语文学刊》第10期。

吕叔湘(主编),1980,《现代汉语八百词》,北京:商务印书馆。

马喆,2009,“到底”的去范畴化考察,《武汉理工大学学报》第3期。

牛保义,2003,信疑假设,《外语学刊》第4期。

牛津大学出版社(编),2013,《新牛津英汉双解大词典》(第2版),上海外语教育出版社。

邵敬敏,1996,《现代汉语疑问句研究》,上海:华东师范大学出版社。

沈世镒、吴忠华,2004,《信息论基础与应用》,高等教育出版社。

孙菊芬,2002,“毕竟”在近代汉语中的发展演变研究,《海南大学学报》(人文社会科学版)第3期。

孙杏丽,2007,《语气副词“到底”的多角度研究》,河南大学硕士学位论文。

太田辰夫,1987/2003,《中国语历史文法》,北京:北京大学出版社。

外研社辞书部(编),2002,《现代英汉词典》(*A Modern English-Chinese Dictionary*),外语教学与研究出版社。

王军,2009,副词“究竟”的始见时代,《南京师范大学文学院学报》第3期。

王志,1990,“回声问”,《中国语文》第2期。

吴军,2013,《数学之美》,人民邮电出版社。

辛慧,2009,“到底”的语法化及其机制,《新乡学院学报》(社会科学版)第6期。

徐烈炯,1988,《生成语法理论》,上海:上海外语教育出版社。

许慎,2013,《说文解字》,中华书局。

许秋娟,2013,副词“究竟”的语义考察,《柳州职业技术学院学报》第2期。

于海江、王文科、沈利人(编译),2002,《COBUILD英汉双解辞典》,上海译文出版社。

张伯江,1997,疑问句功能琐议,《中国语文》第2期。

张秀松,2008a,“到底”的共时差异探析,《世界汉语教学》第4期。

张秀松,2008b,“毕竟”义“到底”句的主观化表达功能,《语文研究》第3期。

张秀松,2011,短语“到底”向时间副词的词汇化,《语言教学与研究》第5期。

张秀松,2012a,语气副词“到底”的历史形成,《古汉语研究》第1期。

张秀松,2012b,近代汉语中语气副词“到底”的后续演变,《语言研究》第1期。

张秀松,2014a,“究竟”义“到底”句的句法、语义和语用考察,《华文教学与研究》第1期。

张秀松,2014b,疑问语气副词“究竟”向名词“究竟”的去语法化,《语言科学》第4期。

中国社会科学院语言研究所词典编辑室(编),2016,《现代汉语词典》(第6版),商务印书馆。

中国社会科学院语言研究所古代汉语研究室(编),2004,《古代汉语虚词词典》,商务印书馆。

钟义信、周延泉、李蕾,2005,《信息科学教程》,北京邮电大学出版社。

周云亮,2013,《极量负极词在问句中使用的双向关联分析》,复旦大学硕士学位论文。

Atlas, J. D. 1996. ‘Only’ noun phrases, pseudo-negative generalized quantifiers, negative polarity items, and monotonicity. *Journal of Semantics* 13: 265—328.

Baker, C. L. 1970. Double negatives. *Linguistic Inquiry* 1: 169—186.

Banfield, Ann. 1982. *Unspeakable Sentences*. Boston: Routledge and Kegan Paul Ltd.

Barwise, J. 1979. On branching quantifiers in English. *Journal of Philosophical Logic* 8: 47—80.

Belnap, N. and T.Steel. 1976. *The Logic of Questions and Answers*. New Haven: Yale University Press.

Blahut, R. E. 1990. *Principles and Practice of Information Theory*. Addison—Wesley Publishing Company.

Bolinger, D. 1960. Linguistic science and linguistic engineering. *Word* 16: 374—391.

Bolinger, D. 1972. *Degree Words*. The Hague: Mouton.

Bolinger, D. 1978. Intonation across languages. In Greenberg J. (ed.), *Universals of Human Language*. Stanford, CA: Stanford University Press, 471—524.

Borkin, A. 1971. Polarity items in questions. In *CLS* 7. Chicago: CLS, 53—62.

Brown, Penelope and Stephen C.Levinson. 1987. *Politeness: Some Universals in Language Usage*. Cambridge: Cambridge University Press.

Carlson, Lauri. 1983. *Dialogue Games: An approach to discourse analysis*. London: D. Reidel Publishing Company.

Carnap, Rudolf and Yehoshua Bar-Hillel. 1952. An Outline of A Theory of Semantic Information. Technical Report No. 247. *Research Laboratory of Electronics*, Massachusetts Institute of Technology, Cambridge, Massachusetts.

Carston, Robyn. 2004. Relevance theory and the saying/implicating distinction. In Laurence Horn and Gregory Ward (eds.), *Handbook of Pragmatics*. Oxford: Blackwell, 633—656.

Chierchia, Gennaro. 2013. *Logic in Grammar: Polarity, Free Choice, and Intervention*. Oxford University Press.

Chou, Chao-Ting. 2012. Syntax-Pragmatics Interface: Mandarin Chinese Wh-the-hell and Point-of-View Operator. *Syntax* 15 (1): 1—24.

Ciardelli, I., J. Groenendijk and F. Roelofsen. 2015. On the semantics and logic of declaratives and interrogatives. *Synthese* 6: 1689—1728.

Clausius, R. 1864. Abhandlungen über die Mechanische Wärmetheorie. *Electronic manuscript from the Bibliothèque nationale de France*.

Cohen, F. 1929. What is a question? *The Monist* 39: 350—364.

Condoravdi, Cleo. 2010. NPI licensing in temporal clauses. *Natural Language and Linguistic Theory* 28: 877—910.

Condoravdi, Cleo. 2015. Ignorance, indifference, and individuation with *wh-ever*. In Luis Alonso-Ovalle and Paula Menéndez-Benito (eds.), *Epistemic Indefinites: Exploring Modality Beyond the Verbal Domain*. Oxford University Press, 213—243.

Coulson, S. 2001. *Semantic Leaps: Frame-Shifting and Conceptual Blending in Meaning Construction*. New York: Cambridge University Press.

Cover, T. and J. Thomas. 1991. *Elements of Information Theory*. New York: Wiley.

Coyaud, Maurice. 1972. Les quantificateurs dans les langues naturelles. In Luigi Heilmann (ed.), *Proceedings of the Eleventh International Congress of Linguists*, ii. Bologna: II Mulino, 601—618.

Coyaud, Maurice. 1976. Indéfinis et interrogatifs, *Semantikos* 1(3): 83—88.

Cross, Charles and Floris Roelofsen. 2014. Questions. In E. N. Zalta (ed.), *The Stanford Encyclopedia of Philosophy*. Stanford University.

Crystal, David. 2008. *A Dictionary of Linguistics and Phonetics*. Blackwell Publishing.

Dayal, V. 1995. Quantification in correlatives. In E. Bach *et al*. (eds.), *Quantification in Natural Language*. Kluwer. Dordrecht,

179—205.

Dayal, V. 1997. Free choice and -ever: identity and free choice readings. *Proceedings of Semantics and Linguistic Theory* (SALT) VII: 99—116.

Dayal, V. 2016. *Questions*. Oxford University Press.

Dekker, Paul, Maria Aloni, and Jeroen Groenendijk. 2016. Questions. In Maria Aloni and Paul Dekker (eds.), *The Cambridge Handbook of Formal Semantics*. Cambridge University Press, 560—592.

den Dikken, Marcel, and Anastasia Giannakidou. 2001. What the hell? *NELS* 31: 163—182.

den Dikken, Marcel and Anastasia Giannakidou. 2002. From hell to polarity. *Linguistic Inquiry* 33: 31—61.

Ducrot, O. 1973. *La Preuve et le dire*. Paris: Maison Mame.

Ducrot, O. 1980. *Les échelles argumentatives*. Paris: Minuit.

Fauconnier, G. 1975a. Polarity and the scale principle. In R. E. Grossman, L. J. San & T. J. Vance (eds.), *CLS* 11. Chicago: CLS, 188—199.

Fauconnier, G. 1975b. Pragmatic scales and logical structures. *Linguistic Inquiry* 6: 353—375.

Fauconnier, G. 1978. Implication reversal in a natural language. In F. Guenther & S. J. Schmidt (eds.), *Formal Semantics and Pragmatics for Natural Languages*. Dordrecht: D. Reidel Publishing Company, 289—301.

Fauconnier, G. 1980. Pragmatic entailment and questions. In J. R. Searle, F. Kiefer & M. Bierwisch (eds.), *Speech Act Theory and Pragmatics*. Dordrecht: D. Reidel Publishing Company, 57—71.

Fauconnier, G. 1985. *Mental Spaces: Aspects of Meaning Construction in Natural Language*. Cambridge, MA/London: MIT Press. Republished, Cambridge: Cambridge University Press, 1994.

Fauconnier, G. 1997. *Mappings in Thought and Language*. Cambridge: Cambridge University Press.

Gajewski, Jon R. 2011. Licensing strong NPIs. *Natural Language Semantics* 19: 109—148.

Giannakidou, Anastasia. 1998. *Polarity Sensitivity as (Non)Veridical Dependency*. Amsterdam/Philadelphia: John Benjamins.

Giannakidou, Anastasia. 2001. The meaning of free choice. *Linguistics and Philosophy* 24: 659—735.

Giannakidou, Anastasia. 2006. Only, Emotive Factive Verbs, and the Dual Nature of Polarity Dependency. *Language* 82 (3): 575—603.

Giannakidou, Anastasia & Lisa Cheng. 2006. (In)Definiteness, Polarity, and the Role of Wh-Morphology in Free Choice. *Journal of Semantics* 23 (2): 135—183.

Gil, David. 1993. Conjunctive operators: areal phenomenon or semantic universal. In David Gil (ed.), *Studies in Number and Quantification* (EUROTYP Working Papers, VII/19). Konstanz: University of Konstanz, 18—47.

Ginzburg, Jonathan. 1995. Resolving questions, I & II. *Linguistics and Philosophy* 18: 459—527 & 597—609.

Ginzburg, Jonathan. 1996. Interrogatives: Questions, Facts and Dialogue. In Shalom Lappin (ed.), *The Handbook of Contemporary Semantic Theory*. Blackwell Publishers Ltd., 385—422.

Ginzburg, Jonathan. 2000. *Interrogative Investigations: The form, Meaning, and Use of English Interrogatives*. California: Stanford University Press.

Grice, H. P. 1975. Logic and conversation. In P. Cole and J. Morgan (eds.), *Syntax and Semantics*. New York: Academic Press, 41—58.

Grice, H. P. 1989. *Studies in the Way of Words*. Cambridge, MA: Harvard University Press.

Groenendijk, J., and F. Roelofsen, 2009. Inquisitive Semantics and Pragmatics. In J. M. Larrazabal and L. Zubeldia (eds.), *Meaning, Con-*

tent and Argument, *Proceedings of the ILCLI International Workshop on Semantics*, *Pragmatics and Rhetoric*. University of the Basque Country Publication Service, 41—72.

Groenendijk, Jeroen & Martin. Stokhof, 1984. Studies on the Semantics of Questions and the Pragmatics of Answers, Ph. D. dissertation. University of Amsterdam.

Groenendijk, Jeroen and Martin.Stokhof. 1997. Questions. In J. van Benthem and A. ter Meulen (eds.), *Handbook of Logic and Language*. Amsterdam: Elsevier, 1055—1124.

Hagstrom, Paul. 2003. What questions mean. *Glot International* 7: 188—201.

Halliday, M. A. K. 1994. *An Introduction to Functional grammar*. 2nd Edition. London: Edward Arnold.

Hamblin, C. L. 1958. Questions. *Australasian Journal of Philosophy* 36: 159—168.

Hamblin, C. L. 1973. Questions in Montague English. *Foundations of Language* 10: 41—53.

Hamblin, C. L. 1976. Questions in Montague English. In B. Partee (ed.), *Montague Grammar*. Academic Press, New York.

Hand, M. 1999. Semantics vs. pragmatics: ANY in game-theoretical semantics. In K. Turner (ed.), *The Semantics/Pragmatics Interface from Different Points of View*. Elsevier Science Ltd, 179—198.

Haspelmath, Martin. 1993/1997. *Indefinite Pronouns*. Oxford: Oxford University Press.

Hausser, Roland & Dietmar Zaefferer.1979. Questions and answers in a context-dependent Montague grammar. In F. Guenthner & S. J. Schmidt (eds.), *Formal semantics and pragmatics for natural languages*. Dordrecht. Reidel, 339—358.

Hausser, Roland. 1983. On questions. In F. Kiefer (ed.), *Questions and answers*. Dordrecht. Reidel, 97—158.

Heim, I. 1982. *The semantics of definite and indefinite noun phrases. Unpublished Ph. D. dissertation, University of Massachusetts. Amherst*, MA.

Heller, Daphna & Lynsey Wolter. 2011. On identification and transworld identity in natural language: the case of -ever free relatives. *Linguistics and Philosophy* 34: 169—199.

Herburger, E. 2000. What Counts: Focus and Quantification. *Linguistic Inquiry*, Monograph 36. Cambridge, MA: MIT Press.

Higginbotham, J. 1996. The Semantics of Questions. In S. Lappin (ed.), *The Handbook of Contemporary Semantic Theory*. Blackwell, Oxford, 361—384.

Higginbotham, J. and R. May. 1981. Questions, quantifiers, and crossing. *The Linguistic Review* 1: 41—80.

Hintikka, K. J. J. 1976. The semantics of questions and the questions of semantics. *Acta Philosophica Fennica*, 28, 4. Amsterdam: North-Holland.

Hoeksema, J. 2000. Negative polarity items: triggering, scope and c-command. In L. R. Horn & Y. Kato (eds.), *Negation and Polarity: Syntactic and Semantic Perspectives*. Oxford: Oxford University Press, 115—146.

Hoeksema, J. 2010. Negative and Positive Polarity Items: An Investigation of the Interplay of Lexical Meaning and Global Conditions on Expression. In Laurence R. Horn (ed.), *The Expression of Negation*. Berlin: Mouton de Gruyter, 187—224.

Hoeksema, J. 2012. On the Natural History of Negative Polarity Items. *Linguistic Analysis* 38 (1/2): 3—33.

Horn, L. R. 1970. Ain't it hard anymore. In *CLS* 6. Chicago: CLS, 318—327.

Horn, L. R. 1984. Toward a new taxonomy for pragmatic inference: Q-based and R-based implicature. In D. Schiffrin (ed.), *Meaning*,

Form and Use in Context: Linguistic Applications (GURT '84). Washington: Georgetown University Press, 11—42.

Horn, L. R. 1996. Exclusive company: only and the dynamics of vertical inference. *Journal of Semantics* 13 (1): 1—40.

Horn, L. R. 1989. *A Natural History of Negation*. Chicago and London: The University of Chicago Press.

Horn, L. R. 2000a. Pick a theory (not just *any* theory): indiscriminatives and the free choice indefinite. In L. Horn & Y. Kato (eds.), *Negation and Polarity: Syntactic and Semantic Perspectives*. Oxford: Oxford University Press, 147—192.

Horn, Laurence R. 2000b. Any and (-) ever: free choice and free relatives. In A. Wyner (ed.), *Proceedings of the 15th Annual Conference of the Israeli Association for Theoretical Linguistics* (IATL), 71—111.

Horn, L. R. & Y. Kato (eds.). 2000. *Negation and Polarity: Syntactic and Semantic Perspectives*. Oxford: Oxford University Press.

Horn, L. R. 2001. Flaubert triggers, squatitive negation, and other quirks of grammar. In J. Hoeksema, H. Rullmann, V. Sánchez Valencia & T. van der Wouden (eds.), *Perspectives on Negation and Polarity Items*. Amsterdam: John Benjamins, 173—200.

Horn, L. R. 2002. Assertoric inertia and scalar inference. In M. Andronis, E. Deberport, A. Pycha & K. Yeshimura (eds.), *Proceedings of the Panels of the CLS* 38, 2. Chicago: CLS: 55—82.

Horn, L. R. 2004. Implicature. In Laurence Horn and Gregory Ward (eds.), *Handbook of Pragmatics*. Oxford: Blackwell, 1—28.

Hsieh, I-Ta Chris. 2012. Polarity in Conditionals and Conditional-like Constructions. Ph.D. Dissertation. University of Connecticut.

Huang, C.-T. James and Masao Ochi. 2004. Syntax of the hell: two types of dependencies. *NELS* 34: 279—293.

Huang, C.-T. James, Y.-H. Audrey Li & Yafei Li. 2009. *The Syn-*

tax of Chinese. Cambridge University Press.

Huddleston, Rodney. 1984. *Introduction to the Grammar of English*. Cambridge: Cambridge University Press.

Hull, R. 1975. A semantics for superficial and embedded questions in natural language. In E. Keenan (ed.), *Formal Semantics of Natural Language*. Cambridge: Cambridge University Press.

Israel, M. 1998. Ever: polysemy and polarity sensitivity. *Linguistic Notes from La Jolla* 19: 29—45.

Israel, M. 2001. Minimizers, maximizers, and the rhetoric of scalar reasoning. *Journal of Semantics* 18 (4): 297—331.

Israel, M. 2011. *The Grammar of Polarity: Pragmatics, Sensitivity, and the Logic of Scales*. Cambridge: Cambridge University Press.

Jackendoff, Ray. 1969. An Interpretive Theory of Negation. *Foundations of Language* 5: 218—241.

Jackson, Eric. 1995. Weak and Strong Negative Polarity Items: Licensing and Intervention. *Linguistic Analysis* 25: 181—208.

Jacobson, P. 1995. The quantificational force of English free relatives. In Emmon Bach, *et al*. (eds.), *Quantification in Natural Language*. Kluwer: Dordrecht, 451—486.

Jayez, J. & L.Tovena. 2005. Free choiceness and non-individuation. *Linguistics and Philosophy* 28: 1—71.

Jaynes, E. T. 1957. Information theory and statistical mechanics. *Physical review* 106 (4): 620—630.

Jespersen, Otto. 1940. *A Modern English grammar on historical principles*. Munksgaard. Copenhagen.

Kadmon, N. & F. Landman. 1993. Any. *Linguistics and Philosophy* 16: 353—422.

Karttunen, L. 1977. The syntax and semantics of questions. *Linguistics and Philosophy* 1: 3—44.

Karttunen, L. & S.Peters. 1979. Conventional implicature. In C.-K. Oh & D. A. Dineen (eds.), *Syntax and Semantics, Vol II: Presupposition*. New York: Academic Press, 1—56.

Kay, P. 1990. Even. *Linguistics and Philosophy* 13: 59—111.

Kay, P. 1997. *Words and the Grammar of Context*. Stanford, CA: CSLI Publication.

Klima, Edward. 1964. Negation in English. In J. A. Fodor and J. J. Katz (eds.), *The Structure of Language*. Englewood Cliffs, NJ: Prentice Hall, 246—323.

König, Ekkehard. 1991. *The Meaning of Focus Particles: A Comparative Perspective*. London: Routledge.

Kratzer, Angelika and Junko Shimoyama. 2002. Indeterminate pronouns, the view from Japanese. Ms. UMass Amherst. Available at the semantics archive.

Krifka, M. 1990. Polarity phenomena and alternative semantics. In M. Stokhof and L. Torenvliet (eds.), *Proceedings of the 7th Amsterdam colloquium*. Amsterdam: ITLI.

Krifka, M. 1992. Some remarks on polarity items. In D. Zaefferer (ed.), *Semantic Universals and Universal Semantics*. Dordrecht: Foris, 150—189.

Krifka, Manfred. 1995. The semantics and pragmatics of polarity items in assertion. *Linguistic Analysis* 15: 209—257.

Krifka, M. 2003. Polarity items in questions. Paper presented at the workshop '*Polarity, scalar phenomena, implicatures: at the interface between grammar and the cognitive system*', Department of Psychology, University of Milan—Bicocca.

Krifka, Manfred. 2011. Questions. In Klaus von Heusinger, Claudia Maienborn & Paul Portner (eds.), *Semantics. An International Handbook of Natural Language Meaning*. Vol. 2. Berlin: Mouton de Gruyter, 1742—1785.

Kuo, Chin-Man. 1996. The interaction between *daodi* and wh-phrases in Mandarin Chinese. Ms. University of Southern California.

Ladusaw, W. A. 1979. *Polarity Sensitivity as Inherent Scope Relations*. Ph.D. dissertation, University of Texas, Austin. Republished in the series Outstanding Dissertations in Linguistics. New York & London: Garland, 1980.

Ladusaw, William A. 1996. Negation and polarity items. In S. Lappin (ed.), *The Handbook of Contemporary Semantic Theory*. Blackwell, Oxford, 321—341.

Lahiri, U. 1998. Focus and negative polarity in Hindi. *Natural Language Semantics* 6: 57—123.

Langacker, R. W. 2002. One any. In *Korean Linguistics Today and Tomorrow: Proceedings of the* 2002 *International Conference on Korean Linguistics*. Seoul: Association for Korean Linguistics, 282—300.

Lasnik, H. 1972. Analyses of Negation in English. MIT PhD. Dissertation, Indiana University Linguistic Club, Bloomington, Indiana.

Law, Paul. 2008. The wh/q-polarity adverb *daodi* in Mandarin Chinese and the syntax of focus. *The Linguistic Review* 25: 297—345.

Lee, C. 1997. Negative polarity and free choice: where do they come from? In P. Dekker *et al*. (eds.), *Proceedings of the* 11*th Amsterdam Colloquium*. ILLC, University of Amsterdam, 217—222.

Leech, G. 1983. *Principles of Pragmatics*. London: Longman.

Leuschner, Torsten. 1996. Ever and universal quantifiers of time: Observations from some Germanic Languages. *Language Sciences* 18 (1—2): 469—484.

Levinson, S. C. 2000. *Presumptive Meanings*. Cambridge, MA: MIT Press.

Linebarger, M. 1980. *The grammar of negative polarity*. Ph.D. dissertation, MIT.

Linebarger, Marcia. 1987. Negative polarity and grammatical representation. *Linguistics and Philosophy* 10：325—387.

Mackay，David J. C. 2003. *Information Theory，Inference，and Learning Algorithms*. Cambridge University Press.

McEliece，R. J. 1977. *The Theory of Information and Coding*. Addison Wesley Publishing Company.

McEliece，R. J. 2002. *The Theory of Information and Coding*. Cambridge University Press.

Merin，A. 1999. Information，relevance，and social decisionmaking. In L. Moss，J. Ginzburg and M. de Rijke (eds.)，*Logic*，*Language*，*and Computation*，Vol. 2，CSLI. Stanford.

Nishigauchi，T. 1986. Quantification in syntax. Ph.D. dissertation. University of Massachusetts，Amherst，MA.

Noh,Eun-Ju.1998.Echo question:Metarepresentation and pragmatic enrichment.Linguistics and Philosophy 21(6):603—628.

Noh，Eun-Ju. 2000. *Metarepresentation*：*A relevance theory approach*. Amsterdam：John Benjamins Publishing Company.

Polinsky，Maria. 2007. What on earth：Non-referential interrogatives. In Nancy Hedberg & Ron Zacharski (eds.)，*The Grammar-Pragmatics Interface*. Amsterdam/Philosophia：John Benjamins Publishing Company，245—264.

Quer，J. 1999. The quantificational force of free choice items. Unpublished MS. University of Amsterdam.

Quirk，R.，*et al*. 1985. *A Comprehensive Grammar of the English language*. Essex：Longman.

Radford，Andrew. 1988. *Transformational Grammar*. Cambridge：Cambridge University Press.

Richter，Frank & Janina Radó. 2013. Negative Polarity in German：Some Experimental Results. *Journal of Semantics*，31(1)：43—65.

Rooth，M. 1985. Association with Focus. Ph. D. dissertation，University of Amherst，Massachusetts.

Rooth, M. 1992. A theory of focus interpretation. *Natural Language Semantics* 1: 75—116.

Rullmann, H. 1995. Maximality in the semantics of wh-constructions. Ph.D. Dissertation, University of Massachusetts, Amherst.

Rullmann, H. 1996. Two types of negative polarity items. In *NELS* 26, University of Massachusetts, Amherst: GLSA, 335—350.

Shannon, C. E. 1948. A mathematical theory of communication. *Bell System Technical Journal*, vol. 27: 379—423 and 623—656.

Sinclair, John. 1995. *Collins COBUILD English Dictionary*. HarperCollins Publishers Ltd.

Sperber, D. & D. Wilson. [1986] 1995. *Relevance: Communication and Cognition*, 2nd Edn. Oxford: Blackwell.

Sperber, D. & D. Wilson. 2008. A Deflationary Account of Metaphors. In Jr. Raymond W. Gibbs (ed.), *The Cambridge Handbook of Metaphor and Thought*. Cambridge University Press, 84—108.

Stalnaker, R. C. 1978. Assertion. In Peter Cole (ed.), *Syntax and Semantics*, Vol. 9: *Pragmatics*. New York: Academic Press, 315—332.

Strawson, P. F. 1952. *Introduction to Logical Theory*. London: Methuen.

Tichy, Pavel. 1978. Questions, answers, and logic. *American Philosophical Quarterly* 15: 275—284.

Traugott, E.C. 2004. Historical pragmatics. In L.R. Horn and G. Ward (eds.), *Handbook of Pragmatics*. Oxford: Blackwell, 538—561.

van der Auwera, J. 1993. Already and still: beyond duality. *Linguistics and Philosophy* 16: 613—653.

van der Wouden, Ton. 1997. *Negative Contexts. Collocation, Polarity and Multiple Negation*. London and New York: Routledge.

Vanderveken, Daniel. 1990. *Meaning and Speech Acts*. Vols I-II. Cambridge: Cambridge University Press.

van Rooij, Robert & Merlijin Sevenster. 2006. Different faces of risky speech. In Anton Benz, Gerhard Jäger & Robert van Rooij (eds.), *Game Theory and Pragmatics*. Palgrave: Macmillan, 152—174.

van Rooy, R. 2003. Negative polarity items in questions: strength as relevance. *Journal of Semantics* 20: 239—273.

Vendler, Z. 1967. *Linguistics in Philosophy*. Ithaca, NY: Cornell University Press.

von Fintel, Kai. 1999. NPI-Licensing, Strawson-Entailment, and Context-Dependency. *Journal of Semantics* 16: 97—148.

von Fintel, K. 2000. Whatever. *Proceedings of SALT* 10: 27—40.

Wang, Yu-Fang & Shieh Miao-Ling 1996. A syntactic study of the Chinese negative polarity item renhe. *Cahiers de Linguistique-Asie Orientale* 25 (1): 35—62.

Zahavi, Amotz and Avishag Zahavi. 1997. *The handicap principle: a missing piece of Darwin's puzzle*. Oxford: Oxford University Press.

Zwarts, Frans. 1996. A Hierarchy of Negative Expressions. In H. Wansing (ed.), *Negation: A Notion in Focus*. Berlin and New York: Walter de Gruyter, 169—194.